本书获二〇二一年贵州省出版传媒事业发展专项资金资助

本书获贵州省孔学堂发展基金会资助

田艮斋思想与韩国儒学

蔡家和　著

孔學堂書局

本书获2021年贵州省出版传媒事业发展专项资金资助

本书获贵州省孔学堂发展基金会资助

图书在版编目（CIP）数据

田艮斋思想与韩国儒学 / 蔡家和著. — 贵阳：孔
学堂书局, 2024.4

（孔学堂文库 / 郭齐勇主编）

ISBN 978-7-80770-325-9

Ⅰ. ①田… Ⅱ. ①蔡… Ⅲ. ①儒学—思想史—研究—
韩国 Ⅳ. ①B312.6

中国国家版本馆CIP数据核字(2023)第191598号

孔学堂文库　　郭齐勇　主编

田艮斋思想与韩国儒学　蔡家和　著

TIANGENZHAI SIXIANG YU HANGUO RUXUE

策　　划：张发贤
责任编辑：杨翌琳
封面设计：刘思妤
责任印制：张　莹

出版发行：孔学堂书局
地　　址：贵阳市乌当区大坡路27号
印　　制：贵阳精彩数字印刷有限公司
开　　本：787mm×1092mm　1/16
字　　数：329千字
印　　张：17
版　　次：2024年4月第1版
印　　次：2024年4月第1次
书　　号：ISBN 978-7-80770-325-9
定　　价：78.00元

自序

笔者刚进"中央"大学哲学研究所之硕士班时，杨祖汉老师即曾打算开设"韩国儒学"课程，不过，由于研究者少，此课程在台湾亦属偏门，没能开成，于是杨老师改开"阳明哲学"。之后，直到培养我们这些学生有足够的朱子学知识后，在我硕三时，才顺利地开设"韩国儒学"，后来博士班时，杨老师又开设过一两次"韩国儒学"课程。

笔者当时对于"四端七情"论争，或是李退溪、李栗谷等大家，都有些基本印象，主要是这些人物或论争大多围绕着朱子学而开展。所以，如果能具备一定的朱子学基础，也就较容易切入，不至于觉得太偏门。那时，笔者亦有幸担任杨老师的助理，他的韩儒研究文章，大多由我打字完稿，也令我借机学习不少韩儒义理。另外，笔者当时也曾和学弟张载雄合作，进行韩国学者文章之翻译。张载雄是韩国留学生，而我则较熟悉朱子学，本想借此"土法炼钢"来补充韩儒学术信息，但最终还是因为难度太高而放弃。不过，笔者也算对韩儒研究具备了一些基础。

二〇〇六年，笔者进入东海大学哲学系任职。大约二〇〇八年，有一次，杨老师因家中急事，无法如期赴约韩国中央大学之会议，于是托我代劳，跑一趟韩国帮他宣读文章。事情结束后，韩国方面给了我一笔机票费，在机场过境时，我便把这笔钱全数换成台币，当时的想法是：自己应该不会再到韩国了吧！

岂料，因为这次机缘，笔者认识了韩国"艮斋学会"的梁承武教授，他是牟宗三先生与戴琏璋先生的学生，当时担任学会之会长。之后几年，他多次邀约我在韩国发表文章，而这也成了十几年来笔者持续研究韩国儒学的动力之一。在这些会议上发表过的文章，大多也都在韩国刊物上发表过。我本人不谙韩文，经常是由梁承武教授找人代为翻译，在这里也要特别感谢梁教授的诸多帮忙。

关于韩儒之研究，台湾方面，台湾大学的高等研究院，于黄俊杰教授担任院长期间，相当致力于东亚儒学之发展；大陆方面，复旦大学吴震教授亦举办过至少两次的东亚儒学会议，系以中、日、韩之儒学研究为主，笔者亦有幸曾受邀参与。

韩国朝鲜朝之儒学风行五百多年，其中以朱子学最为大宗；虽然也有徐花潭之重气思想、郑霞谷之发扬阳明学，以及丁茶山之实学思想，然而这些都不曾居于主流。最大宗者，大致还是朱子学，个中翘楚，即李退溪、李栗谷等朝鲜朝之大儒。关于韩国儒学之契入，熟悉朱子学正是不二法门！一如中国之宋明理学，朝鲜朝之儒风亦多围绕着朱子学而开展。而中国宋明儒学若无程朱，之后的心学、气学亦将改形换貌。

曾有学生向我提问：到底是阳明伟大，还是朱子伟大？依笔者拙见，阳明才华横溢，朱子则务实笃学。朱文公气魄恢宏，建构了庞大体系，引发了后人之赞同或反对，令宋明理学至今仍影响深远。本书以韩国朱子学为主，其中有些篇章也曾在刊物发表过，于今结集成书。书中简介分章如下：

第一章　郑汝昌《善恶天理论》之思想特征

本章主要探讨韩儒郑汝昌先生《善恶天理论》一文，此乃郑先生流传下来少数哲学作品之一，主要对于天地之间"恶"的产生提出哲学解释。即在程朱体系之下，应当如何面对恶的存在？例如，若言"理外无物"，而天理又无所不包，则"恶"又将如何包括于天地之间？而有天地之恶气，是否就有天地之恶理呢？

明道先生尝言："天下善恶皆天理，谓之恶者非本恶，但或过或不及便如此，如杨墨之类。"这是明道对"恶"之存在，所提出的诠释；郑先生则在此基础上做出说明，此间，可看出他对儒家孟子"性善说"之承继，以及对朱子学之发扬。本文则进一步检视郑先生与朱子学之关系，并对"善恶皆天理"一说做出反省，借此梳理儒家论恶之如何可能。简而言之，如何在保持天理无所不包的特性之下，又能保持天理的纯善、无恶？如何折合或周全这两个命题，即是从程朱到郑汝昌的思考重点。

第二章　李晦斋《答忘机堂书》之思想衡定

本章讨论李晦斋与曹汉辅（号忘机堂）之间的书信答辩，是韩国朝鲜朝时代的一次重要论争，代表朱子学与其他学派思想义理之折冲。从两人书信之论辩中，可以看出李晦斋学问的平实性，其本于朱子学之下学上达精神，强调要能不离于人伦事物而扎实地做工夫，至于曹汉辅则因杂有佛老思想，而被李晦斋视为异端。本文从二人对于本体论与工夫论上的体会，试图找出儒、佛之间的恰当判准，亦对二人思想做一衡定。

第三章 金河西对程朱学之承继——以《年谱》为依据

本章借金河西《年谱》《行状》等著作，探其思想梗概，主要探讨金氏是否能够承继程朱之学说。金氏之哲学思想主要有四，其中的"四端七情"，对于后来的"四七之辩"影响甚大，此需专文处理，本章暂先从略。

另外三点，包括：（1）与徐花潭的"心、理之辩"，此近于朱陆之争，看谁较能承继先秦儒学？（2）太极与阴阳之间究为一物，抑或二物？此亦是整庵对朱子学之反省，而金氏之判论是否得于朱子？（3）关于道心与人心之争辩，整庵以道心是体而人心是用、道心是动而人心是静，但金氏则谓道心、人心皆是动。若以朱子学为衡定，何者为正？

第四章 栗谷与思庵理气思想之比较

本章以三封"栗谷答思庵书信"作为探讨文献，从中剖析二人气论思想之异同。思庵答栗谷的书信今已不存，仅能透过栗谷、思庵的其他书信，或是思庵《年谱》等资料，来得知思庵的主张；思庵主要宗于花潭的气论，而花潭的气论又多源于张载、邵雍等人。

栗谷、思庵虽都受有花潭影响，但一为理学，一为气学，栗谷只接受花潭"气机自尔"一说，自己归宗理学，而花潭则影响思庵甚多。思庵与栗谷二人书信往来的内容，可视为理学与气学之间不同主张的论辩。

第五章 宋时烈《朱子言论同异考》之方法论——以"四七之辩"为主要讨论线索

宋时烈《朱子言论同异考》一书之编撰，乃是针对朱子学中似乎存在着前后不一的情况，而来提出解决之方法论，对于朱子学之研究甚具贡献。然宋时烈仅亲自编辑了二十余条，后来就由韩元震接手了，因此，这里便有两本《朱子言论同异考》，后者又较前者内容更多、更为详细。

本章将对《朱子言论同异考》做一研究，主要探讨有二：（1）朱子学中的理论互相矛盾（或看似矛盾）时，该如何处理？（2）因朱子学之矛盾（或看似矛盾）所引发之争论，又该如何解决？这里将以"四七之辩"，作为讨论之线索。

南宋理学家朱子之思想可谓宏大精细，也正因如此，学者在研读朱子著作时，若非已具有一定之熟悉程度，经常会为其论述前后不一而感到困惑，不知何种说法才是朱子之定论。例如韩国儒学史上的三大争辩，包括"四七之辩"、"湖洛论争"、朱子学是否为"心即理"说等，这些论争的双方大致也都有朱子之文献作为根据，却是持守不同之诠释与思辨，而相执不下。宋时烈便是看到这个问题，打算借此著作而提出解决之道。

第六章　田艮斋对朱子、栗谷理学之承继与发展

本章对田艮斋之理学思想做一介绍；田艮斋乃朝鲜朝末期之大儒，朝鲜朝主要以发扬朱子学为主，艮斋亦不例外。而在韩国朱子学之发展中，出现了主理派与主气派之争论，分别是以退溪与栗谷为首的不同诠释。艮斋主要承继于朱子、栗谷之学，并对退溪提出批评。本章以艮斋之文章作为研究文献，了解其赞成或反对何种性理学，而对前述之韩儒大家又有什么承继与发展？

第七章　田艮斋与李柬之思想特征及其异同

本章讨论朝鲜朝后期之大规模论争——"湖洛论争"，此次争论的两项重要论题，分别是人性、物性之异同比较，以及未发心体之善恶论。本文将先介绍这场论争中重要代表人物李柬之论述，而后佐以朝鲜朝理学殿军田艮斋之见解，借此一窥韩儒朱子学之发展梗概。

艮斋与李柬依于朱子学"理一分殊"之标准，视人性、物性相同，以其皆源于天命之性，于此根源处来说，二性相同；然因气禀所限，又使得人性与物性所显现出来的相状有所不同。另外，关于"未发心体"一词，李柬与艮斋见解亦甚相似，认为心气不同于血气，而有纯善之可能。大体而言，李、田二人思想接近，然于关怀点有些差异。

审视朝鲜朝儒学界之所以会有上述论战，关键在于朱子学本身。因朱子之人性、物性见解不全同于孟子，一方面，朱子为了建构完整条理之体系，没有对儒家诸多经典中的"性"字进行统一诠解，过程中也就难免产生窒碍难通之处；另一方面，先秦之各经书中，对于"性"的理解本来就不同，自然容易引起后辈儒者之争辩。

第八章　田艮斋辨芦沙、华西、寒洲之异同

本章依艮斋所作《芦华异同辨》《芦寒异同辨》二文，来分析朝鲜朝末期诸儒之异同，借此探发奇芦沙、李华西、李寒洲三人之思想特征，同时阐扬艮斋之关切

所在。

芦沙、华西及寒洲等三人之思想有相近处，皆主理之活动性，于论述中经常互相援引，以壮大自派声势，而艮斋则指出三人之差异。艮斋认为，芦沙虽主理，却不像寒洲与华西有"心即理"之说，而寒洲与华西之"心即理"，亦非阳明学的"良知即天理"，而是朱子学义理下的一种"心即理"，主张于本心之中，心性一体。

艮斋自身承于栗谷一脉，主张"气发理乘一途说""气机自尔"，而寒洲属退溪一脉，主张理会活动、理到、理发之说，双方僵持不下。艮斋在此，一方面指出芦、华、寒三人之间有异、有同，非可视为全同，另一方面，亦对三人做出评判，反对理能活动、"心即理"等说。

第九章　田艮斋与柳重教之理学论辩

田艮斋属栗谷一系，提出了心本性、"性师心弟"等说，可以称为"艮斋学派"。对于当时不同于栗谷诸说，包括以李寒洲、李华西为主的"心即理"说，或是奇芦沙、李寒洲、李华西所拥护的主理派等，艮斋皆曾做出批判。而与艮斋同时代的华西学派代表人物则有柳重教，本章将以艮斋与重教当年辩论之书信作为依据，来对二人之思想、学派特色等做一了解。

基本上，双方皆以朱子学为依据，论辩朱子之本意为何？算是对朱子学正统诠释地位之争战。至于争辩内容，主要为理、气、心、性、太极等该如何诠释？艮斋方面，提出"性师心弟"，认为心不可理；而柳重教本其师华西之观点，则继续阐释"心即理"之说——此非阳明学，而是朱子理学下的"心即理"，乃就本心即天理，心虽属气，但心静理明时，所具有之性即是明德之心，此为本心，以本心具有天理，而谓"心即理"！

第十章　论寒洲与艮斋之辨难综述

本章先对李寒洲的"心即理"意涵做一厘清，而后再论田艮斋之"心即气"，以及艮斋对寒洲之问难是否合理？由于二人皆属朱子学派，因此过程中也将以朱子学作为衡定之标准。

艮斋似乎总以阳明学之"心即理"来看待寒洲之心性论，不过寒洲之"心即理"毕竟不属阳明学，仍是立于朱子学派而偏于心、理"不离"之一面，强调朱子之"本心""心本具理"的义理。寒洲此说亦有功于朱子心性论之发挥，然也正因为疏于顾虑心、理"不杂"之另一面，而成为艮斋批评之要害。

至于艮斋则主张"心即气"，以心为气，且为气之灵，而非粗气，此说甚能合于朱子之原意。不过，他将寒洲"心即理"说等同于阳明学，则显得不必要，令人费解。

第十一章　论寒洲《心即理说》、艮斋《李氏心即理说条辨》之辨难（第一至十条）

本章中举李寒洲《心即理说》及田艮斋《李氏心即理说条辨》二文，作为双方不同立场之争论依据，并以艮斋之文为主而来进行讨论；因艮斋在条辨之前皆会先将寒洲原文抄出，故对寒洲说法在此亦能有所掌握。又因《心即理说条辨》共列二十六条，本文将先讨论第一至十条，余十六条则待另文再做处理。

寒洲之"心即理"说，乃朱子学意义下之"心即理"，并非阳明学之意义。因此，不论寒洲之"心即理"或艮斋之"心即气"主张，皆以朱子学为宗，而本文也将以朱子学作为判准，试论何人较能合于朱子？亦将对二儒之思想特色做一说明。

第十二章　论艮斋《李氏心即理说条辨》之辨难（第十一至二十六条）

前文已陆续对李寒洲《心即理说》，以及田艮斋作为驳斥之《李氏心即理说条辨》等二文做过讨论，以见二人之思想特色与优缺点，其中，业已对《李氏心即理说条辨》所载前十条辨文有过较细之疏解，故本章则将接续疏解所余之第十一至二十六条辨文，裨益较全面地掌握艮斋思想。

此章继续探讨艮斋与寒洲二人论辩之症结点，并试图判论何人较合于朱子学；亦将特别分析寒洲之"心即理"说，其在朱子学立场下是否可以成立；并检视寒洲与象山、阳明学说之异同。

此书的出版要感谢的人很多，若有思考不精处，必是末学自身之错误。要感谢者，包括杨祖汉老师、梁承武教授、吴震教授、高在锡教授、李致亿教授、李承律教授、黄莹暖教授、谢晓东教授、洪军教授以及林月惠教授等。有一次林月惠教授因事无法参加韩国会议，改为推荐我参加，这让我有更多机会学习韩国儒学，并获得发表与受检视之机会；再如李明辉教授，承蒙不吝赠我《四端七情论》之编集大作，令我受益匪浅，该著作由"中研院"文哲所主编，包括翻译与编辑，前后共费二十年完成。也感谢艮斋学会会长崔英成教授的出版鼓励。此外，也感谢帮我校对与翻译之伙伴、助理、出版社等。中国台湾与大陆研究韩国儒学的学者毕竟少数，希冀此书对于学界之韩儒研究有所助益。本书是以艮斋学为核心，继而开展、书写而成，故书名定为《田艮斋思想与韩国儒学》。

蔡家和

2023年10月

目录

第三章　金河西对程朱学之承继
　　　　——以《年谱》为依据

第八章 田艮斋辨芦沙、华西、寒洲之异同

第九章 田艮斋与柳重教之理学论辩

第十章　论寒洲与艮斋之辨难综述

第十一章　论寒洲《心即理说》、艮斋《李氏心即理说条辨》之辨难（第一至十条）

第十二章　论艮斋《李氏心即理说条辨》之辨难（第十一至二十六条）

总结

第一章　郑汝昌《善恶天理论》之思想特征

一、前言

"天下善恶皆天理"之命题，乃明道先生（1032—1085）所提出的，①此应是依于儒家之"性善说"，并加入"天命之谓性"之概念，合为"天道、性命相贯通"之理论。此谓人性之善，系源于天地之性善，天地若有理，其理亦善。因此，若见善人得善报，大家皆称"有天理"，若见恶人竟也得善报，则称"没天理"。

天理若是善，何以明道又言："天下善恶皆天理？"——乍听之下，颇为惊世骇俗！其中，各种造成明道此说之思想脉络，已难以考查；但明道既为儒家，何以要说"恶事也是天理"呢？也许，受有当时代所盛行之佛学刺激；佛家主张空理，无论善或恶，皆因缘所生。亦或许，明道先生有其自家理学体系之设计，在理气论下，善恶、高低、美丑等，皆有其理，此理弥漫于天地之间，乃无所不包；天地之间若有气，则有其理，善事、恶事皆不可遗漏。即理者，天地万物都要遵守，万物要须公平的领纳。此乃程子理学思想所设计出之命题，依此而影响了后来理学之集大成者——朱子。②

而在韩国朝鲜李朝，朱子学乃其学术界之最大宗，心学或气学者之地位，皆不如程朱理学。此期间之大儒，如李退溪（1501—1570）、李栗谷（1536—1584）等，皆以发扬程朱学而闻名于世。至于本章将介绍的郑汝昌先生（1450—1504），则属于朝鲜李朝前期儒学之代表人物。

郑汝昌，字伯勖，号一蠹，又号睡翁，是韩国李氏朝鲜王朝时期之文人、政治

---

① 明道尝言："天地之大德曰生，天地絪缊，万物化醇，生之谓性。告子此言是，而谓犬之性犹牛之性，牛之性犹人之性，则非也。"〔宋〕程颢、〔宋〕程颐：《河南程氏遗书》卷十一，《二程集》，王孝鱼点校，中华书局1981年版，第120页。若与"生之谓性，性即气，气即性，生之谓也"云云相对照，可见此"生之谓性……"，亦是明道之论；而包括《宋元学案》、朱子、牟宗三等，亦将"生之谓性……"此条置于明道语下。参见牟宗三：《心体与性体》（第2册），（台湾）正中书局1968年版，第161页。明道亦有"天下善恶皆天理……"等语，故可将此视为明道之言。
② "朱熹推究二程学术，高明而详细，体用兼备，可谓已达学术之究境，程颢阐明道体，程颐言道之用，二程相融而得其全，朱熹兼而括之，并非有所偏废，朱熹征引之际，甚至以之为'道统'复传于世的关键，对于明道思想的重视与表彰，并不亚于伊川。"陈逢源：《朱熹与四书章句集注》，（台湾）里仁书局2006年版，第328页。

家及儒学者，亦为"东国十八贤"之一，以发扬程朱学为主。[①]郑氏流传后世之作品不多，常只是一些祭文、诗作等，真能代表其哲学论述者甚少。本章将讨论的《善恶天理论》，即是其中一篇重要作品，从中可见其对"善恶皆天理"命题之反省，大致上，亦是承继于儒家孟子之性善论，以及对朱子学的进一步阐发。

透过对于郑氏《善恶天理论》之研究，本文拟阐释后世对于孟子性善论之开展，特别是明道与朱子如何继承与转化儒学；对儒学有哪些返本开新之重要贡献；而以"善恶皆天理"作为主轴，检视郑氏如何看待此命题，其对程朱学是否具备相应之理解。

二、《善恶天理论》之解析

孟子提出性善论，程子则主张："恶亦不可不为性。"[②]程子此语，固然不至流于告子之"性无善恶"，但毕竟是对"性善论"做出了创造性诠释。此外，程子又言："论性不论气，不备，论气不论性，不明，二之则不是。"[③]之后朱子亦顺程子，而曰："'论性不论气，不备；论气不论性，不明。'孟子终是未备，所以不能杜绝荀扬之口。"[④]

船山即曾对此做出批评，认为程朱一方面说孟子不论气，而另一方面又以气

---

① 例如韩儒郑经世先生对于郑汝昌的描述如下："一蠹斋先生，入山求志，丽泽资仁，聚辨居行，接武乌川之遗绪，造次颠沛，服膺洙泗之微言。"〔韩〕郑经世：《道南书院上梁文》，《一蠹先生续集》卷三附录，《一蠹集》，《韩国文集丛刊》（第15册），（韩国）景仁文化社1996年版，第533页。此形容郑氏对孔门儒学之承继。又言："郑汝昌，有周程张朱之见，穷通五经。……郑汝昌，取朱子《中庸章句》'天以阴阳五行，化生万物'。"〔韩〕郑经世：《秋江冷话》，《一蠹先生遗集》卷三附录，《一蠹集》，《韩国文集丛刊》（第15册），第494页。此言郑氏对北宋儒学之承继，又以采用朱子之《中庸》诠释，可见其对程朱学之承继。注：《韩国文集丛刊》是韩国民族文化推进会编辑影印的大型丛书，收录了新罗、高丽、朝鲜朝时期的重要文集200余种，是目前收罗最为齐备的韩国文集汇编。丛书出版周期长，出版社众多，后文脚注信息仅列示卷名、册数与页码。
② "善固性也，然恶亦不可不谓之性也。"〔宋〕程颢、〔宋〕程颐：《河南程氏遗书》卷十一《二程集》，王孝鱼点校，第10页。
③ 〔宋〕程颢、〔宋〕程颐：《河南程氏遗书》卷六，《二程集》，王孝鱼点校，第81页。
④ 〔宋〕黎靖德编：《朱子语类》卷五十九，王星贤点校，中华书局1986年版，第1388页。

质、气禀来解孟子，①则孟子岂如程子所言不论气？又如此诠释岂能不自相矛盾？②可见，程朱对孟子之诠解，走的是创造性承继之路数，而非原意的承继。那么，朱子是否也承继了明道"善恶皆天理"之说？于此暂不讨论。以下，则来检视郑氏《善恶天理论》一文，视其是否真能继承朱子？文长，分段抄出，以为讨论。

（一）恶之为歧，未尝不出于善

> 天地之间，有理有气。而气之流行，未尝不本于理也。故天下之道，有善有恶，而恶之为歧，亦未尝不出于善也。夫冲漠无兆眹者，理也，而其所乘而流行之机则气也。着显有施为者，气也，而其所浑而主宰之妙则理也。无兆眹，故无情意、计度，而纯粹至善于未几之前。有施为，故能凝结运用，而清浊偏正于方动之际矣。其曰诚无为，则至善于未几之前可见，而所谓太极也。其曰几善恶，则偏正于方动之际可审，而所谓动阳静阴也。夫气之动也，理为之主，则万殊而有一本之同，固其理也。③

本文题辞曰《善恶天理论》，乃是针对程子"天下善恶皆天理"一语，而来做出反省。郑氏本就归宗朱子，对于程子之说，表面上似乎不能肯定，然其意旨则是用朱子义理而予以认可；面对明道"善恶皆天理"说，郑氏强调，此虽无误，然需善解始可。

明道先生言："天下善恶皆天理，谓之恶者非本恶，但或过或不及便如此，如

---

① 如《孟子·告子上》的《口之于味章》，程朱即以气禀而解孟子。
② "程子固以孟子言性未及气禀为不备矣，是孟子之终不言气禀可知已。"〔明〕王夫之：《船山全书》（第6册），船山全书编辑委员会编校，岳麓书社1996年版，第1139页。由于程朱皆以气禀而解孟子，故船山认为，此与程朱之论孟子为"不论气"，乃是相互矛盾。《四书集注》："程子曰：'仁义礼智天道，在人则赋于命者，所禀有厚薄清浊，然而性善可学而尽，故不谓之命也。'……愚按：所禀者厚而清，则其仁之于父子也至，义之于君臣也尽，礼之于宾主也恭，智之于贤者也哲，圣人之于天道也，无不吻合而纯亦不已焉。薄而浊，则反是，是皆所谓命也。"见〔宋〕朱熹：《四书章句集注》，中华书局1983年版，第369—370页。在此，看出朱子是以气禀而解《口之于味章》。
③〔韩〕郑汝昌：《善恶天理论》，《一蠹先生续集》卷一，《一蠹集》，《韩国文集丛刊》（第15册），第506页。

杨墨之类（明）。"①天地间之万物，是否皆为天理所贯？若天理无所不包，则天理将有恶乎？若有恶，则天道是否有意为恶，而与"性即理"说冲突呢？

"性即理"说，乃小程子所提出，而朱子宗之；其言人性之善，是继善成性所致，"继之者善"，乃继承于天道而来，则天道亦是善。如《中庸》："天命之谓性。"朱子则释曰：此性善与天道相通为一。例如，当遇到不合理之事，人们会说"没有天理"，这表示事态之谬误，亦表示人们所认定之天理，当该是合理且具备道德理想。

若天理是道德的，则"善"被包括在天理之内，"恶"便不在其中。一旦把恶排于天理之外，则天理有外，天理无法赅天括地，至少不能包括恶。而明道对此，一方面，要让天理能赅天括地，另一方面，天理又必要为善。此两个看似矛盾之情形，应当如何解决？②西方之基督教，亦有类似之难题。③

如今，站在儒家立场，更确切地说，是站在孟子之性善论，若再加上程朱"性即理"说，则应当如何面对此命题？明道认为，天理无所不包，包括善与恶！然而，其中"恶"不是根本，"恶"是后天所衍生而出，如程子曰："谓之恶者本非恶。"如杨、墨之流，其人性亦善，只因后天习染，而有过与不及的产生，不能持守中庸之道，持守本有之性善，于是流于恶。"恶"亦是天理所笼罩，只是此"笼罩"并非本有或固有。④

"恶"者，非生而本有；生而本有者，是"性"。"性"只是善，"恶"则为后天人为所造成，如"不当位"⑤，或过与不及等等。若孟子则谓，"恶"乃源于习染，孟子曰："富岁，子弟多赖；凶岁，子弟多暴。非天之降才尔殊也，其所以

---

① 〔宋〕程颢、〔宋〕程颐：《河南程氏遗书》卷二，《二程集》，王孝鱼点校，第14页。此句话，出于《二先生语》，后面注了个"明"字，表示是哥哥明道所言。

② "依《易传》《中庸》典籍宋明儒者喜言天命流行、创造化生，事事物物皆有其理。天命本体虽为绝对至善，经验世界所存在之恶却又是不容否认知事实，则此恶之实然又是从何而来呢？考诸西方哲学、宗教，'恶之来源'固为不易回答之问题，对此，宋明儒者又能否有善解？"许朝阳：《善恶皆天理——宋明儒者对善恶本体义蕴之探讨》，（台湾）文史哲出版社2014年版，见全书摘要。此书亦反省到明道、朱子如何面对恶与天道相关之哲学问题。

③ 例如，基督教也要面对"万物为何有恶"的问题，上帝或者不是全善，抑或不是全能，此二者彼此矛盾，无法同时成立。

④ 这种讲法类似佛家唯识学。在无着所着之《摄大乘论》，其中以阿赖耶为染，若"清净"则由经验之熏习而来，但也要以阿赖耶为主才能受熏。明道的解决方式，与此型式相似，但染净刚好相反。

⑤ 如在初爻位，却做二爻的事，则为"不当位"。

陷溺其心者然也。"①天生之才无有殊异，皆是性善，若恶之多殊则因陷溺其心所致，陷溺者，乃后天之作为，以致于本善之生性变易而为恶、赖，甚至多暴。

亦是说，天生者，皆是天理所生、天道所肯认，本来无恶，恶是后天造成的；人若离于天、离于道，而自作主张、过与不及，则为恶。

而朱子学问则是依于程子而建立，特别合于伊川先生；然就尊天理、天道部分，亦类于明道，如明道所言"天下善恶皆天理""恶亦不可不谓之性"等。朱子乃理学之集大成者，其体系自然涵括明道之论。朱子的解法：恶亦为性——乃气质之性；指的是天命之善性落于气质之中，虽本然为善，然气禀有所污坏，致使性善不能彰显，气强而理弱，则气质之性有所偏差而表现为恶。朱子此说是否为明道意思，在此难以断论。

至于郑氏为朝鲜朝大儒，忠于朱子学。其依朱子之理气论，认为天地之间有理有气，天地间万事、万物都是气——无论好事、坏事都为气，只要有气则有理。此依朱子"理气之不离不杂"而来；既有气，则有理，好事也有理，坏事也有理；理外无物、气外无物。理者，性本善，且为天下万物所共由之道，气之流行既依理而生，何以有恶事之产生？

在此，朱子巧妙地加入"气质之性"而来解决问题，即是以"天生本有"与"后天习染"之不同来区分，从而在自己体系之中做出诠释。郑氏亦宗于朱子，其认为，气之流行亦本于理，然气之流行，有善气也有恶气。

但是如此一来，恶气之流行是否亦本于理？则天理亦是有恶？此说在儒家始终以天命为善、道德的主张之下，并无法成立。因此，郑氏再论，"恶"者，是为歧出！意思是，虽其性本善，然发而为不善，"恶"是后天歧出，不依性善而发，虽性善之理总在其中，然为恶所汩没，不得展现出来。

郑氏此说甚合朱子学。到了朝鲜朝后来的著名儒者李退溪，也有相近见解，在注《圣学十图》之第六图处，李氏尝言：

---

① 此段文字为："富岁，子弟多赖；凶岁，子弟多暴。非天之降才尔殊也，其所以陷溺其心者然也。今夫麰麦，播种而耰之，其地同，树之时又同，浡然而生，至于日至之时，皆熟矣。虽有不同，则地有肥硗、雨露之养、人事之不齐也。故凡同类者，举相似也，何独至于人而疑之？圣人与我同类者。故龙子曰：'不知足而为屦，我知其不为蒉也。'屦之相似，天下之足同也。口之于味，有同嗜也，易牙先得我口之所嗜者也。如使口之于味也，其性与人殊，若犬马之与我不同类也，则天下何嗜皆从易牙之于味也？"（《孟子·告子上》）

其言性既如此，故其发而为情。亦以理气之相须或相害处言，如四端之情，理发而气随之。自纯善无恶，必理发未遂，而掩于气，然后流为不善，七者之情。气发而理乘之，亦无有不善。若气发不中，而灭其理，则放而为恶也。①

李氏认为，若以理发为主，则能为四端而纯善；至于恶，是为歧出，并非以理为主，而是气发却掩于气，理之发未遂，于是流为七情，而有恶之可能。此说与郑氏前说"恶是歧出"相似，亦都本于朱子。

善者，本于天理，然恶亦本于天理吗？郑氏以为，"恶"虽亦为理之所发，但理之发未遂，而为气所掩——气质为恶所掩，因此歧出而为恶。可见"善恶皆天理"者，即"善之本于天理"与"恶之本于天理"还是有所区别，善之为天理，乃天理直遂而发；然恶之为天理，乃是恶人、恶事，既有其事、其气，则必有其理，恶气也是有理，只是这理为后天、歧出之气所掩，故气强理弱，致使善之理发用不出，遂为恶。因此，恶也可以说是天理，然需要阐述清楚。

恶如何亦出于善呢？因为恶事、恶气，亦本于天理，天理为善，但后天流于恶，此由气所造成，不是天理；又其兴发，乃歧出之发，非直遂之发。

郑氏又谓，理气之不同，在于理者乃无形、无兆；②至于气，则有为有迹，而为显著。此说法与朱子所注解《太极图说》一致，如注云："盖太极者，本然之妙也；动静者，所乘之机也。太极，形而上之道也；阴阳，形而下之器也。"③此外，郑氏说法亦类于栗谷之"气发理乘一途"。④

然是否只近于栗谷之"理无为，而气有迹"？可否近于退溪之"理到、理发"说呢？郑氏在此认为，理对于气具有主宰性，然此主宰是否具备发用性、主动性，则未明言。因此，若想判断郑氏究竟较近退溪或栗谷？由于文献不足，无法肯定。

---

① ［韩］李滉：《劄进圣学十图》，《退溪先生文集》卷七，《退溪集》，《韩国文集丛刊》（第29册），第207页。

② 此与朱子之倡议"理无造作、无计度、无情意"一致，如言："盖气则能凝结造作，理却无情意，无计度，无造作。只此气凝聚处，理便在其中。"［宋］黎靖德编：《朱子语类》卷一，王星贤点校，第3页。

③ ［宋］周敦颐：《太极图说》，《周敦颐集》卷二，陈克明点校，中华书局1990年版，第3页。

④ 前文之所以引退溪之说，乃视郑汝昌"恶为歧出"说，近于退溪。至于郑汝昌"理无为，气有迹"说，则近于栗谷。

朱子之理气论，尝以"人骑马"作为比喻，然而这里面人之主动性、主宰性如何？人只能依于马而行动，或说理只能依于气而一出一入？……其中诠释之轻重、倾向，才能决定某说究是近于退溪还是近于栗谷。然郑氏在此则不明显。一方面，郑氏认为理有其主宰性，此近于退溪；另一方面，郑氏认为理乃是无为、无情意等，则近于栗谷。亦是说，因为朱子这两种说法都有，以致在韩国当为不同人所承继之时，便引起关于朱子学诠释之论争。

郑氏除了认为理无为、气有迹外，尚以周子《通书》之"诚无为，几善恶"，用以比配于理与气，"诚无为"者，为理，如理之无造作；"几善恶"者，则为形下之气，气有迹则表现为善或恶，不同于至善之理。

郑氏此说亦完全合于朱子。朱子将《易传》之"易有太极"，诠释为"易者，阴阳之变；太极者，其理也"[①]。太极即为理。而朱子对于周子《通书·诚几德》，其中"诚无为"之诠释：

　　　诚，无为；实理自然，何为之有！即"太极"也。几，善恶。几者，动之微，善恶之所由分也。盖动于人心之微，则天理固当发见，而人欲亦已萌乎其间矣。此阴阳之象也。[②]

这里，"诚，无为"，朱子视为太极，视为理。至于"几善恶"，则被视为理之发见，乃阴阳之象，所谓气的动静之象。郑氏亦是以此而来说明恶之所由生，"恶"并非直发于理，而是理之发未遂而掩于气，于是有恶；恶是后起，不是天生；天生者性，性只是依于天，而为善。可见，郑氏之说确能合于朱子。[③]

最后，郑氏言："夫气之动也，理为之主，则万殊而有一本之同。"此可嗅到朱子之"理一分殊"说；[④]天下之事皆依于理，无论善事、恶事皆有其理，有其一本；一本者，即天理。亦是以此而谓"天下善恶皆天理"！恶不是本有，乃是后

① 〔宋〕朱熹：《易本义》，（台湾）世界书局1962年版，第62页。
② 〔宋〕周敦颐：《通书》，《周敦颐集》卷二，陈克明点校，第15页。
③ 朱子之理气论，理者，太极也、形而上者，此为体，未发，而为道，无为也；又气者，形而下者，是为阴阳、器、用、有迹、已发也！朱子理气论之形上、形下的二元区分相当清楚，郑汝昌亦是以此而来分说善恶，本然之善属于天理，而恶属之气亦未尝无理，只是为气所掩，而不能皆善，且常流于恶。
④ "问理与气。曰：'伊川说得好，曰：理一分殊。合天地万物而言，只是一个理；及在人，则又各自有一个理。'"〔宋〕黎靖德编：《朱子语类》卷一，王星贤点校，第3页。

起；因理发而掩于气，虽本然为善，但为恶所掩。这时的恶事依然有其天理而为依据，因此，恶也是天理，只是不由天理直发，而为歧出之气，乃为习染所掩而造成之恶。此即郑氏《善恶天理论》中化解其中可能之矛盾的解决办法。

（二）性本善，堕入气质便熏染

人物之生，得是理而为性，禀是气而为形。则虽其气发，而有善不善之殊，而原其本，则未尝不出于理也。然而既曰：理无不善而气有清浊。则固知恶之非理之本然也。而程子之言曰：天下善恶，皆天理也。以愚而观之，不能无惑焉。孟子，亚圣也，而其言曰性善，则天理之固善无恶，而不泪于气也明矣。而今乃曰：善恶皆天理？何也？曰：不然，理虽至善，而因气而运行者也。朱子所谓性本善而已，才堕入气质中，便熏染之说，不可不察也。[①]

郑氏此段之前三句，与朱子于《中庸·首章》"天命之谓性"之诠释相类。如朱子曰："命，犹令也。性，即理也。天以阴阳五行化生万物，气以成形，而理亦赋焉，犹命令也。于是人物之生，因各得其所赋之理，以为健顺五常之德，所谓性也。"[②]此朱子之理气论，用以释说天道、性命之相通。此相通不只是人与天之合一，包括物亦是天之所生，天、人、物、我等，皆通合为一，依理而和合，然唯人能推，物则气昏而推不得。

天地万物之生成，既有其气，即有其理而赋于其中。而人之生，此气而为形体，禀其理而为性，是为健顺五常之性；性即理也，性乃天理下贯而来而为吾人之性——人性即是仁义礼智，物亦有之，唯因气昏而不得表现。

而气之发用，乃"几善恶"者，有善、恶两途之殊，究其本，皆是天命所生，天命只是理，只是善，此乃"善恶皆天理"的意思，表示所根据者，皆从天理而来，恶事亦本于天理之善而来，只是在发生处歧出而流为恶，气为恶所掩蔽了。理无不善而气有清浊，为恶负责者，是气，而非理，然恶事之气，亦有其理。

即恶者，虽亦出于理，却非理之本然。善乃是天理之本然，生而固有者，只是

---

① 〔韩〕郑汝昌：《善恶天理论》，《一蠹先生续集》卷一，《一蠹集》，《韩国文集丛刊》（第15册），第506页。
② 〔宋〕朱熹：《四书章句集注》，第17页。

善，不是恶。恶则为后天习染、习气所造成，依于气而来，非由理之本然，虽亦有其理，却失却本然之善，而流于恶。

郑氏在此技术性地避开"天理有恶"之说法，恶虽不能离于天理，却非本来如此，乃是后天的。此说一方面保持了天理之道德性，另一方面，又保住了"理外无物"之说，善、恶皆天理所笼罩。

郑氏提到，自己亦对程子之"善恶天理论"产生疑惑！郑氏所疑惑者，即在于天理本该至善，岂容有恶？又程子既为新儒学，亦以孔孟为宗，若以孟子为标准，则"恶"如何可能是天理？这里，郑氏并非真的质疑，而是先提问，之后再提出解释；亦即如何既能保住天命之道德性，又能坚守"理外无物"，此两种看似矛盾之命题？

孟子主张性善，又依朱子《四书》合释之标准，此性善系来自《中庸》所谓的天命之善，以性即理，故天理亦善。[①]天理既善，则何以有天命涵恶的情况呢？

所谓性善，乃是一种本然之性、天地之性，如朱子所诠《孟子》，认为性有两种，一种是天地之性，系纯善无恶；一种是气质之性，指本然之性堕于气中，而为气所掩，则可能有善、恶。在此郑氏所诠孟子性善与天理之善，都指前者，即本然之性，而不杂气质。

若以孟子性善论为标准，[②]则程子"善恶皆天理"之说，也就有待商榷。郑氏在此先对程子的主张提出疑问，之后再释以朱子说法；郑氏先把性的概念定义清楚，借此将其区分为两种性而为解决，以免天理之纯善受到杂染而为恶。

郑氏本于朱子见解，认为"性"本然只是善，这是本然之性、天地之性，然而，才说性时已不是性，以其堕于气中，犹如"月印万川"，明月本是清圆，一旦落映于万川，则可能浊而皱；好比人生而性善，却为气质、习惯所染而流为恶。虽流为恶，其本身之性善却未尝失却，故恶人、恶事等亦皆有天理内于其中，只因气质为恶所染，而表现不出。这也是朱子的"学以复其初"主张，[③]其初者，本然之性体用全具，俱而未失，倘借由学习而去芜存菁，则能回复本然之性善。

———————————

① 朱子所言之性善，是相对于"恶"来说的善。至于阳明的性善，则为绝对之善，并非相对"善、恶"之善。阳明与朱子的性善诠释不同。

② 李明辉教授言："因此，即使就'气质之性'而论，说康德是性恶论者，恐怕亦失之片面。康德像其他的西方哲学家一样，并未想到从'气质之性'以上的超越层面去论'性'。就这点而言，孟子的性善说实有进于康德的人性论。"李明辉：《康德伦理学与孟子道德思考之重建》，（台湾）"中央研究院"文哲研究所1994年版，第146页。

③ 朱子于《四书章句集注》中，包括《大学·明德》《论语·学而》等诠释，皆倡议"学以复其初"。

（三）理乘气机而流行，恐汩于恶

　　《易》曰："一阴一阳之谓道，继之者善也，成之者性也。"夫道也、善也、性也。则固至善之理，而曰阴阳，曰继之，曰成之，则可以见理之乘气机而流行也。知乘气机而流行，则朱子所谓此性为恶所汩之说，可得而言矣。知性之汩于恶，则善恶皆天理之说，因可讨寻矣。①

　　郑氏引《易传》语，而来诠释"善恶天理论"，然其所理解之《易传》，也是程朱学派之解释，他派未必如此。朱子对《易传》"一阴一阳之谓道"注说如下：

　　一阴一阳之谓道（阴阳迭运者，气也；其理则所谓道），继之者善也，成之者性也（道具于阴而行乎阳。继，言其发也。善，谓化育之功，阳之事也。成，言其具也。性，谓物之所受，言物生则有性，而各具是道也，阴之事也。周子、程之子书，言之备矣）。②

　　括号内为朱子之诠释。朱子并非视"阴阳"为道，而以其为形下，此称为"然"；"所以阴阳"才是形上，才是道，此称为"所以然"。至于"继善成性"一词，朱子认为，"继善"是阳之事，"成性"是阴之事，而"阴阳"是形下，此形下之中具备形上之理。这与朱子疏解周子《太极图说》《通书》"几善恶"等处，说法一致。

　　郑氏这里举"一阴一阳"之说，其实是视道乘于阴阳之气而发，一阴一阳之道表现而发用于继善成性之中，此继善成性乃是性体之依气而发，依阴阳之气而发。这与《太极图说》说法一致，理是太极，太极是无形而有理，是无形之妙，而乘于阴阳之机以发用。然所乘之机为气，为阴阳，为发用，一旦发用，则不能保证其本源之善，如同清水在山而为清，但流于下则有泥沙之混。

---

① 〔韩〕郑汝昌：《善恶天理论》，《一蠹先生续集》卷一，《一蠹集》，《韩国文集丛刊》（第15册），第506页。
② 〔宋〕朱熹：《周易本义》，廖名春点校，中华书局2009年版，第229页。又所谓"周子言之备矣"，乃就《太极图说》而言；至于"程子言之备矣"，乃指"'一阴一阳之谓道'，此理固深，说则无可说。所以阴阳者道，既曰气，则便是二"。〔宋〕程颢、〔宋〕程颐：《河南程氏遗书》卷十五，《二程集》，王孝鱼点校，第160页。

在朱子之理气论下，依其本然之性与气质之性之二分说，"善恶皆天理"之命题，系可成立而不矛盾。天理本善，然流出后才有不善，不善不是天理，但其背后还是理，不善是后天之气杂染所致，不是由天理负责。如此，一方面可保住天理之道德性，另一方面也可对恶有一个说明，而且也说明了天理能包括一切善恶之事。这大概是郑氏与朱子体系所做出的诠释。

（四）善恶皆天理者，指其发处

大抵理只是搭附在气禀上，而气不能无美恶之殊。既是气禀恶，则便知是那性坏了，故恶亦不可不谓之性也。故朱子论之曰："恻隐是善，于不当恻隐处恻隐，则是恶。虽是恶，原头若无这物事，则却如何做得。本皆天理，只是被人欲反了，故不善而为恶耳。"以此而求之，则所谓善恶皆天理者，盖指其发处而言也。故朱子因孟子性善之言而说之曰："是就用处，发明人性之善。"因明道继善之言而说之曰："却将来就人发处说。"[1]以此数说而原程子之意，则其意岂不曰此理固本善，而不发则无以见其善，而及其发见，而后始知其善也。如水之在山，其清不可得而见也，流出而见其清，然后知其本清也。然则与周子所谓"诚无为，几善恶"之说，暗与之合矣。[2]

这里从天道论谈到人道论，因为天、人相通而为一，也因性即理，故天道之理气落于人上，此为性；天命之性是本然之性，当落于气禀、气质之中，则可能有所污坏，亦是说，为恶乃后天气质所致，而无关于天理、性理之本然。分述如下：

1.恶亦不可不为性

这里所谓的"性坏了"，意指本然之性为气质所掩，导致本性之善无法彰显；本然之性总是在，总是善，然一旦落到气中，气质有所昏昧，则本性亦浊而不见其本善。依此，郑氏解释"恶亦不可不谓之性"，乃指恶是气质之性所造成，气质之性者，气禀加上本然之性，而气禀之昏所造成的恶，并非由本然之性负责。

"恶亦不可不谓之性"，乃明道见解，原文如下：

---

[1] 此处所引三段文句，都从《朱子语类》而来，可见郑汝昌是以朱子义理而来诠释程子"善恶皆天理"说。

[2] ［韩］郑汝昌：《善恶天理论》，《一蠹先生续集》卷一，《一蠹集》，《韩国文集丛刊》（第15册），第506—507页。

生之谓性，性即气，气即性，生之谓也，人生气禀，理有善恶，然不是性中元有此两物相对而生也。有自幼而善，有自幼而恶，（后稷之克岐克嶷，子越椒始生，人知其必灭若敖氏之类）是气禀有然也。善固性也，然恶亦不可不谓之性也。①

明道强调"不是性中元有此两物相对而生也"，即性中该只有善，而没有恶。然何以有人自幼而善，有人自幼而恶呢？释曰：并非生而有恶，乃气禀所致。然此气禀究是天生抑或后天呢？在此似乎存在着一种天生的恶的气禀？

若依后文，其以水与泥沙做比喻来看，则此"恶"应当仍属后天。不过，程子的本意，在此不甚明显，所言气禀之恶，似乎亦可先天，亦可后天，若能参考朱子之体系，则较为具体、清晰。

如郑氏原文，即采朱子义理而来进行诠释。朱子以为，所谓恶者，指"不当位"，如某人恻隐其所不该恻隐之类。②恻隐本为善，然恻隐之心用错，而为人所利用，或是溺爱等，则反而造成不善，产生了恶。此恻隐之不当，即是人为、后天所致，若是后天所致，则无关于天理；恶是人为的错误举措、运用不当所致，而不是由天理负责。到了郑氏亦谓，恶者，其原头亦从天理而来，非为不善，然流出后，为恶所掩，始有不善！如此，一方面，可言"恶"发于天理，一方面，天理亦不需为恶负责；恶之使然，在于人欲，而非天理。

2.体、用关系

郑氏强调"恶"之发用处。体与用是朱子哲学之重要概念；如《中庸》提到已发与未发之相对概念，朱子便以体用义而为诠释，其释"喜怒哀乐未发"一段，言道：

---

① 〔宋〕程颢、〔宋〕程颐：《河南程氏遗书》卷一，《二程集》，王孝鱼点校，第10页。全文乃上文再加上以下句子："盖'生之谓性'，'人生而静'，以上不容说，才说性时，便已不是性也，凡人说性，只是说'继之者善'也，孟子言人性善是也。夫所谓'继之者善'也者，犹水流而就下也。皆水也，有流而至海，终无所污，此何烦人力之为也？有流而未远，固已渐浊；有出而甚远，方有所浊，有浊之多者，有浊之少者。清浊虽不同，然不可以浊者不为水也。如此，则人不可以不加澄治之功，故用力敏勇则疾清，用力缓怠则迟清，及其清也，则却只是元初水也。亦不是将清来换却浊，亦不是取出浊来置在一隅也。水之清，则性善之谓也。故不是善与恶在性中为两物相对，各自出来。此理，天命也。顺而循之，则道也，循此而修之，各得其分，则教也。自天命以至于教，我无加损焉，此舜有天下而不与焉者也。"
② "恻隐其所不当恻隐"是朱子的意思，此与孟子之精神相似，孟子言："非礼之礼，非义之义，大人弗为。"（《孟子·离娄下》）。礼与义本该为善，但用处不当，则为不善。

> 喜、怒、哀、乐，情也。其未发，则性也，无所偏倚，故谓之中。发皆中节，情之正也，无所乖戾，故谓之和。大本者，天命之性，天下之理皆由此出，道之体也。达道者，循性之谓，天下古今之所共由，道之用也。①

朱子以喜怒哀乐等，是情、是发、是用，而其之未发则为性、为体！这是朱子的体用论，相当特殊，与他家之《四书》诠释不同；其以心统性情，心有其体、用，性为体，而情为用。②

郑氏则以"善恶皆天理"云云，乃就发处、用处而言；"恶"为何可以说是天理？天理之体，自是善，不可言恶；但天理之发用，落于气禀、气、情上，才开始有恶，恶与气相关，而无关于理，理只是天理、只是性，无关乎恶。故说"恶"从天理来也对，不从天理来也对！"恶"只是天理之用，与气禀之可能相关，与其体（天理）之本身无关。如此一来，则可保住天理之无所不包，而天理之体亦不需为恶负责。

郑氏又回到明道"恶亦不可不谓之性"原文而继续探讨。先看明道原文：

> 凡人说性，只是说"继之者善"也，孟子言人性善是也。夫所谓继之者善也者，犹水流而就下也。皆水也，有流而至海，终无所污，此何烦人力之为也？有流而未远，固已渐浊；有出而甚远，方有所浊。有浊之多者，有浊之少者。清浊虽不同，然不可以浊者不为水也。③

明道以《易传》"继善成性"而言性，又举孟子之"水流就下"而为比喻，然在此间，明道也加入了自己的创造性诠释。水之在山，喻性之本善，至水流就下，依其所经之处，则容易有所染污，好比有人一辈子戒慎恐惧，而少有染污，如水之总是清；亦有人流而渐浊，则清水不复其清，变得杂染，此如人之性善已为恶之气禀所污。

然而，水虽成浊，仍是水，不可说其不是水；同样地，性善虽为恶为掩，亦仍是

---

① 〔宋〕朱熹：《四书章句集注》，第18页。
② "心有体有用，具众理者其体，应万事者其用。寂然不动者其体，感而遂通者其用。体即所谓性，以其静者言也；用即所谓情，以其动者言也。"〔宋〕陈淳：《北溪字义》，熊国祯、高流水点校，中华书局1983年版，第11—12页。
③ 〔宋〕程颢、〔宋〕程颐：《河南程氏遗书》卷一，《二程集》，王孝鱼点校，第10—11页。

性，称为"气质之性"，与"本然之性"区隔开来。因此，"善恶皆天理"之语，与明道"恶亦不可不谓之性"之命题，两者一致。即天理或性，何以有恶？理由在于其发用、气禀之处，如水之流出处，这时已是"气质之性"，而非"本然之性"。

整体上，郑氏皆秉持朱子义理以为说明，并得与周子之"诚无为，几善恶"而为比配；"诚无为"指天理之善，"几善恶"则指天理之落于气禀上，此时已有善、恶之分别。"恶"是气禀所致，非肇因于天理；"恶"虽亦根源于天理，却只是与其有间接之关联。

3.人欲只是用，不能是体

郑氏引朱子《语类》之言："孟子说'性善'，是就用处发明人性之善；程子谓'乃极本穷原之性'，却就用处发明本理。"朱子与郑氏在此采取了体、用之义理。孟子的性善论是如何证成的呢？朱子以为，因着恻隐、羞恶等情所发用之之为善，而推原其本，得知其体当善，即所谓性者，善也。[①]

郑氏则完全依于朱子，而于用处言恶，"恶"不可视为体。这也是朱子一再强调者，朱子曾批评胡五峰（胡宏，1105—1161）之说，胡氏言："天理人欲同体而异用，同行而异情，进修君子，宜深别焉。"[②]朱子则对此批评，曰：

> 熹再详此论，胡子之言盖欲人于天理中拣别得人欲，又于人欲中便见得天理，其意甚切，然不免有病者，盖既谓之"同体"，则上面便着"人欲"两字不得。此是义理本原极精微处，不可少差。试更子细玩索，当见本体实然只一天理，更无人欲，故圣人只说"克己复礼"，教人实下工夫，去却人欲，便是天理，未尝教人求识天理于人欲汨没之中也，若不能实下工夫，去却人欲，则虽就此识得，未尝离之天理，亦安所用乎。[③]

朱子强调，所谓"存天理去人欲"之修养功夫，并非说天理与人欲即是一体之二面，两两对等；人欲只是用，不是体，若亦是体，则体上便有恶？当说"善恶皆

---

① 孟子言恻隐等心："恻隐之心，仁之端也；羞恶之心，义之端也；辞让之心，礼之端也；是非之心，智之端也。"朱子则注曰："恻隐、羞恶、辞让、是非，情也。仁、义、礼、智，性也。心，统性情者也。端，绪也。因其情之发，而性之本然可得而见，犹有物在中而绪见于外也。"〔宋〕朱熹：《四书章句集注》，第238页。
② 〔宋〕胡宏：《胡宏集》，吴仁华点校，中华书局1987年版，第330页。
③ 〔宋〕胡宏：《胡宏集》，吴仁华点校，第330页。

天理"时，善本身是直接承于天理，是休，而恶与天理之体并非直接相关，"恶"
只是天理在发用以后，所可能产生的瑕疵。

因此，朱子反对胡氏《知言》所云"天理、人欲同体"[①]，天理是体，人欲则
为用，不是体；体上只有善，而恶者，乃气所造成，是于发用处所滋生，无关于天
理。其若如胡氏之论，则将沦为告子之"性无善恶"论。

在往后的发展，朱子一直坚持这点对胡宏的质疑。于注《孟子·明堂章》"寡
人有疾，寡人好色"处言：

> 盖钟鼓、苑囿、游观之乐，与夫好勇、好货、好色之心，皆天理之所有，
> 而人情之所不能无者。然天理人欲，同行异情。循理而公于天下者，圣贤之所
> 以尽其性也；纵欲而私于一己者，众人之所以灭其天也。二者之间，不能以
> 发，而其是非得失之归，相去远矣。[②]

此处明言，天理、人欲可以同行，却不能同体；理由在于，朱子对体的定义相
当明确，体只是太极、理、性，体必是善，而所谓恶者，则只能在发用处言，若不
限于发用处，则恶也可以是体，体上有恶，"恶"亦有本、有根，竟成先天本有，
而非只是歧出，此与儒家之性善说不合。

（五）当位与不当位

> "非谓性中元有此两物相对而生也"，盖谓水为泥沙所混而不成，不唤做
> 水，性为恶所汩而不成，不唤做性也。是以朱子之言曰："放火杀人，可谓至
> 恶。若把那去炊饭，杀其人之所当杀，岂不是天理。只缘翻了，道理有背有
> 面，顺之则是，背之则非，缘有此理，方有此恶。"又曰："沟渠至浊，当初
> 若无清泠底水，缘何有此。"旨哉斯言也！气之动也，理为之主，而天下无理
> 外之物之意，多少蕴畜于其间矣。[③]

---

① 朱子反对天理、人欲同体，并不反对两者同行，从朱子的《孟子集注·明堂章》可知。
② 〔宋〕朱熹：《四书章句集注》，第219页。
③ 〔韩〕郑汝昌：《善恶天理论》，《一蠹先生续集》卷一，《一蠹集》，《韩国文集丛刊》
（第15册），第506—507页。

郑氏在此所引者，乃明道原文与朱子疏释。此处申明，就体上而言，只有善，而不是善、恶各为一体，平等相对；恶只是歧出，只是用，源于气质之性之变异。其言："水为泥沙所混而不成，不唤做水。"此句可有两种断法：

第一种，"水为泥沙所混而不成，不唤做水。"水一旦被泥沙所混，则非本原之水，性被恶所汩，则为气质之性，已非本然之性。这种断法，重在天理不为恶负责。

第二种，"水为泥沙所混，而不成不唤做水。"水被泥沙所混，却仍是水，性为恶所掩，亦仍是性，指气质之性。这种断法，则重在恶亦从天理出。

若依程子原意，则第二种意思较为正确，如明道尝言："然不可以浊者不为水也。"浊水仍是水，恶也是依于天理而出。然此段则在强调，原初非有善、恶二物，原初之体只是善。

郑氏又引朱子之喻来做说明。朱子举例，杀人、放火等被视为至恶，然话说回来，如此之恶亦是人为所致，如"不当位"这样的情况，如果"当位"，则杀人、放火等亦可为善。就像周处除三害、生火才能炊食等，杀与火等亦可为善，只是中性法，无关于善、恶，若能中节、当位，则亦可以合理、可以为善。

郑氏之所以引用朱子此文，便是强调，所谓恶人、恶事，只是人为之不当位，并非直接源自天理，天理中亦有火、杀人之法，若能当位、若能中节，则亦无不可，亦无不善。故朱子言理，常就"所以然"与"所当然"处言；"所当然"者，应然之道德行为，若能合理则为善，若不从理则流于恶。

朱子又言：所谓沟渠之浊，若无水，则不成此浊，故浊亦不可不谓之水，恶亦不可不谓之天理。只是"恶不可不谓之天理"一语，一定要分疏清楚，不能混乱视听，恶之为天理乃是间接、后天所引发，于发用处有所染污所致，并非说天理之体本来有恶。"恶"乃气之游动所造成，并非直接由理生发，然此"恶"背后仍是理，亦是真实，所谓"天下有其气，便有其理"。

如此，一方面保持住天理之神圣性，另一方面，亦保持住天理、天道的无所不包，包括善与恶。朱子与郑氏以此解释了看似矛盾之命题，天理既是至善，亦是无所不包！

三、结语与反思

郑氏此文，乃是对于天理遍在且始终维持着善之解决，又此解决亦是依循朱子，看出郑氏大致是以朱子学为宗，不曾逾越；包括朱子之以用处言恶、以歧出言恶，如以气质之性而对恶负责等等，都为郑氏所承继。此外，郑氏之视理的遍在性、至善性，也同于朱子。这种诠释方法，可说是一种儒家之特殊诠释，亦有性即理、天道性命相通之主张，且此天理又必须始终为善。

儒家提出存在之理与道德之理的相通为一，朱子亦倡议"天人合一"，此中，一方面，天地之理性乃是道德的、仁义礼智的，另一方面，理也要负责万物之存在；然存在者，包含了善与恶，既有存在界之实况，又如何保证其源头、天理之始终为善？朱子是以"恶"之属用而不属体、一种歧出、称为"气质之性"，来做解决。

在哲学上，吾人亦可思辨：应当如何存在，才是合理？存在界之世间存在着甚多的不合理，违反了道德理想性，则天理如何本善？恶又如何出现？朱子是以直接生成与间接生成而来解决。

朱子尝试站在孟子角度，秉持天理本善、人性本善，至于"恶"则是后起、无根，后天所致。天生之恶，如毒蛇，人见为恶，不适合于人，但适合于其他生物，此恶亦是相对的；道德之恶，则是人谋不臧、不当位所致，后天无法维持、回复先天之善。如此，天理不必为恶负责！

朱子所面临之两难情况，在孟子则无有，此因孟子不像朱子提出天道性命之相通，孟子只讲人性本善，尚不到天地万物皆善、皆有理，也就不会落入两难。朱子建立理气论之架构，主张有其性必有即理，则天地万物有其气必有其理，则天地之间万物不离于理，恶物、恶事亦无例外。

然道德之理何以成就恶事？朱子或郑氏皆以恶事并非天生而有的，而是后天造成的；如杨、墨也在天理之内，杨、墨本可为善，然流于恶，恶非天性，而是后天所致。人若不能守其中庸之道，落于过与不及之一方，则将为恶，如杨、墨亦本为天理所生，却提出无父、无君之论。此乃朱子面对理论困难之解决方法，而郑氏承继之。

第二章　李晦斋《答忘机堂书》之思想衡定

一、前言

韩国儒学于朝鲜朝时期（1392—1910），可谓名儒辈出！其中李晦斋（李彦迪，号晦斋，1491—1553）与曹汉辅①的论辩，算是较早的一次，虽不及后来的"四端七情"之辩来得有名，但其中对于儒学思想之鞭辟阐释，值得重视与玩味。

论辩的缘起，在于李氏读了曹氏与孙氏②的《无极太极说》，此是讨论周濂溪《太极图说》之"无极而太极"。李氏见了，甚是不满曹氏之说，于是修书一封《书忘斋、忘机堂无极太极说后》③，而曹氏读信后，亦不甘示弱，继以回书答辩，如此，经由二人之不断书信往返，而对儒学义理有所阐扬。

其中，除了前述《说后》外，李氏更回辩了四封书信，因此，计有五篇相关论文，而曹氏与孙氏的《无极太极说》一文，以及曹氏答辩李氏之书信，则业已亡佚④，故本文只能从留传下来的五篇李氏书信来进行研究。

在所遗五篇书信之中，李氏谨守住朱子学之份际，对于曹氏思想义理做一批判，而曹氏之书信虽已遗失，然从李氏之五篇书信中，亦可略窥曹氏之见解与主张。本文将试图拼凑曹氏义理，以见李氏、曹氏之区别，而李氏对曹氏之批判又是否允当？

二、《说后》

（一）理一分殊

李氏对于曹氏与孙氏的论辩有感而发，于是写了《书忘斋、忘机堂无极太极说后》，乃以朱子学作为评判标准，其言：

---

① 曹汉辅，号忘机堂，生卒年不详，年长于李晦斋。
② 孙叔暾，号忘斋，生卒年不详。
③ 以下简称《说后》。
④ 以上缘起，可参见杨祖汉：《李晦斋、曹汉辅"无极太极"的论辩》，《从当代儒学观点看韩国儒学的重要论争》，（台湾）台大出版中心2005年版，第1—2页。

谨按忘斋无极太极辨，其说盖出于陆象山，而昔子朱子辨之详矣，愚不敢容赞。若忘机堂之答书，则犹本于濂溪之旨，而其论甚高，其见又甚远矣。其语《中庸》之理，亦颇深奥开广，得其领要，可谓甚似而几矣。①

李氏认为孙氏之"无极太极"见解，是出于陆象山，朱子业已辩明，自己无须赘言。在朱、陆争辩中，象山认为，周子的讲法受了道家、道教影响，故提出"无生有"的概念，然朱子认为，"无极而太极"一语无病，"无极"只是对于太极的形容。②而李氏既守住朱子学，也就不会认同孙氏说法。

李氏对曹氏之说亦不敢苟同，不过在开头处仍是先恭维一番，而后才展开批评，其言：

然其间不能无过于高远，而有背于吾儒之说者，愚请言之：夫所谓"无极而太极"云者，所以形容此道之未始有物，而实为万物之根柢也。是乃周子灼见道体，迥出常情，勇往直前，说出人不敢说底道理。令后来学者，晓然见得太极之妙，不属有无、不落方体，真得千圣以来不传之秘。夫岂以为太极之上，复有所谓"无极"哉？此理虽若至高至妙，而求其实体之所以寓，则又至近而至实，若欲讲明此理，而徒骛于窅冥虚远之地，不复求之至近至实之处，则未有不沦于异端之空寂者矣。③

李氏认为，曹氏所言过于高远。何以见得呢？即对于太极本体之体会过于高远，以致不合于儒家。当然，李氏心目中的正统儒学，指的是朱子学，而对于"无极而太极"的看法，亦是依于朱子而来。朱子所认定的"无极而太极"，指无极是对于太极的形容，而非太极之上尚有一个无极。

以太极之上还有个无极，似乎是李氏读出的曹氏语句中的含义。若在太极之上

---

① ［韩］李彦迪：《书忘斋、忘机堂无极太极说后》，《晦斋先生集》卷五，《晦斋集》，《韩国文集丛刊》（第24册），第389页。
② 朱陆"无极太极"之论辩，非本文重点，黄宗羲对此曾有记载，写于《宋元学案》处，参见〔清〕黄宗羲：《濂溪学案》，《宋元学案》卷十二，沈善洪主编：《黄宗羲全集》（第3册），浙江古籍出版社2005年版，第610—619页。
③ ［韩］李彦迪：《书忘斋、忘机堂无极太极说后》，《晦斋先生集》卷五，《晦斋集》，《韩国文集丛刊》（第24册），第389页。

还有个无极，则不合于朱子，形成转而追求一个更高本体——无极，而忘了太极及人伦气化本身。事实是，太极虽至为高远，然终究不离于人伦日用，这也是朱子学之判准，以"理一分殊"作为儒、佛之分界点。这点，其师李延平即曾指出，朱子引李延平语如下：

> 余之始学，亦务为侗宏阔之言，好同而恶异，喜大而耻于小，于延平之言，则以为何为多事若是。天下之理一而已，心疑而不服。同安官余，以延平之言，反复思之，始知其不我欺矣。盖延平之言曰：吾儒之学，所以异于异端者，理一分殊也，理不患其不一，所难者分殊耳，此其要也。①

朱子谓"理一分殊"一词，亦是来自延平之启发。②朱子坦言，自己早年亦是好谈理一，务求本体，不重分殊，务同、务大、务于侗，而不重分殊、细微。自后一朝体悟，转而认同延平之先见之明。此外，朱子还以"理一分殊"为儒、佛之间的分界点。

何以重理一分殊者则为儒，而重理一之侗者则为佛呢？因儒家讲求仁义礼智四德，仁是一体之仁，但仁之外还有义断，义是当然之则，面对各别情境有着不同之对应，故义是就分殊而言的。因此，朱子认为，儒家讲仁义礼智，除了一体之仁之性理外，还要在各别状况下判断，这时便重分殊，而且分殊是肯定日常人伦之万象，此乃儒家精神之一，而这也是朱子重视格物穷理的原因。③

朱子为何认定异端只谈理一而不谈分殊呢？例如王弼解老，以老子之精神为"崇本息末"，此道家有偏重理一倾向，而不重分殊。至于佛教，平心而论，佛家亦是重视分疏，但朱子在此以禅家甚是看重明心见性，强调心体的觉照，似有忘其

---

①〔宋〕朱熹编：《延平答问》，（台湾）中文出版社1980年版，第213页。

② 追根究底，"理一分殊"之思想，可以追溯自伊川始，此乃伊川对于张子《西铭》之评语。

③ 朱子重"理一分殊"，实来自延平，延平认为："龟山云：'知其理一，所以为仁，知其分殊，所以为义'之意，盖全在知字上，用着力也。《谢上蔡语录》云：'不仁，便是死汉，不识痛痒了。'仁字只是有知觉了之体段，若于此不下工夫，令透彻，即何缘见得本源毫发之分殊哉！若于此不了了，即体用不能兼举矣，此正是本源体用兼举处，人道之立，正在于此。仁之一字正如四德之元，而仁义二字，正如立天道之阴阳，立地道之柔刚，皆包摄在此二字尔。"〔宋〕朱熹编：《延平答问》，第186—189页。可知延平兼重仁与义，也就是并举理一与分殊；且此"理一分殊"的工夫，亦须在知字上努力，这与后来朱子"格物穷理"的工夫论相似。

分殊之嫌。①

　　然朱子以"理一分殊"而来区分儒、佛，未必妥当！因为如此一来，等于把心学与禅学等同起来，如朱子视象山为禅，而朱子后学也以阳明为禅。阳明亦是偏重理一，强调良知之觉悟、一体之仁；至少理一与分殊之间，有着本末轻重之别，如说分殊之知识"可以一两日讲尽"，较重"诚意"而不多谈分疏。②

　　但阳明亦不是禅，禅与儒之真正区别，当在虚与实之辨。亦是说佛家所体悟之体是空性，而儒家所体悟之体，虽可言虚，然至虚中至实存焉。可见，以理一分殊而来分辨儒、佛并不充足。儒佛之辨，后文再做讨论。在此，李氏以曹氏不重分殊而为异端，论据上并不足够。

（二）下学上达

晦斋续言：

　　今详忘机堂之说，其曰："太极即无极也。"则是矣；其曰："岂有论有论无，分内分外，滞于名数之末。"则过矣；其曰："得其大本，则人伦日用，酬酢万变，事事无非达道。"则是矣；其曰："大本、达道浑然为一，则何处更论无极太极、有中无中之有间。"则过矣。③

---

① 在此略举明代朱子学罗整庵的讲法，以证朱子之禅学观，其言："'有物先天地，无形本寂寥，能为万象主，不逐四时凋。'此高禅所作也，自吾儒观之，昭然太极之义，夫复何言？然彼初未尝知有阴阳，安知有所谓太极哉？此其所以大乱真也。"〔明〕罗钦顺：《困知记》，阎韬点校，中华书局1990年版，第56页。朱子学以为，只重体而不知气化阴阳、只言理一而不知分殊者，是为禅门。

② "朝朔曰：'且如事亲，如何而为温凊之节，如何而为奉养之宜，须求个是当，方是至善；所以有学问思辨之功。'先生曰：'若只是温凊之节，奉养之宜，可一日二日讲之而尽，用得甚学问思辨！惟于温凊时也只要此心纯乎天理之极，奉养时也汝要此心纯乎天理之极，此则非有学问思辨之功，将不免于毫厘千里之缪。'"陈荣捷编著：《王阳明传习录详注集评》，台湾学生书局1998年版，第32页。可见阳明偏重于体之觉悟，而轻忽学问知识，关于体、用之间，主张要有本末先后之别。阳明亦不会离开分殊，提出所谓的"事上磨练""致良在格物"，皆为重视分殊之表现。

③ 〔韩〕李彦迪：《书忘斋、忘机堂无极太极说后》，《晦斋先生集》卷五，《晦斋集》，《韩国文集丛刊》（第24册），第389页。

在此看到曹氏说法，其视"太极即无极"；可见曹氏并非认定"太极生了无极"，而且亦近似朱子。然李氏还是认为，曹氏之言有很多语病，并未契合于朱子。主要原因在于曹氏只重视大本，而不重分殊，甚至认为分别心之有无是不必要的。

然此无分别之状态，究竟属于何种思想呢？是佛教之不二法门，还是儒家之心学？例如，阳明的"无善无恶"、龙溪的"四无"、张子的"不识所谓有无混一之常"①，而庄子也有"以死生为一条"（《庄子·德充符》），还须进一步分析。

李氏续云：

> 先儒言："周子吃紧为人，特着道体之极致，而其所说用工夫处，只说'定之以中正仁义而主静'，'君子修之吉'而已，未尝使人日用之间，必求见此无极之真而固守之也。盖原此理之所自来，虽极微妙，万事万化皆自此中流出，而实无形象可指。若论工夫，则只中正仁义，便是理会此事处，非是别有一段根原工夫，又在讲学应事之外也。"今忘机之说，则都遗却此等工夫，遽欲"以无极太虚之体，作得吾心之主，使天地万物，朝宗于我，而运用无滞"，是乃欲登天而不虑其无阶，欲涉海而不量其无桥，其卒坠于虚无之域，而无所得也必矣。②

在此李氏提出重分殊之工夫，以此来反对曹氏重本体之工夫。这也是朱子"下学而上达"的思想；学者都是由下学而开始摸索，以致上达而为圣人，或说成为圣人后才能上达。在现实中，所谓天纵之圣人，毕竟稀少，因此要做工夫，也就只能老老实实地下学人事，而不可遽言上达天理。

但在儒家义理中，阳明即不同于朱子；阳明主张静坐，体会良知，良知虽不离万事万物，然有其本末先后，先悟得体后，再回到事物上，此时事事物物亦皆各得其正。又如白沙心学亦讲求"先得其把柄"。③故曹氏之思想义理是否就是异端，

---

① 〔宋〕张载：《张子全书》，台湾商务印书馆1968年版，第22页。
② 〔韩〕李彦迪：《书忘斋、忘机堂无极太极说后》，《晦斋先生集》卷五，《晦斋集》，《韩国文集丛刊》（第24册），第390页。
③ 白沙（陈献章）："于是舍彼之繁，求吾之约，惟在静坐。久之，然后见吾此心之体，隐然呈露，常若有物，日用间种种应酬，随吾所欲，如马之御衔勒也；体认物理，稽诸圣训，各有头绪来历，如水之有源委也。……无动静，无内外，大小精粗，一以贯之。"〔清〕黄宗羲：《文恭陈白沙先生献章》，《明儒学案》卷五，沈芝盈点校，中华书局2008年版，第81页。到目前为止，曹氏之说，近似白沙。然白沙学是禅或是儒，还可再讨论。

尚待讨论。

（三）虚而感？虚而灭？

接下来，李氏把曹氏的错误根源指出，认为曹氏之说并非正统朱子学或儒学；此乃经年累月思考后所得，而其中最让李氏诟病处为：

> 大抵忘机堂平生学术之误，病于空虚。而其病根之所在，则愚于书中求之而得之矣。其曰"太虚之体，本来寂灭"。以"灭"字说太虚体，是断非吾儒之说矣。①

李氏认为，曹氏之致命伤，在于以空虚而言本体；儒家虽言虚，然至虚而实实（此朱子用语），而禅学之虚，则是虚而灭。可见李、曹二人皆承认太虚为本体的讲法，然李氏心目中的太虚之体，乃是虚而感，而曹氏之说，却是虚而灭。

倘若李氏之论属实，则曹氏必归禅学无疑。但由后来曹氏之答书来看，似非李氏"虚而灭"之解读。亦是说，寂灭一语可有多种意涵，而曹氏之意，既不同于庄子之枯槁，亦不同于佛家之苦漏灭尽而得涅槃的意思。下文再做探讨。

此外，李氏又找出曹氏另一缺失，亦是顺着寂灭之语而来。李氏言：

> 然忘机于"本来寂灭"之下，便没"灭"字不说，而却云"虚而灵、寂而妙，灵妙之体，充满太虚，处处呈露"，则可见忘机亦言其实理，而说此"灭"字不去，故如是，岂非有所穷而遁者乎？②

曹氏以为，此虚寂之体，虚而灵，寂而妙，盖与儒家之"寂然不动，感而遂通"暗合，然李氏仍判定曹氏以"寂灭"云云，已非儒家义理。

曹氏之"虚而灵，寂而妙"等语，似乎未能十分贴合儒家义理。如以朱子为判准，则"虚而灵"之"灵"字，指的是心气之神妙，而不是真正的大本——"性

---

① ［韩］李彦迪：《书忘斋、忘机堂无极太极说后》，《晦斋先生集》卷五，《晦斋集》，《韩国文集丛刊》（第24册），第390页。
② ［韩］李彦迪：《书忘斋、忘机堂无极太极说后》，《晦斋先生集》卷五，《晦斋集》，《韩国文集丛刊》（第24册），第390页。

理"是也。但要判别曹氏为儒、为禅？证据仍不足。评判的线索，还是要看曹氏所言本体，是否具备实体义？

依上所言，李氏于《书后》判定曹氏思想为禅学，主要依据在于，其以寂灭而言本体，甚至以悟入本体作为第一要务，不先从下学工夫入手；且曹氏以悟得本体后，形成浑沦为一、无各种分别，这也引起李氏（朱子学）之不满。然而，"寂灭"之语意，尚待厘清，悟入本体亦非禅学专利，儒家心学亦有类似工夫，因此，还得寻求其他文献的辅助，以为判论。

三、《答忘机堂第一书》

（一）朱子之"灵"

曹氏看了《说后》，亦作答书一封，然已失佚。李氏收到曹氏之答书，亦再做回应，此《答忘机堂第一书》距离《说后》，业已一年。李氏续云：

> 今如来教所云："无则不无，而灵源独立；有则不有，而还归澌尽。"是专以气化而语此理之有无，岂云知道哉？所谓"灵源"者，气也，非可以语理也。至无之中，至有存焉，故曰"无极而太极"。……然则理虽不离于气，而实亦不杂于气而言，何必见灵源之独立，然后始可以言此理之不无乎？鸢飞鱼跃，昭著上下，亘古亘今，充塞宇宙，无一毫之空阙，无一息之间断。岂可但见万化之澌尽，而遂指此极之体为寂灭乎？①

曹氏之来书中，对于"本体"做一解释，所谓"无则不无，而灵源独立；有则不有，而还归澌尽"。其实，光凭这几句话，实难判定曹氏之本体内涵。若以佛家义理而论，其讲因缘法之中道观，有是因缘而有，故不有，无是因缘而无，故不无。然曹氏这里短短数语，与佛家虽有貌似，却未能据此率尔等同视之。

此处，李氏主要还是以朱子学观点而来进行批斥，若言"灵""神"，都指

气化层次，而天理本身乃是无造作、无计度，无法以"灵""神"而为形容，"灵""神"只能形容气化，最多只能形容气心，心者虚灵明觉，心是气之灵。故曹氏只言及气，而未及理。

然则，若把曹氏观点视为儒家之中，兼具心学与气论之一派，是否可能呢？儒家心学之气论，可以张载、黄宗羲为代表，然此二人之气论，何以不同于佛家的气之无常生化呢？其不同乃在于气中自有其主宰性！如黄宗羲所言的理（万殊之一本），或是张子所言，气中自有其两端的秩序之变化等，皆属气中自有主宰一类。不过至此，尚看不出曹氏论及实理之秩序义，亦难以判论其倾向于儒学何派？

（二）儒佛之判

书信中，李氏抄了一段曹氏文字，接着评曰：

> 来教所云"一理太虚"之说，虽甚高而实未当。小子请即马牛鸡犬之喻明之。盖天下无性外之物，人物各循其性之自然，则其日用事物之间，莫不各有当行之路。是以循牛之性，则角而可耕；循马之性，则鬣而可乘。……今异教之人，毁其发毛，缁其法服，子焉而不父其父，臣焉而不君其君，民焉而不事其事者，亦犹是也，固不可与吾道并立于天地间也。天下之人，入于彼则出于此。为吾道计者。安得于是而无所辨耶？夫道只是人事之理耳，离人事而求道，未有不蹈于空虚之境，而非吾儒之实学矣。[①]

曹氏以"一理太虚"来形容本体，亦是说，其所认定的本体，并非只是气化而已，而且有理存焉，然此理究是实理，还是空理？曹氏未讲明，但从文字上看来，此理当非空理，则曹氏对于本体之体会虽曰"太虚"，然此太虚者，至理存焉，如同无极即是太极，不可以有或无来做形容。因为若只说有，沦于定有，成为执着，若只说无，似是由无生有。

可见曹氏之说近似朱子对于道体的形容，"不言无极，则太极同于一物，而不

---

① ［韩］李彦迪：《答忘机堂第一书》，《晦斋先生集》卷五，《晦斋集》，《韩国文集丛刊》（第24册），第392页。

足为万化根本。不言太极，则无极沦于空寂，而不能为万化根本"[1]。但是此处，李氏以朱子"儒佛之辨"的另一判准，所谓的"理一分殊"，而批评曹氏，即纵使曹氏所言之理为实事实理，亦只是"偏重本体的一理"，未能及于分殊，此则犹如异端。

李氏以朱子学"理一分殊"作为判准，而曹氏则偏重"理一太虚"，又此太虚之中并无太多分别，[2]而不重分殊，此即为李氏所诟病者。

然而，"理一分殊"是否真能区别出儒、佛之不同？其实，佛教亦言理一，此理一是空理而非实理，佛家亦谈分殊，如其大乘般若空义里所谓的"三智义"：一切智、道种智、一切种智等三智。"一切智"，指阿罗汉可以概略理解于空性，然对现象之诸端差别，或是假名施设，或是方便法门等，尚不能熟练善巧。"道种智"，指菩萨于空性已多有领略，并以其大悲智愿而度化众生，能够因病施药、善巧施设，所做皆办。"一切种智"，兼具前面二智而又更加透彻，同时彻知空义与世法诸差别相。[3]

可见"理一分殊"，佛家亦可畅谈，若欲区别儒、佛，只能由"理一分殊"中的"理一"来着墨。儒家乃实事实理，而佛氏则言空理，"体"既不同，"用"上亦殊。而李氏以朱子特殊义之"理一分殊"而来分辨儒佛，恐不充分。

（三）虚灵之本体？

李氏续言：

> 且如"存养"之云，只是敬以直内，存之于未发之前，以全其本然之天而已。若曰"游心于无极之真，使虚灵之本体，作得吾心之主"，则是使人不为近思之学，而驰心空妙，其害可胜言哉？又况虚灵本是吾心之体也，无极之真，本是虚灵之中所具之物也，但加存之之功，而不以人欲之私蔽之，以致其广大高明之体，可也。……来教又曰："圣人复起，不易吾言。"亦见尊伯立

---

[1] 〔清〕黄宗羲原著，〔清〕全祖望补修：《辩太极图说书》，《宋元学案》卷五十八，陈金生、梁运华点校，中华书局1986年版，第1898页。

[2] 曹氏言太虚中无有分别，此不合于张子；张子之"太虚"必涵两端之分殊。

[3] 参见牟宗三：《佛性与般若》（上），台湾学生书局1977年版，第18—40页。第一章第二节之"三智义"。

言之勇，而自信之笃也。①

之前谈本体论，此段谈曹氏之工夫论。大体而言，本体与工夫乃是互相对应，对于本体有何体会，自然开出相应之工夫。例如，李氏本着朱子学，认为体不能离用，理一不能离于分殊，故工夫便要格物、涵养，为一渐教形态。而曹氏却说："游心于无极之真，使虚灵之本体，作得吾心之主。"李氏对此，自然不能苟同。

朱子学虽要体认涵养未发之中，然在此只能以敬存之，不能用"游心"二字。"游心"一词，有逍遥之感，令人联想到道家。二者，依朱子学，虚灵是心，无极是性，故"虚灵之本体"云云，不甚妥当。这里，可以看出李氏守着朱子学心、理为二说法，期于事事物物穷格，以期下学而上达；然曹氏却欲先求本心，近于道家、心学等。

于来信中，曹氏讲了重话，认为纵使圣人复起，亦不会反对他的讲法。可见曹氏对自己很有信心，亦以正宗儒学自居。曹氏之说当是源于自己生活或工夫之体会，尽管不类于朱子，却是否合于孔孟或心学？此则尚待探究。

（四）杂儒释为一？

末后，李氏对曹氏之思想做出评断，认为其"杂儒释以为一"。李氏言：

> 伏详赐书，无非杂儒、释以为一，至有何必分辨之说，此小子所甚惧而不敢不争者也。伏见尊伯年高、德邵，其于道体之妙，亦可谓有所见矣。但以滞于寂灭之说，于其本源之地，已有所差，而至于存养上达之论，则又与圣门之教大异。②

李氏总结此第一封答书，谓曹氏"杂儒释而为一"，即是说，曹氏之说非正宗

---

① ［韩］李彦迪：《答忘机堂第一书》，《晦斋先生集》卷五，《晦斋集》，《韩国文集丛刊》（第24册），第393页。
② ［韩］李彦迪：《答忘机堂第一书》，《晦斋先生集》卷五，《晦斋集》，《韩国文集丛刊》（第24册），第393页。

儒学。其实，李氏若用"杂儒禅以为一"，可能更为聚焦；①曹氏有先得其大本之说，此与禅家之讲求顿悟、明心见性，极为相近。

不过，值得思考的是，曹氏除了近于禅学，似乎亦可说为儒家心学或道家呢？无论如何，这封答书中，李氏将曹氏之缺失一一指出，包括违反"理一分殊"，及其寂灭一语、"游心无极"之工夫论等，都与朱子学说一一抵触。然而，若依历史之发展来看，②李氏所秉持之朱子学说，应非作为判断是否属儒之唯一标准。如是进到下文，再做了解。

四、《答忘机堂第二书》

曹氏对于自己所用文字，亦觉不恰当，于是来书修正，见于李氏之第二封答书。书云：

> 伏睹来教，于无极上去"游心"二字，于"其体至寂"下去一"灭"字，是不以愚言为鄙，有所许采，幸甚幸甚。书中所论一本之理及《中庸》之旨，亦颇明白少疵，妙得领要。圣人之道固如斯而已，更无高远难穷之事，迪敢不承教？然于其中尚有一两语，与鄙见异者，请更白之。夫适国之路，固有千蹊万径、东西南北之异，若得其直路而进，则虽有远近、迟速，而终皆可以入国矣。然或误入于邪迳他歧而不知返，则往往迷于荆棘荒远之域而洒临歧之泣、起亡羊之叹者有矣。如此者，虽终身窘步，而永无适国之期矣，况入道之方，一而已矣，非如适国之路有东西南北之异也，差之毫厘，谬以千里，岂可以为千蹊、万径皆可以适国，而不必求其正路耶？③

---

① "朱子云：'佛学至禅学大坏。'只此一语，五宗俱应下拜。义谓至棒喝而禅学又大坏。"〔清〕黄宗羲：《东林学案一》，《明儒学案》卷五十八，沈芝盈点校，第1389页。朱子似乎觉得禅学更是误人，以其只讲明心见性，弃绝下学工夫。
② 此指宋明理学史之发展。
③ 〔韩〕李彦迪：《答忘机堂第二书》，《晦斋先生集》卷五，《晦斋集》，《韩国文集丛刊》（第24册），第394页。

曹氏亦体认到自己用语容易启人疑窦，于是作出文字上的修正，把"游心于无极"的"游心"二字去掉，解消犹如佛、老的逍遥、不执之意味，对于太极之体，不以"游心"企及。此外，对于"寂灭"一语，亦改为只谈"寂"，去掉"灭"字，以便减少佛家追求入灭、真常之色彩。

（一）工夫进路

然而，尽管曹氏文字有所改进，但从整个义理来看，还是不同于朱子学，故李氏继续做出批评。从文中大致可以猜出，曹氏似乎是说，就像是国内的路有千蹊万径，不是只有一条，而体悟本体的工夫同样也有千万种，非只有一个方式。此正是反对朱子学。而李氏反驳道，认为入国与入道不同，入国虽可有千万道路，但入道只有一种工夫，即朱子下学上达之渐教工夫，所谓格物与涵养，必要以此为基础，否则工夫用错了，容易沦为异端。

这里稍做补充的是，针对李氏之说，其实，朱子之后的儒学发展，尚有阳明心学、蕺山气论等之兴起，宋明儒学的工夫，非只有朱子学。如黄宗羲对朱子学工夫论的批评，其言：

> 奈何今之君子，必欲出于一途，使美厥灵根者，化为焦芽绝港？夫先儒之语录，人人不同，只是印我之心体变动不居。若执定成局，终是受用不得。此无他，修德而后可讲学，今讲学而不修德，又何怪其举一而废百乎！[1]

朱子学认定工夫只有一种，而黄宗羲批评此乃执一废百、以理杀人，不能肯认各家工夫之分殊。如此，反而曹氏之说显得宽广，能够肯认分殊；而朱子学派执定于朱子之工夫论，视其他论者全为异端，独自尊大，反而造成其他学派之反弹，如明末清初兴起的一股反省朱子学之潮流。

那么，曹氏之工夫论为何呢？依于前文透露线索，似乎是要一方面体悟本体，另一方面亦不反对他家工夫。若试以儒家义理来看，则可能是一方面认为本体即工夫，以体悟本体为工夫；另一方面，亦不反对做工夫以复本体之说，例如透过静坐

---

[1] 〔清〕黄宗羲：《明儒学案序》，沈善洪主编：《黄宗羲全集》（第10册），浙江古籍出版社2006年版，第77页。

方式，以期悟道之一刻；前者为顿教，后者为渐教，如同阳明心学同时为上根人、下根人立法，随人择取，以为入道之方便。不过至此，仍难以判定曹氏是否归属儒家，待下文再探。

（二）主敬存心

李氏继续评论曹氏，其言：

> 今又举"虚灵无极之真"，乃曰"虚无即寂灭，寂灭即虚无"，是未免于借儒言而文异端之说，小子之惑滋甚。先儒于此四字盖尝析之曰："此之虚，虚而有；彼之虚，虚而无。此之寂，寂而感；彼之寂，寂而灭。"[①]

此段再次谈论本体之见解。曹氏前文尝以"寂灭"形容本体，后来觉得不妥，而重新定义，澄清是以"寂灭"而来形容虚无之本体，即指无极！然看在李氏眼里，虽曹氏已承认自己用法不妥，并将"寂灭"改为"寂"者，但似乎并非真的修正，来信里有文过饰非之嫌，故李氏对"寂""虚"二字再做定义。

依笔者之见，这些都是文字、语意问题，真正的判定，还是要看曹氏完整之义理如何，然到目前为止，单凭李氏书信中关于曹氏语之简单记述，还是难以断定。

李氏又云：

> 来教又曰"主敬存心，而上达天理"。此语固善。然于"上达天理"上，却欠"下学人事"四字，与圣门之教有异。天理不离于人事，下学人事，自然上达天理。若不存下学工夫，直欲上达，则是释氏"觉之"之说，乌可讳哉？[②]

先前曹氏言"游心于无极"，经过李氏之抗议，遂把"游心"二字去掉，提出

---

①［韩］李彦迪：《答忘机堂第二书》，《晦斋先生集》卷五，《晦斋集》，《韩国文集丛刊》（第24册），第394页。
②［韩］李彦迪：《答忘机堂第二书》，《晦斋先生集》卷五，《晦斋集》，《韩国文集丛刊》（第24册），第394页。

"主敬存心"，看似较有儒家之庄严感。"主敬存心"一语，颇有朱子学"敬贯动静"之意味，所谓"静时涵养也敬，动时省察也敬"。

然仅凭"主敬存心"一语，亦不易分辨出派别入路，如明道《识仁篇》亦有"以诚敬存之"，而朱子却说《识仁篇》所言乃针对学有成就者、圣者，非针对初学者，不同于朱子心目中为初学者立法之下学上达工夫。更何况曹氏对于重本体而浑沦一体之说亦未修正，离朱子学义理还有一段距离。

李氏在此亦未对曹氏之"主敬存心"多所着墨，只是强调上达天理之前，要先下学人事，否则如何上达天理？也就是说，依于李氏之见，至此《第二书》为止，曹氏仍偏重本体，且谓工夫有千百种，而总能直指本体。这种说法，被李氏直斥为释氏觉证之流。

然平心而论，此处曹氏之说，既有禅学顿悟之意味，亦可能是道家之旨趣，抑或是儒家心学悟于本心良知、重诚意之发扬。三家之基本不同在于，儒家所体悟之本体乃实事实理，亦言理一分殊，即实事实理而不能离于人事，如孟子所倡议的智且仁、终始条理之学；道家则不重分殊，而佛家可以言分殊，然其"理一"乃为空理，与儒学不同。

最后，李氏希望曹氏能从生活实践处下手体会，否则空言顿悟而离于人事，此已流为异端。李氏言：

> 此君子所以存省、体验于日用事物之际，而言必顾行、行必顾言，不敢容易大言者也。不知尊伯亦有如是体察之功乎？亦有如是践履之实乎？[1]

不过，儒家中既有渐教，亦有顿教倾向之学，如王龙溪等，也都主张先悟本体的先天之学，亦皆不离日用伦常。故李氏判曹氏为释氏之流，未必正确。

---

[1]　[韩]李彦迪：《答忘机堂第二书》，《晦斋先生集》卷五，《晦斋集》，《韩国文集丛刊》（第24册），第395页。

五、《答忘机堂第三书》

（一）仁义并重

在第三书之发展中，有益于双方彼此之了解，但辩论中却仍是各陈己见，未能达成共识。李氏书信云：

> 安有见道如是之高，而犹未能精于存省、体验之地者哉？伏睹来喻所陈，虽云"不滞寂灭之说有年"，而寂灭之习，似依旧未除。是以其论说浮于道理幽妙之致，而未及反躬体道之要，不免为旷荡空虚之归，而非切近的当之训，此小子所以未敢承命者也。①

曹氏澄清，自己不以寂灭而言本体，已有一段时间了；此肯定李氏之说，避免字词之歧义，而引来误解。然李氏却提醒，这只是表面上如此，恐怕曹氏走得仍是禅学，偏重本体而忽略过程与分殊，那么依于朱子学，此断非正统儒学。

李氏抄出曹氏书信中的错误，言道：

> 来教有曰："敬以直内，顾諟天之明命，吾之心坚定不易。"则固存养之谓矣，而于静时工夫则有矣；若夫顿除下学之务，略无体验、省察之为，则于动时工夫，盖未之及焉。是以其求道之功，疏荡不实，而未免流为异端空虚之说。伏睹日用酬酢之际，不能无人欲之累，而或失于喜怒之际，未能全其大虚灵之本体者有矣。岂非虽粗有敬以直内工夫，而无此义以方外一段工夫，故其体道不能精密，而或至于此乎？②

曹氏言"敬以直内"，此出于《易传》，已非佛教"寂灭"之语，并自认应属儒学。没想到李氏再泼冷水，认为若只有"敬以直内"，而无"义以方外"，亦非

---

① ［韩］李彦迪：《答忘机堂第三书》，《晦斋先生集》卷五，《晦斋集》，《韩国文集丛刊》（第24册），第395页。
② ［韩］李彦迪：《答忘机堂第三书》，《晦斋先生集》卷五，《晦斋集》，《韩国文集丛刊》（第24册），第396页。

"理一分殊"义理，亦非儒家仁且智、仁义并重之教旨，故仍断定曹氏为禅。

只有"敬以直内"而无"义以方外"，此被视为禅的做法，其实早在程明道时，便有此说。明道认为：

> 佗有一个觉之理，可以'敬以直内'，然无'义以方外'，其直内者，要之其本亦不是。譬之赞《易》，前后贯穿，都说得是有此道理，然须"默而成之，不言而信，存乎德行"处，是所谓自得也。谈禅者虽说得，盖未之有得。其徒亦有肯道佛卒不可以治天下国家者，然又须道得本则可以周遍。[1]

明道认为，佛教以主体内在之修行为其胜场，而其"义以方外"之行为则不足，例如不欲处理国家诸事而要求解脱，则其"敬以直内"所涵养之本体亦恐有误。以源头有误，故流出于外者，便见有污损；"用"既有亏，猜想其"体"亦不完美。儒家内在之体乃实事实理，而佛家之体则是空理、刹那生灭心，两者本质不同，"理一分殊"只是点出儒家义理之形式，尚须强调此理之内涵乃一实理，方能作为儒、佛之辨。[2]

在此，明道之学亦可谓既仁且智，同时讲求"敬以直内"与"义以方外"二者，此与朱子学相类，皆重内外一理、终始条理，但却未必全同于朱子学，或等同于朱子下学上达之渐教精神。如明道尝言："学者须先识仁。"此要求学者须从浑然与物同体开始，而朱子学者却只能从下学之渐教开始，两者不全同。[3]至于曹氏是否合于明道思想，目前不得而知。

接着，李氏解释圣人与学者之工夫不会相同，借此批评曹氏。其言：

> 《中庸》曰："诚者，不勉而中，不思而得，从容中道，圣人也；诚之者，择善而固执之者也。"盖地位已到圣人，则此等工夫皆为筌蹄矣。若未到从容中道之地，而都遗却择善、省察工夫，但执虚灵之识，"不假修为，而可以克己复礼，可以酬酢万变"云，则譬如不出门而欲适千里，不举足而欲登泰

---

[1]〔宋〕程颢、〔宋〕程颐：《河南程氏遗书》卷二，《二程集》，王孝鱼点校，第24页。
[2] 此处之"理一分殊"，乃采儒家之泛讲义，而非朱子之特殊义。朱子之"理一分殊"要从下学上达开始，不能从悟本体开始。此朱子之特殊义，具有排他性。
[3] 朱子与明道之学的关系之接近程度为何，各家主张不同，笔者将来再写文章以论断之。

山，其不能必矣。①

李氏本于《中庸》思想认为，圣人如同天道，可以不思而得、不勉而中，然初学者却只能借着下学上达之步骤，从分殊之中渐次格物穷理，进而求达于天理。而曹氏现在却刚好相反，竟说要先体会本体始可，其工夫方向正好与朱子学相反。

然曹氏不同之工夫见地，有可能是明道之学，也可能是禅学或道家，如道家"得兔忘蹄"之重本思想。朱子学亦有相近"得兔忘蹄"之说，可是强调只有圣人才能采取如此方法，初学者还是得老实地格物穷理、渐次积累。事实上，这可能见仁见智，而为儒学内部发展关于工夫论之争辩。

（二）形色，天性也

李氏接着批评：

> 来教又曰："为破世人执幻形为坚实，故曰'寂灭'。"此语又甚害理。盖人之有此形体，莫非天之所赋，而至理寓焉。是以圣门之教，每于容貌、形色上加工夫，以尽夫天之所以赋我之则，而保守其虚灵明德之本体，岂流于人心惟危之地哉？孟子曰："形色，天性也，惟圣人然后可以践形。"岂可以此为幻妄，必使人断除外相，独守虚灵之体，而乃可以为道乎？是道不离于形器，有人之形，则有所以为人之理；有物之形，则有所以为物之理。②

李氏认为，曹氏虽改了"寂灭"之说，但还是不断地解释"寂灭"之为何成立，以便合于儒学。而这次曹氏"为破世人执幻形为坚实，故曰寂灭"云云，更让李氏觉得错谬，无论如何，这种说法很难摆脱佛家视世法、身形为幻之印象。如"苦、空、无常、无我"本是佛家之"四法印"，而身躯、家眷、山河大地等，悉皆"无常、磨灭、不坚固、变易法"，此即佛家空性义之一环。

---

① ［韩］李彦迪：《答忘机堂第三书》，《晦斋先生集》卷五，《晦斋集》，《韩国文集丛刊》（第24册），第396页。
② ［韩］李彦迪：《答忘机堂第三书》，《晦斋先生集》卷五，《晦斋集》，《韩国文集丛刊》（第24册），第396页。

　　李氏以为，曹氏已逾越了儒学界线。前文说过，儒家之虚，乃至虚而实实，至于佛家对于世法则只能谈虚幻，不能言真实。李氏举孟子"形色，天性也"来做反驳，形色者，乃上天所赋予，而所赋予者，即是实事实理，绝非虚幻，若以形色为虚幻，则可能生起弃绝之念，甚至以气质为恶。①

　　儒家对于佛家的这类批评，并不算少。如程明道："学禅者曰：'草木鸟兽之生亦皆是幻。'曰：'子以为生息于春夏，及至秋冬便却变坏，便以为幻，故亦以人生为幻，何不付与他。物生死成坏，自有此理，何者为幻？'"②万物之生长收藏皆有其理，而非空理、如幻如化。朱子亦言"有物有则"，天生万物，即有其物之理，此乃上天所赋予的实事实理，并非虚幻。黄宗羲亦言："消息盈虚，春之后必夏，秋之后必冬，人不转而为物，物不转而为人，草不移而为木，木不移而为草，万古如斯，此自其不变者而观之，理也。"③亦是认为佛教不能谈到定理。

　　那么，曹氏之"恐世人执幻形为真实"云云，便是佛教语吗？这也未必。儒家亦可言虚，亦可言形幻，例如，对于世人之执着过多、自欺过多，儒家亦称其为幻形，反对各种执着，避免危及德行。因此，在此尚不能遽称曹氏为禅。

　　李氏再言：

　　　　上达之论，愚于前书粗陈矣。今曰"下学上达，乃指示童蒙初学之士，豪杰之士不如是"……是分明释氏顿悟之教，乌可尚哉？④

　　曹氏直陈，所谓豪杰之士不从下学上达做工夫。可见曹氏并未恪守朱子学，而有自己一套讲法；其认为，工夫有两种，有为豪杰之士所设者，亦有为童蒙之徒所设者。这种讲法，颇似阳明之四句教，"无善无恶"乃为上根人而发，而"有善有恶"则为下根人立教。不过，李氏在此则直指曹氏为禅家顿悟之说；原因可能是，纵使曹氏为童蒙所设之工夫乃为渐修，但仍重在本体，违反了朱子下学上达之精神。依于朱子学，若谈顿悟便是禅学，然这似乎未对禅学与儒家心学进行分判，李氏之判曹氏为禅，理由并不充分。

---

① 关于气质有恶之讨论，清儒颜习斋曾有详细论说，参见其《习斋四存篇》。
② 〔宋〕程颢、〔宋〕程颐：《河南程氏遗书》卷一，《二程集》，王孝鱼点校，第4页。
③ 〔清〕黄宗羲：《明儒学案序》，沈善洪主编：《黄宗羲全集》（第7册），第22页。
④ 〔韩〕李彦迪：《答忘机堂第三书》，《晦斋先生集》卷五，《晦斋集》，《韩国文集丛刊》（第24册），第397页。

六、《答忘机堂第四书》

（一）工夫先后

第四书中，李氏继续批评曹氏沾染了虚空之教。其言：

> 今承赐教，辞旨谆谆，反覆不置，且去"寂灭"二字，而存下学人事之功。迪之蒙许深矣，受赐至矣，更复何言？然而窃详辱教之旨，虽若尽去异说之谬，入于圣门之学，然其辞意之间，未免有些病，而至于"物我无间"之论，则依旧坠于虚空之教，小子惑焉。①

曹氏虽已重新定义"寂灭"二字，并做出修改，然李氏却始终认定曹氏为禅！原因在于，曹氏以"体"为寂灭，故对于"用"处、分殊处，也就不甚注重，即不重视"下学上达"。当然，这是依于朱子学而进行的判准，是否真能代表孔孟儒家，尚待讨论。

曹氏于来信中亦对李氏展开批评，而李氏回辩如下：

> 故其主敬也，一其内以制乎外，齐其外以养其内，内则无贰无适，寂然不动，以为酬酢万变之主；外则俨然肃然，深省密察，有以保固其中心之所存。及其久也，静虚动直，中一外融，则可以驯致乎不勉不思，从容中道之极矣。两件工夫不可偏废明矣，安有"姑舍其体而先学其用"之云哉？②

曹氏以为，"先立大体"才是正途，而李氏以"下学上达"为下手处，未必正确。下学者，下学人事，上达者，上达天理，下学上达之义理，也就是"理一分殊"的意思。但曹氏以为，李氏乃是"舍其体而先学其用"，是本末倒置。

李氏则回辩，自己并未"舍其体"，因为朱子有所谓的"合内外之道"，若是格物，也是内外皆格，天地之理既在吾人之外，亦在吾人之内。除了格物，朱子尚

---

① ［韩］李彦迪：《答忘机堂第四书》，《晦斋先生集》卷五，《晦斋集》，《韩国文集丛刊》（第24册），第397页。
② ［韩］李彦迪：《答忘机堂第四书》，《晦斋先生集》卷五，《晦斋集》，《韩国文集丛刊》（第24册），第398页。

有涵养本体之说，即朱子以本体不可知，故只能从发用之中而窥其本体是否涵养正确，故本体处只能涵养，不能做其他工夫。

依此，李氏坚持自己本于朱子学，未有"舍其体"之可能。然曹氏所要求之本体、立其体，则是要去体悟，而非涵养。因此，二人在此未有交集。于下文亦可见一斑。

晦斋又云：

> 来教又曰："先立其体，然后下学人事。"此语亦似未当。下学人事时，固当常常主敬存心，安有断除人事，独守其心，必立其体，然后始可事于下学乎？所谓"体既立，则运用万变，纯乎一理之正，而纵横自得"者，固无背于圣经贤传之旨，然其所谓"纯乎一理纵横自得"者，乃圣人从容中道之极致。体既立后，有多少工夫，恐未易遽至于此。[①]

曹氏坚守其"先立体而后下学人事"之工夫进路，与朱子学的只能"下学而上达"完全不同。曹氏之"先立其体"类似象山所谓的"先立其大"，亦近于阳明心学的"以诚意为本"——先悟得良知，而后面对事事物物，则事事物物皆得其正，无多繁累。这是阳明的"格物"义，其心学要旨亦是不离万事万物，只是工夫之进路，何者在先？何者在后？因其差之毫厘而失之千里，故不得不辨。

例如，明道所主张的工夫论，也是"敬以直内，义以方外"，然就先后、本末而言，则是以"识仁之浑然一体"为先。对照曹氏之说，亦不排斥下学人事，否则若只有上达而遗却人伦事物，则如同小乘佛学的厌离人世间。曹氏之说确实有心学的影子，但未必是儒家正统心学，也可能是佛家之旨。道家到了魏晋之后，开始有会通儒道之议；本来庄子有离却世间之意味，但在向、郭的注解中，不是赞美许由的清高，反而是以尧的不离世间为高、为美。可知，不离人世乃三教共法，未必是正宗儒家心学。

曹氏亦对自己的"先立其体"做一注说，言道："体既立，则运用万变，纯乎一理之正，而纵横自得。"此一讲法，三教皆有，若欲区分儒、佛，还是要看其理究是实理，还是虚理？

---

① ［韩］李彦迪：《答忘机堂第四书》，《晦斋先生集》卷五，《晦斋集》，《韩国文集丛刊》（第24册），第398页。

（二）兼重体仁与分殊

李氏认为，纵使曹氏亦不废人事，然之前所言"立其体后便无分殊"，此断然有误。其言：

> 舜，大圣人也，固非有间而滞于所执者。然而取诸人为善，舍己从人，则舜亦不能无取舍之别矣。安有心无间则茫然与物为一，更无彼此、取舍、好恶、是非之可言，然后为一视之仁哉？[①]

曹氏自始至终主张"立其体后则与物同体"，此乃一无分别状态，曹氏对此并未做出修改；于是李氏于书信结尾，再次批评此说。悟体之后，若无分殊之别，很容易启人疑窦；例如，龙溪之"无善无恶""心意知物只是一事"，此浑沦没有分别，为蕺山批评为禅。而阳明虽亦言"无善无恶""一体之仁"，然对事事物物之义理，其认为仍然要做分别；白沙虽也说，若是掌握了虚无之体，则无内外之别！然其于《答林揖熙书》中，还是强调要有分殊。[②]可见若于体上无分别，而用上亦无分别，则非儒家之论。

孟子称赞孔子是"圣之时者"，相对于伯夷的"圣之清者"，或伊尹的"圣之任者"，伯夷太重分别，伊尹则又过于不做分别，柳下惠亦然。因此，依于儒家，既要能捉住一体之仁，也不能忘却分殊之义。分殊之义是面对当前处境，随着不同人事物之变化，而有不同之对应方式，故儒家有所谓的"礼仪三百、威仪三千"，以便应对不同情境。

佛家也可谈分殊与理一，真正的区别，即在儒家之"理一"乃是实理，并由此贯彻于分殊处，使得各个分殊亦是实事！而曹氏似乎始终有"浑然与物为一"之意味，此则近于道家之"天地与我并生，万物与我为一"，不能视为正统儒学。

---

① ［韩］李彦迪：《答忘机堂第四书》，《晦斋先生集》卷五，《晦斋集》，《韩国文集丛刊》（第24册），第398页。

② "此理包罗上下，贯彻终始，滚作一片，都无分别、无尽藏故也。自兹已往，更有分殊处，合要理会，毫分缕析，义理尽无穷，工夫尽无穷。"〔清〕黄宗羲：《文恭陈白沙先生献章》，《明儒学案》卷五，沈善洪主编：《黄宗羲全集》（第7册），第87页。

七、结语

"浑沦"与"分别",各自代表着儒家"重仁"与"重智"的不同形态。儒家亦特别强调"理一、分殊",二者都不能废。例如朱子重智,故重于分殊,主张"理一分殊";阳明重仁,则言一体之仁,虽认为知识上的分殊"可以一两日讲尽",却也不废于人伦事物。

李氏大致是以朱子学作为判准,而来批评曹氏,谓曹氏近禅,而非儒。虽朱子学未必能代表正统儒家,但依上文之讨论,若将曹氏仅有的一些说法,拿来与儒家心学、孔孟学说等互相对照,似乎不合于儒家者较多。

而"理一分殊"一词,乃谈儒家者必不可或缺者,否则即违反孔、孟"终始条理"之说。①然"理一分殊"亦未足以作为儒、佛之辨的充分条件,只能说是必要条件,"必要"者,有之不必然,无之必不然!亦是说,尽管有了"理一分殊",却不见得即是儒家,还要视其"理一"是否为实理,如此才能与佛家做出区隔。

李氏与曹氏这场书信辩论,有点类似儒家心学与理学之论辩,然曹氏却终不同于儒家心学,甚至更近于禅学与道家。②原因在于:

(1)前文说过,若要确立儒家之旨,必须要谈实理。

(2)不能轻忽分殊、施用之处,以免遗漏人伦。关于这两点,曹氏似未多着墨;对于前者,曹氏言"一理太虚",未谈实理;对于后者,又言"识得本体后,浑沦无别",显得不重视分殊,未能掌握儒家精神。

从李氏书信中之简单数语看出,曹氏似乎未能掌握儒佛之间的虚实之辨,故虽强调先悟本体,而后下学人事,但此人事是否为实理所贯穿的实事,亦不得

---

① 马房失火,孔子问人不问马,此有人禽之辨意味;孔子强调尽孝要能主敬,不敬则与犬马有养何以分别?可见孔子重合,亦重分别,所谓"合而不同"。孟子亦有义利之辨、人禽之辨,如孟子之好辩,批评各家,即是强调有所分别;孟子亦重视其同,如称孔子为"圣之时者",便是称赞孔子"知同亦知别"。

② 禅学类似佛学之道家化,道家重体,不重分殊,如得兔忘蹄之说;道家重悟,所谓的"俄而有无矣";道家重浑沦,所谓万物与我为一;这些与禅的"明心见性"、重视顿悟相同。当然,亦不能说道家完全不做分殊,若依庄子原文,此乃小大之辩,亦是有分殊,只不过不太明显。

而知；且曹氏虽言下学人事，却提出浑沦、无分别之语，此则容易流为道家、[①]禅学，使其不离人事之说，终究只是侊侗的下学人事而已，而非儒家之正统的思想。

---

① 郭象："鹏鲲之实，吾所未详也。夫庄子大意，在乎逍遥游放，无为而自得。"郭庆藩编：《庄子集释》，（台湾）群玉堂出版社1991年版，第3页。意思是，郭象对鹏鲲之分殊，没有多大兴趣，而只看重万物逍遥、自然之理的相同、平等。则郭象重在理一，而不重分殊。

第三章　金河西对程朱学之承继——以《年谱》为依据

一、前言

金河西（1510—1560），名麟厚，字厚之，有《河西先生全集》收于《韩国文集丛刊》，然文中关于哲学思想部分不多，亦不甚完整，大抵只能由《行状》或《年谱》而来略窥其思想梗概。如《韩国文集丛刊》载："先生于《太极图说》《西铭》等书，积累玩索，读至千遍，至是着篇建图……图与说见逸，不传于世。"①金氏对于《太极图说》与《西铭》尝有图、文之诠释，然现已亡佚。

此外，金氏亦曾反对整庵（罗钦顺，1465—1547）之人心、道心说而进行回应，可惜亦已失佚，只留纲要可供参考。而金氏之学对于后来的"四七之辩"，其中高峰（奇大升，1527—1572）之见解，亦颇具影响力，不同于李退溪，然文献中何者是高峰之见，何者又是金氏之见，却不易断定。

目前只能透过《河西先生全集》之《行状》《年谱》而来推敲金氏思想，又据《韩国儒学史略》形容金氏："为学之规，一循程朱，故常病徐花潭之学，偏于思索。"②可见金氏甚是重视朱子之下学上达、格物穷理，知行并重，系即于下学之实践而来上达天理。本文拟探讨金氏对朱子学之承继与否？然而，承继了正统之朱子学，是否便是正统之孔孟儒者？凡此，皆值得进一步讨论。

二、心、理之辩

据《年谱》载，金氏曾读徐花潭（1486—1546）之诗作而有不同见解，亦作了

---

① ［韩］金麟厚：《年谱》，《河西先生全集》卷三附录，《河西全集》，《韩国文集丛刊》（第33册），第315页。
② ［韩］李丙焘：《韩国儒学史略》，（韩）亚细亚文化社1986年版，第154页。

两首诗以为回应。①《年谱》收录如下：

> 时花潭以心学为一时所宗，尝有读《周易》诗曰："坎离藏用有形先，到得流行道始传，羲画略摸真底象，周经且说影中天；研从物上方知化，搜自源头始破玄，书不尽言言外意，仲尼非独绝韦编。"先生见其诗曰："圣人之言，即天地之道也，不可谓之影。"遂次其韵曰："浑然全体有生先，大化流行物共传，羲画推移明变化，周经剖析验人天；工夫尽处方知妙，体认深时更觉玄，立象系辞言意尽，忆曾将圣绝韦编。"又有一诗曰："次第工夫有后先，孔门曾说孰先传，真知不外常行地，下学无非上达天；未信圣人言的的，翻愁学者惑玄玄，本源径造精微处，末弊其如废简编。"盖花潭之启导学者，有不屑下学、顿悟捷径之虑，故先生深忧之，乃步其韵以订之。②

花潭思想其实兼具心学与气学两个面向，此种思想形态亦影响了李栗谷，虽然栗谷不全然宗于花潭，但在重气部分，确实受到影响。③金氏在此称花潭为"心学"，以其似乎不从下学着手，而期于顿悟、走捷径，如同朱子讥象山之不读书④、犹如禅学。以下，分别就花潭与金氏之诗进行解析。

---

① 金河西评此诗时已四十七岁，约于一五五七年左右，时花潭已殁，无法对河西做出答复。而王阳明之生卒年为一四七二至一五二九年，猜想花潭生前应已听闻阳明心学，故有此作。此处，二人争论孔子之学究是以悟道为主，还是以读书穷理为主？而本文将以孔子为准，试图做出论断。花潭之学其实兼具了心学与气学两个面向，又之所以强调其具备心学面向，也是因着河西之本心或本天之判而来。

② ［韩］金麟厚：《年谱》，《河西先生全集》卷三附录，《河西全集》，《韩国文集丛刊》（第33册），第315页。

③ "阴阳动静，机自尔也，非有使之者也。"［韩］李珥：《答成浩原》，《栗谷先生全书》卷十，《栗谷全书》，《韩国文集丛刊》（第44册），第211页。花潭："缘尔跃，忽尔辟，孰使之乎？自能尔也，亦自不得不尔，是谓理之时也。"李丙焘："花潭特谓此状态为理之时，更详其语意，就自然当然之中，必有所以然之理，自不得不然……则毕竟是机自尔，而机自尔一语，亦花潭之独创语也。……如后日李栗谷于自己学说中，利用此语，尤可注意。"引自［韩］李丙焘：《韩国儒学史略》，第132页。又栗谷亦被称为韩儒朱子学之主气派。

④ 朱子学常以本心或本天之二分方法，而来评判对方，如把告子、释氏、心学、上蔡等全都等同起来，一概视为本心之学；理由包括：（1）告子等不走下学上达，而专期一悟；（2）一味依于心而不依于理；（3）告子等所言之性，乃明心见性之性，亦是作用见性、气质之性、生之谓性，而这些都不是朱子理气论之"性理"；告子等所言之性，只是一种气性，仍属气，而非理。在此，金河西面对花潭之求解悟，而不从下学着手，便判之为心学，此亦依于朱子学而来。

（一）周经且说影中天

先说花潭之诗。花潭以坎离比配乾坤，作为道之源头，此源头先在于形外；亦是说，道可表现于流行之中，但道却不只在于流行之中，人们能够于流行中人识得道体，却无法识道于流行（形）之外或之前。即使如伏羲之画卦，亦是落入象数，而道却在象数、言意之外，伏羲只是略懂真象，并非真能懂得坎离之为物先，并非真能懂得象外之道。

而于后天，道亦落入器中，始有具体流行之际，如周易之言，便已落入具象，已非原先的道之原，只是道之影，故诗云："影中天"；亦是说，周易圣人认为，意在言外！周易所言乃流行中的道，谈不上言语道断之处——此要由悟，方能契及。

"研从物上方知化"，此指从物理、人情、事故上去作钻研，固然可以知几，然却非最为根源，根源处只是"玄"，在物象之外。"书不尽言言外意，仲尼非独绝韦编。"此是说，周易或圣贤之书，无法讲到言外之意，如心行路绝之处，只能于书外求，无法于书中求得；即是求之于心，纵使读书，亦需从书上之道理再往上翻一层，以求悟道。

而仲尼之所以为仲尼，在于他能悟及象外之先机、书外之真理，并非徒于书上文字用功，以至韦编三绝；仲尼用功端由心上着力，得象以忘言，推求书本以外之道理，依心不依书。如此看来，花潭确有心学或禅学之倾向。

花潭尝有"先天之气"说法，如李丙焘认为："先天之气则全然独立于时间空间之制约外，为无始、无制限，普遍妥当之定相也。"[①]依此则可解释何以花潭认为周易只谈到"影中天"，还要再追玄到言外之意始可；此言外之意才是重点，即是道，称为"先天之气"。

花潭之学，若以朱子之"理气不离"观点来看，可能已沦为佛老。朱子主张，有气就有理，有理就有气，以此而来强调下学之重要性，并重视人伦世间之气，

① ［韩］李丙焘：《韩国儒学史略》，第131页。花潭原文："太虚淡然无形，号之曰先天，其大无外，其先无始，其来不可究，其淡然虚静，气之原也。……到此田地，无声可耳，无臭可接，千圣不下语，周张引不发，邵翁不得下一字处也。"此类似张载之气论，如李丙焘言："花潭私淑邵康节及张横渠，深被其思想之影响，而即其气数之学则追踪康节，理气之学则出于横渠。"

不谈气外之玄虚。①而花潭则追求一个玄虚之始、先天地之始，如同老子"道"之先在。

金氏之诗作，则是守住朱子学立场，其以为，圣人之言，天地之道者，不是影，若视之为影，则为幻化，类于佛教。但花潭似乎也不全同于佛教，因为虚幻之"影"的背后，还有个"真实"，不同于佛教之全然幻化。

金氏认为，即于圣人之言、圣人之书（周易），即是道，理在气中，理不外于圣人之言、象、书，故可即物而穷理，凭借下学之积累，则得上达。比较之下，金氏较花潭更强调人伦气化之世界。

（二）大化流行物共传

金氏第一首诗："浑然全体有生先，大化流行物共传，羲画推移明变化，周经剖析验人天；工夫尽处方知妙，体认深时更觉玄，立象系辞言意尽，忆曾将圣绝韦编。"意思是，虽然理气中有先后之说，然此是就重要性而来排序，本来，先天之理就表现在大化流行之中，所谓理气不离，形上之理就在形下表现，先天之理就在后天之气中！

"大化流行物共传"，是针对花潭诗之"道始传"，指物与道共同流行，气外无道，道外无器，非如花潭的道于流行之先在。而伏羲的画卦就表现在周经里，周易之经书正是表现天人合一之理，天道的理一分殊，也在人伦气化中表现，离人亦无天，人之存在，正可赞天地之化育，道即在气化人伦之中，不在别处。

而花潭所谓的"玄妙"，指的是气化以外之道。然金氏以为，道就表现在下学人事之中，透过下学人事，才能知其妙；金氏所以为的"妙"，乃是"至高之所，

---

① 金河西之批评花潭，类似王船山之批评王弼。王弼认为："得意忘象，得象忘言。"故言、象只是工具，不是目的，只是过程，用完可以抛弃。而船山则重气，视言、象为目的本身，即象即言而即得意，故对王弼有所批评，船山言："'系'云者，数以生画，画积而象成，象成而德著，德立而义起，义可喻而以辞达之，相为属系而不相离，故无数外之象，无象外之辞，辞者即理数之藏也。而王弼曰'得意忘言，得言忘象'，不亦舛乎！"〔明〕王夫之：《船山全书》（第1册），船山全书编辑委员会编校，岳麓书社1988年版，第505页。船山之批评王弼的道在言象之外，正如河西之批评花潭的道在气、书本之外，而河西的见解正是依于朱子而来。有趣的是，河西以朱子学而来批评花潭的道在气外，然在中国明末清初的重气思想家之中，如刘蕺山、黄宗羲等，却也批评朱子学之"理生气"说，如朱子名言："山河大地都陷了，理毕竟却在。"此亦仿佛有个悬空之物、弃绝于人伦之嫌。只能说，朱子学含蕴甚广，难以定于一论。

会者反下"，至高之处就表现在下学之中。①

若依朱子学，在所有格物穷理的下学工夫中，正以读书能够获益最多、效率最高。书能尽意，意能尽言，亦能传象，书、言、意、象，都是一致的，没有工具、目的之分。此乃金氏依于朱子学，而批评花潭偏于一悟，而不求下学。

朱子理学，重视客观之理，不依主观之心，所谓"释氏本心，圣人本天"，而此天理就表现在人伦、书本之中；人伦的客观化，就是圣人，圣人是人伦之极致，是客观之活教材，圣人若去世，则其言行、论著便是客观的学习对象。故河西重视客观之下学，包括研读圣人行则、经典等，而孔子亦是借由下学，甚至是借由韦编三绝而成圣。②至于花潭视孔子之读周易以至韦编三绝，只是过程，不是目的。

（三）下学无非上达天

金氏第二首诗："次第工夫有后先，孔门曾说孰先传，真知不外常行地，下学无非上达天；未信圣人言的的，翻愁学者惑玄玄，本源径造精微处，末弊其如废简编。"意思是，直由工夫以入本体、以复本体，③且工夫有次第，要须先知后行，即先格物穷理，而后诚意正心，才能豁然开朗。真知即在下学处，要在于寻常处格物穷理，理不外于事物，此即朱学之重视人伦。

又吾人之上达天理，并非遗却人世而独悟，只需在下学工夫处体认其理，天理亦不外乎此下学。河西之批评花潭，类似朱子之批评上蔡；朱子曾批评谢上蔡（1050—1103）：

　　大抵自谢子以来，虽说以洒扫应对为学，然实有不屑卑近之意，故才说洒

---

① 郭象："然未知至远之（迹），顺者更近，而至高之所，会者反下也。若乃厉然以独高为至而不夷乎俗累，斯山谷之士，非无待者也，奚足以语至极而游无穷哉！"〔晋〕郭象注、〔唐〕成玄英疏：《南华真经注疏》，曹础基、黄兰发点校，中华书局1998年版，第15页。郭象重气之自然与内在，有些人认为郭象有儒学意味，或说郭象想要合会儒道，而笔者以为，郭象所以提出重气思想，是为比配儒家之强调下学工夫、人伦世界。
② 明道言："'居处恭，执事敬，与人忠'，此是彻上彻下语，圣人元无二语。"〔宋〕程颢、〔宋〕程颐：《河南程氏遗书》卷二，《二程集》，王孝鱼点校，第13页。此近似朱子的下学处便有天理，天理不在下学之外。
③ 朱子学可以说是下学不离上达、工夫不离本体，此所谓的"理气不离"，但是尚未到达阳明的即工夫即本体意思。阳明学之工夫要由良知自己显发，本体即是良知。

扫应对，便须急作精义入神意思，想象主张，惟恐其于小也，如为朱子发说《论语》，乃云圣门学者敢以天自处，皆是此个意思，恐不免有病也，又云以其大者移于小物，作日用工夫，正是打成两截也。[①]

这段看来，金氏前述看法却能合于朱子。朱子认为，谢上蔡以来，由其所提出的"以觉训仁"，正是心、理之辩；上蔡以"觉"为心的虚灵知觉，心是能觉者，而所觉者，则为理，包括仁义礼智等，然朱子则以"觉"为心，不是性理，不是仁义礼智，故批上蔡有流于禅学之嫌。表面上，上蔡虽说着洒扫应对进退，然其实却不屑于伦常日用之工夫，急着想象主张，冀求悟入天理，落于浅尝捷取之辈。

因此，金氏对花潭的反对，确能合于朱子，而花潭则远于朱子。然而，若以先秦儒家为准，则金氏、朱子或上蔡等，都只代表着对于先秦儒学的一种诠释而已，不易判定谁是正宗。

回到金氏之诗作。金氏批评花潭之不依圣人、圣言，单单期于一悟，此已是将天、人打成两截。依于河西，圣人之言即是客观化了的天理，即言穷理，不若佛家之视诸法如幻，如小乘佛学便以世间为火宅，涅槃为真常之境。而儒家圣人之教即是实事实理，实事实理也只在下学之中，花潭说法恐有近于异端之危险。

"本源"者，不是如花潭所谓的"言语道断，心行路绝"，而是只在精一之旨中显现，所谓的十六字真传："人心惟危，道心惟微，惟精惟一，允执厥中。"（《尚书·大禹谟》）真理只在人心道心中显现，非离于人伦而为道；人心不是人欲，其为危，而不为恶，故要在人心处做工夫，发心动念处依于道，则为道心，[②]只要在此下学之真工夫处，便能不离上达，不离天理。[③]

---

① 〔宋〕胡宏：《胡宏集》，吴仁华点校，第332页。然而，上蔡是否真如朱子所批评那般？尚待讨论。在此可看出的是，如果不屑于卑小的人伦事物，将为朱子所批评。朱子反对上蔡的"以觉训仁"，因为觉是心，不是性，不是仁；朱子于是把上蔡视为本心论者、讲求顿悟者，此派容易有不屑于卑小人伦俗务之可能。

② 朱子："必使道心常为一身之主，而人心每听命焉，则危者安，微者著，而动静云为自无过不及之差矣。"〔宋〕朱熹：《四书章句集注》，第14页。

③ 如象山之主张：纵使不识一字，亦要堂堂正正做人，读书与成为圣贤之间并无必然关联。此"不读书"者，朱子便不以为然。此乃朱陆之争，难有定论。话说回来，象山亦非要人从此远离书本，而是强调自心之体会，他自己亦是用功读书，学习圣人之教。

三、太极与阴阳一物？二物？

（一）整庵之即气言道

又《年谱》记载："一斋[①]抵书高峰，极论太极阴阳一物之意。"[②]一斋（李恒，

---

① 韩国儒者之中，有反对整庵者，亦有赞成整庵者，一斋便是赞成者（按：一斋赞成整庵的理气一物，却不赞成其人心道心说），而金河西与奇高峰则反对整庵。据金河西《年谱》载："一斋以太极阴阳为一物，高峰非之，终日卞难，不能归一。至是，高峰来拜先生，以卞难得失奉质，先生以高峰为得，竟日讲论而罢。"参见［韩］金麟厚：《年谱》，《河西先生全集》卷三附录，《河西全集》，《韩国文集丛刊》（第33册），第315页。至于整庵在此亦不说自己是承继朱子，而是反省朱子。此可参见林月惠教授："赞赏罗整庵思想的学者如卢稣或李栗谷，对于罗整庵'理气为一物'的论点，都认为其意涵并非与理气为二物矛盾。"参见林月惠：《异曲同调——朱子学与朝鲜性理学》，（台湾）台大出版中心2010年版，第160页。若是李退溪便反对整庵的"理气一物"。

② "理气一物"乃是整庵最具特色之见解。参见［韩］金麟厚：《年谱》，《河西先生全集》卷三附录，《河西全集》，《韩国文集丛刊》（第33册），第309—318页。在其中，便讨论太极与阴阳是否为一物？整庵之重气，而影响了后来的刘蕺山、黄宗羲师徒等，然在韩国儒学史之近五六百年间，于朝鲜朝的发展，仍以朱子学为大宗，其间或有阳明心学的发扬，毕竟是少数，如以郑霞谷心学为代表。而中国明末清初之际儒学思想之大转变，似乎未在韩国发生。中国明末清初之儒风转变，可谓一种典范转移，从独尊朱子学，变成反对朱子、反省朱子，从"此亦一述朱，彼亦一述朱"之重理，转变为重气。关于韩国儒学史之主理派与主气派，可参见［韩］裴宗镐编：《韩国儒学资料集成（上）》，（韩国）延世大学校出版部1980年版，第10—12页。亦是说，虽有主理与主气之争论，但还是不离于程朱理学、理气论之脉络；如其中的主气派，以李栗谷为代表，其论点与中国清之乾嘉学派颇有差距。乾嘉学派之主气，并非依于朱学下之气论，而是以反对程朱学而另外提出一套气论。此派不承认朱子"理一分殊"说中的"超越天理"，认为在先秦儒学中，"理"者，只是肌理、文理，如戴震言："理者，察之而几微必区以别之名也，是故谓之分理；在物之质，曰肌理，曰腠理，曰文理。"见〔清〕戴震：《孟子字义疏证》，《戴震全书》（第6册），张岱年主编，黄山书社1995年版，第151页。此"理"乃内在于气中，不在气外。当然，朱子也有"理气不离"之说，但还是与中国乾嘉学派之气论学者不同。至于太极与阴阳之间，究为一物或二物呢？在朱子学中，其实有近于一物说，也有二物说！以"二物论"来说，理乃高高在上，具备理想性，不同于现实的气；此说过于强调理之超越性，理只是体，而不是用，此如程子之"性中只有仁义礼智"，强调理体之优先性、理想性。而整庵为何要坚持"理气一物"呢？因为理只是气之理，后续如黄宗羲亦言："理与气是一物而两名，非两物而一体。"到了王船山，虽其架构亦是朱子学，但较朱学重气；船山极力避免因为过于重理而贬低人伦之可能，避免落于如佛家之重涅槃、轻世间。如黄宗羲之师蕺山尝言："奈何吾儒亦曰理生气。"即是批评朱子学之"理气二分"、理与气析分为二物，若是二分，就有高下，理为高，气为低，人伦贬低，此非儒家之正义。

1499—1576）受了罗整庵思想之影响，①认为太极与阴阳乃是一物，不可析分为二，亦即"理在气中"之意。相对于朱子，整庵较为重气，此亦是对朱子学之反省。朱子学与整庵学在朝鲜朝儒学之中可谓举足轻重。以下，先来看整庵的见解，分为三段：

> 盖通天地，亘古今，无非一气而已，气本一也，而一动一静，一往一来，一阖一辟，一升一降，循环无已，积微而着，由着复微，为四时之温凉寒暑，为万物之生长收藏，为斯民之日用彝伦，为人事之成败得失。千条万绪，纷纭胶轕而卒不可乱，有莫知其所以然而然，是即所谓理也，初非别有一物，依于气而立，附于气以行也。②

第一段说明，天地之间只有一气，气为一物而理不是一物，理只是气之条理，并非存在于气外而主宰着气。理、气若皆是一物，则成二物，二物即有分合、高低之可能，这便成了朱子学所遗留下来的理论困难。③

> 或者因易有太极一言，乃疑阴阳之变易，类有一物主宰其间者，是不然，夫易乃两仪四八之卦之总名，太极则众理之总名也……程伯子尝历举《系辞》"形而上者谓之道，形而下者谓之器"……乃从而申之曰："阴阳亦形而下者也，而曰道者，惟此语截得上下最分明，元来只此是道，要在人默而识之也。"④

第二段解释，阴阳之变易如何能够有条不紊？此因有理主宰其间！那么，理是否即成一物？对此，整庵予以否认。他认为理虽具备主宰能力，却不是一物，理

---

① 整庵的年代大约与阳明相近，若金河西知道整庵之思想，亦可推测河西对阳明思想亦不陌生；所以上文中河西把花潭视为心学，并且比配于陆象山与王阳明。
② 〔明〕罗钦顺：《困知记》，阎韬点校，第4—5页。
③ 关于朱子学所留下来的内部理论困难，若是忠于朱子学者，直接透过诠释而为之辩解，相反地，反对朱子学者，则是提出批评。至于整庵则是介于此二派之间，一方面，整庵学大体上仍是朱子学架构，另一方面，亦对朱子学做出些微修正，并非严格批评；至于"理气一物"之说，整庵则从未说是来自朱子。
④ 〔明〕罗钦顺：《困知记》，阎韬点校，第5页。整庵所引明道语，可见于〔宋〕程颢、〔宋〕程颐：《河南程氏遗书》卷十一，《二程集》，王孝鱼点校，第118页。

只是理则，如其言"太极是众理之总名"，而不是于众理之外，还有一个外于物之理。亦是说，整庵主张"物物一太极"，物物之太极相加，即是统体一太极，而统体之太极不在物物之外。因此，整庵最欣赏明道的圆融讲法——"原来只此是道"，简单说，就是"即气言道"。然"即气言道"是一种重气讲法，而明道思想是为理学，①其是否与整庵所诠释义理一致呢？其实未必，但可知整庵偏好"即气言道"的概念。天地间只有一气，只此一气而理在其中，气即是理之具体展现。

> 所谓叔子小有未合者，刘元承记其语有云："所以阴阳者道。"又云："所以阖辟者道。"窃详所以二字，固指言形而上者，然未免微有二物之嫌。……所谓朱子小有未合者，盖其言有云："理与气决是二物。"又云："气强理弱"，又云："若无此气，则此理如何顿放？"似此类颇多。②

第三段，整庵对朱子与小程子做一批评。小程子以"然"与"所以然"区分理与气，理、气似为二物，不若明道"即器是道"之说法圆融。又朱子认为理、气决是二物，为何朱子定要把理、气视为二物呢？朱子尝提出"理气不杂"，视"理"乃一理想性，非现实之物事所能涵括，现实中有不完美，然"理"则无不完美，故理与气不能混为一物，③朱子又说"气强理弱"。而整庵认为，理乃是气之条理，无所谓弱或不弱，有是气即有是理，"气强理弱"之说则将理、气视为二物。

以上，说明了朱子为何主张理气是为二物，而整庵也对小程子、朱子之理气二元论提出反省。整庵之重气，可能是因为已经看到了朱子学之理论困难，若如朱子之特别强调理气之不杂、理气之二分，一旦做出二分，形成二元论，就会产生高下之比较，理为高，而气为低、为贬，则人伦事物不再受到重视，反而近于原始佛教

---

① 例如，明道有言："太山为高矣，然太山顶上已不属太山，虽尧舜之事，亦只是如太虚中一点浮云过目。"〔宋〕程颢、〔宋〕程颐：《河南程氏遗书》卷三，《二程集》，王孝鱼点校，第61页。此强调理之超越性，然明道还有"一本论"，其言："居处恭，执事敬，与人忠，此是彻上彻下语，圣人元无二语。"〔宋〕程颢、〔宋〕程颐：《河南程氏遗书》卷二，《二程集》，王孝鱼点校，第13页。意思是，天道即在人伦处表现，即人事以言天道，天道不外于人事，此则重气说法。如此，明道似乎两种说法都有，既有朱子派之理学，也有整庵派之气学！此待他文讨论。
② 〔明〕罗钦顺：《困知记》，阎韬点校，第5页。
③ 朱子之必视理、气是为二物，还有另一个原因，若将此二元之理气论套用于心性论上，则心、性亦为二物，而彰显出心、性之别，亦得借此区别佛、儒之不同。

之讲求出离。①

整庵此说影响了中国明末清初的思想，如刘蕺山、黄宗羲等即是代表。②但整庵此一理论所须面对的是，若气自有理，气都是理之呈现，都具备着理想性，那么为何现实人间之万事，经常看不到理想性呢？如何说明世间之恶与不完美呢？

整庵尝言："视听思虑动作皆天也，人但于其中要识得真与妄尔。动以天之谓真，动以人之谓妄。天人本无二，人只缘有此形体，与天便隔一层，除却形体浑是天也。然形体如何除得？但克去有我之私，便是除也。"③意思是，天与人皆是善，人之天生本有即是善，凡其视听言动亦皆善、皆真。然人道论（心性论）里，人依着后天习染而成为不善，乃后天习气所造成，非由天生气质负责。④

（二）金氏之理气喻如人马

《年谱》接着记载：

> 一斋抵书高峰，极论太极阴阳一物之意，送于先生（按：指金河西），要传于高峰。先生见其书，仍与一斋小柬，其略曰："遗奇君之柬，不敢议为。

① 朱子自己亦意识到二元割裂之严重性，故虽主张"理气不杂"，随后又提出"理气不离"。然此不离、不杂之说，有点玄虚，类似佛教的不一不异，此蕺山亦曾指出。蕺山言："宋儒之言曰：'道不离阴阳，亦不倚阴阳。'则必立于不离不倚之中，而又超于不离不倚之外。所谓离四句，绝百非也。几何而不堕于佛氏之见乎？"〔明〕刘宗周：《刘宗周全集》，吴光主编，钟彩钧审校，浙江古籍出版社2012年版，第367页。蕺山之重气思想认为，道德之理想性，就在此岸，不在彼岸，即器言道，先天本有之气亦是善，恶乃是后天习染所致。此种区分，与朱子于理气二元之区分不同。依蕺山看来，（1）理气不该二分，所谓即气言道，气就是道之具体展现，若区分理气，成为理为尚而气为下，追求天理而弃绝人伦，重性理、灵魂而低蔑身体。（2）朱子也许可以反驳说，自己并没有弃绝人伦，因为理气乃是既不离亦不杂，而蕺山则指出，此"不离不杂"用语似从佛学之"不一不异"而来。试问，何物可以既不离又不杂、既超越而又内在呢？此乃矛盾之论！超越与内在之间，只能择取其一，无法兼并二者。而蕺山则取其后者，乃为内在重气；虽重气，但理想性并未减杀，因此其理想性乃是具体可见，先天之气本来为善，并非虚无缥缈地把理想性定在彼岸。
② 黄宗羲："盖先生之论理气，最为精确，谓通天地，亘古今，无非一气而已，气本一也。"〔清〕黄宗羲：《明儒学案》卷四十七，沈善洪主编：《黄宗羲全集》（第8册），第408页。
③ 〔明〕罗钦顺：《困知记》，阎韬点校，第41页。
④ 此亦可参见蔡家和：《罗整庵哲学思想研究》（第19册），（台湾）花木兰出版社2010年版，第249页。

盖理气混合，盈天地之间者，无不自其中出，而无不各具，不可谓太极之离乎阴阳也。然道器之分，不能无界限，则太极阴阳，恐不可谓一物也。"朱子曰："太极之乘阴阳，如人之乘马。"则决不可以人为马也云云。①

金氏以为，理气混合，而理一分殊，万物都受有此理、受有此气，可说物物一太极，也可说统体一太极。所谓统体一太极者，此强调超越之理，即为太极，而太极与阴阳自是二物，不可混同。金氏坚守朱子理气为二物之说，视理想性之天理，不是现实界、气化世界之万事万物所能比拟的。②

理者，固然是气之理，即太极不离阴阳，然朱子又强调太极之不杂于阴阳的一面，如其云："性中只有仁义礼智，没有孝弟。"③金氏可说在帮朱子讨公道，认为一斋与整庵等说，无法顾及于此。金氏引用朱子的譬喻，以人与马比喻理与气，人与马是为二物，则理、气亦为二物，人、马不可混同。④

韩儒因受到朱子学与整庵学之影响，遂亦形成主理派与主气派之不同，⑤而金氏应该归于那一派呢？由前文看来，金氏仍是谨守朱子学之理气二物论，强调理是为一物之优先性，可归为主理派。不过，金氏又与奇高峰一般，同样反对理气互

---

① ［韩］金麟厚：《年谱》，《河西先生全集》卷三附录，《河西全集》，《韩国文集丛刊》（第33册），第316页。
② 朱子："且如万一山河大地都陷了，毕竟理却只在这里。"〔宋〕黎靖德编：《朱子语类》卷一，王星贤点校，第4页。此重视理之超越性，故理、气是为二物，理非现实之气所能比拟。
③ 朱子于《四书章句集注》中，引程子讲法："性中只有个仁、义、礼、智四者而已，曷尝有孝弟来。"〔宋〕朱熹：《四书章句集注》，第48页。
④ "其辨太极，'朱子谓理之乘气，犹人之乘马，马之一出一入，而人亦与之一出一入。若然，则人为死人，而不足以为万物之灵，理为死理，而不足以为万物之原。今使活人骑马，则其出入行止疾徐，亦由乎人驭之如何耳，活理亦然。'先生之辨，虽为明晰，然详以理驭气，仍为二之。气必待驭于理，则气为死物，抑知理气之名，由人而造，自其浮沉升降者而言，则谓之气，自其浮沉升降不失其则者而言，则谓之理。盖一物而两名，非两物而一体也。"〔清〕黄宗羲：《明儒学案》卷四十四，沈善洪主编：《黄宗羲全集》（第8册），第355—356页。这里包含了三种关于理气论之见解：（1）朱子的意思，似把理视为不活动、不主宰，此栗谷、河西相类，可谓朱子学之主气派；（2）而曹端认为，理要有主宰性、活动性，此类于退溪、奇芦沙，可谓朱子学中之主理派；（3）在韩儒中没有发展成形，而在中国明末清初兴起，是为重气一派，不同于前述（1）类，与栗谷讲法不同。因为黄宗羲明显是批评朱子的，以为马自会行走，自是活物，自会主宰，即气中自有理；若气要人御才会走，则马是死马，气要理御才会动，气为死物。
⑤ 韩国朝鲜朝时期（1392—1910）儒学甚盛。在名儒李退溪、李栗谷之后，分衍为主理、主气二派。又此主理或主气二派之区分，则由日本人高桥亨所提出。

发，在这一点上，则金氏又接近栗谷"气发理乘一途说"之主气派。其实，主理、主气之二分，只是粗略的做法，无法涵括金氏之多面向思考，只能说大体上仍以朱子学为宗，亦是说朱子学本身即具备多面向诠释之可能。

四、道心、人心之争论

（一）金氏：道心、人心皆是心

又据《年谱》载：

> 罗整庵名钦顺，其所著《困知记》曰：卢稣斋守慎，力主其说，①以为"道心寂然不动，人心感而遂通"云云。先生深非之曰："圣人所谓人心道心，盖皆指动处而言云云。"先生殁后，退溪、高峰，皆宗先生之说，力攻卢说。而先生全论，逸而不传。②

在此分为两派：（1）退溪、高峰与金氏一派，认为人心、道心二者，皆指心，乃心之知觉，属于动。（2）整庵、稣斋一派，视道心为性而人心为情，其中，道心乃寂然不动，属于静，而人心则感而遂通，属于动。

至于整庵原文如下："道心，性也。人心，情也。心一也，而两言之者，动静之分，体用之别也。"③道心是性而人心是情，性发为情，故为体用关系。而道心与人心之间，除了体用关系，还有静动之别，道心是性，乃寂然不动，故为静，而人心是感而遂通，乃至变不可测，故为动。

"性发为情"乃朱子"中和新说"讲法，但整庵前述之论却不同于朱子之人心道心说。朱子未视道心是性，如于《中庸章句序》："心之虚灵知觉，一而已矣，

---

① 可参考林月惠：《卢稣斋对罗整庵人心道心说的全盘接受》，《异曲同调——朱子学与朝鲜性理学》，第245—260页。此文对卢、罗之思想文献做了精细考究。

② 〔韩〕金麟厚：《年谱》，《河西先生全集》卷三附录，《河西全集》，《韩国文集丛刊》（第33册），第316页。

③ 〔明〕罗钦顺：《困知记》，阎韬点校，第2页。

而以为有人心、道心之异者，则以其或生于形气之私，或原于性命之正，而所以为知觉者不同，是以或危殆而不安，或微妙而难见耳。"①此谓人心、道心都是心，而与整庵之认定道心是性，有所不同。

朱子以为，所谓人心者，即心知觉的对象，乃形气之私，故为人心；而道心者，则为心之知觉于性命之正，系为心依于道。无论人心、道心，都是心，都是心的知觉；既然都是知觉，那么在朱子学里，即都为动。朱子学的工夫论，要学人于静时涵养，动时省察；既是心的察识觉知，是为动，不是静，人心与道心都是心之觉发处，都是动，此与整庵之认定不同。整庵以道心是性，寂然不动，而人心是情，感而遂通，乃至变之用而不可测者。在此，似可判定，金氏见解能合于朱子，而整庵与稣斋则不合于朱子。

（二）整庵：道心是性，人心是心

为何整庵对道心人心之定义，与朱子不同呢？②整庵应亦自认己说乃朱子学之合理发展，虽其未必是朱子原意。整庵之视道心为性而人心为情，可能原因如下：

（1）《乐记》与伊川都有类似认定。如整庵言：

> 谓"体用动静，道心人心皆有之"，恐误也。道心，性也，性为体；人心，情也，情为用。体常静，用常动，此自然之理，非有意于分别也。但观《乐记》"人生而静"，"感物而动"二语，及伊川《颜子所好何学论》便是明证，无可疑者。③

从这段文字看来，关于"道心为性，人心为情"之说，当时即有人反对，而整庵做出说明，此乃答林正郎之书信。整庵提出道心为体、为性，而人心为用、为情之说，借以纠正林正郎的看法。而林正郎的意思也不同于金氏；金氏认为道心、人心都是动，而林正郎则谓道心、人心皆有动静。

整庵举出前人之文，用以证明己说。如《乐记》有"人生而静"云云："人生

---

①〔宋〕朱熹：《四书章句集注》，第14页。
② 整庵之人心、道心说，可参见蔡家和：《罗整庵哲学思想研究》（第19册），第76—86页。
③〔明〕罗钦顺：《困知记》，阎韬点校，第181页。

而静，以上不容说，才说性时，便已不是性也。"①这是程子依《乐记》衍伸出来的见解，则人生而静指的是性，性是静。然而，《乐记》却未说人生而静以上不容说的性是道心。同样的，《颜子所好何学论》②亦只言性是静，亦未说道心等同于性，此乃整庵自认如此。

（2）欲发扬程朱"释氏本心，圣人本天"之判准。前述可能还不是整庵视"道心人心为二"的真正原因，更可能的是，整庵亟欲发扬"释氏本心，圣人本天"之判准，以便区分儒、佛。若只以道心为心，只论及心而不及性，则容易让人将其与心学联系起来，不易凸显理学与心学、佛老之界线。因此，整庵对于道心一语，特指知觉之对象，此对象即是"性理"。

故依于《年谱》来看，关于人心、道心之判，金氏甚得朱子之意，而整庵则是加进了自己的发明，以发扬理学。

五、结语

金氏之重要哲学论述，多已失逸不存，如今仅可见于《年谱》《行状》之中。依此所余文献，本文试图爬梳金氏思想，视其是否能合于朱子？其中，《年谱》所载，关于金氏重要思想约有四处，其中的"四七之辩"，由于涉及层面较广，无法在此多谈。③

则关于金氏《年谱》所载、较重要者有三，分别是：（1）反对花潭近似心学之言论。（2）关于太极、阴阳究为一物或二物之争论。（3）关于人心、道心之定义，其中，道心者，应指心，抑或性？后面两项，金氏大抵能够站在朱子立场，而反驳整庵对于理学所做的些微修正。

关于前述三点，一者，金氏视那些轻忽下学、实践者流于心学、禅家，此如朱子倡议的"没有不读书的圣人"。二者，关于太极与阴阳者，理、气之间乃不

---

① 〔宋〕程颢、〔宋〕程颐：《河南程氏遗书》卷一，《二程集》，王孝鱼点校，第10页。
② 〔宋〕程颢、〔宋〕程颐：《河南程氏遗书》卷八，《二程集》，王孝鱼点校，第577页。
③ 此外，在奇高峰之文献中，哪些是自己的看法，哪些又是受了金河西的影响，亦无有力之文献佐证，也就难以论定。

离、不杂，而金氏甚是看重"理"所独具之超越性、理想性，至于整庵则倾向于气学。①特别一提的是，此亦看出朱子学之理论困难，而韩儒之主气论者，可能会对整庵之修正给予较多同情。三者，金氏以为，人心、道心皆属于动的一面，如朱子之视人心、道心，皆指心之发用于"形气之私"与"性命之正"，既是发用，就属动。总的来说，河西颇能坚守朱子立场，而一以贯之。

---

① 罗整庵影响了后来的刘蕺山、黄宗羲，刘、黄二人学问，可称为气学。

第四章　栗谷与思庵理气思想之比较

一、前言

李栗谷（李珥，号栗谷，1536—1584）最重要的贡献，在于与成牛溪（成浑，字浩原，1535—1598）关于"四端七情"的论辩，并因此形成了自己的一套主张。栗谷接续于奇高峰，牛溪则近于李退溪，退溪有"理气互发"之说，四端发于理，而七情发于气。然此为栗谷所反对，而主张所发者都是气，以"气发理乘一途说"而来诠释朱子学，颇能合于朱子对于《太极图说》之释义。①

除了成牛溪外，栗谷与朴思庵（朴淳，字和叔，号思庵，1523—1589）亦曾有过几封书信上的论辩，只是较不受关注。两人的辩论书信如今仅余栗谷写给思庵的三封信，而思庵写给栗谷的书信则已不存；若要得知思庵的主张，除透过栗谷的三封信外，②尚有以下二处：（1）由于思庵主要宗于徐花潭，可以透过花潭的研究而大致得知；（2）包括思庵其他的书信、《栗谷年谱》相关介绍、《思庵全书》等内容，也可一窥其思想风貌。例如，思庵在与他人的答书中，就曾提出自己主张的"澹一虚明之气"云云。

以下分为三项，分别就栗谷的三封答书，来逐一探讨二人气论之异同。

二、《答朴和叔淳》

现存李氏写给朴氏的第一书，内容如下：

> 台教所谓澹一虚明之气，是阴耶、阳耶？若是阴，则阴前又是阳，若是阳，则阳前又是阴，安得为气之始乎？若曰别有非阴非阳之气，管夫阴阳，则如此怪语，不曾见乎经传也。且所谓冲漠无朕者，指理而言。就理上求气，则冲漠无朕而万象森然；就气上求理，则一阴一阳之谓道。言虽如此，实无理独

---

① 朱子视太极是本然之妙，阴阳是所乘之机，太极是理而不活动，动者乃是阴阳。此与栗谷"气发理乘说"相近。
② 在栗谷答思庵的书信中，会论及思庵的见解。

立而冲漠无阴阳之时也。此处最宜活看而深玩也。①

这里谈到思庵所言之气，乃是一种"澹一虚明之气"。以下共分四目，来讨论此段义理。

（一）澹一虚明之气

朴氏答李氏之书信虽已遗佚，但在《答李叔献》一文中，曾对"澹一虚明之气"做了解释。朴氏曰：

> 承悉来谕，但此非仓卒所辨。澹一虚明之气，理亦在其中。虽无形象之可指，既曰理气，则便是道与器。何必待具形，然后始谓之道器乎？冲漠无眹者，理与气也。动而阳，静而阴者，理与气也。冲漠无眹之理气，为天地万物之理气，本是一也，有何疑焉。此意何如，惟令照，谨复。②

所谓的"澹一虚明之气"，乃是有理之气，谓此气之中已有其理，但"冲漠无眹"。这里"冲漠无眹"并非伊川曾言的"冲漠无眹"，③伊川的"冲漠无眹"是指理的无有形象，此理虽未发，但已发之理已具其中，已发之理即呈现于万象森然之中。

朴氏的学派与李氏的学派有着根本上的不同。李氏虽为理学的主气派，但毕竟仍属理学一途；其虽主气，理仍是大本，气为形下；理虽不发，而只乘于气，但仍是"不宰之宰"，理才是主宰。重点在理，而气次之，正如心与性，重点在性而不是心。

---

① ［韩］李珥：《答朴和叔淳》，《栗谷先生全书》卷九，《栗谷全书》，《韩国文集丛刊》（第44册），第185页。

② ［韩］朴淳：《答李叔献书》，《思庵先生文集》卷四，《思庵集》，《韩国文集丛刊》（第201册），第324—325页。

③ "冲漠无眹，万象森然已具，未应不是先，已应不是后。如百尺之木，自根本至枝叶，皆是一贯，不可道上面一段事，无形无兆，却待人旋安排引入来，教入涂辙。既是涂辙，却只是一个涂辙。"〔宋〕程颢、〔宋〕程颐：《河南程氏遗书》卷十五，《二程集》，王孝鱼点校，第153页。意思是，未发之理虽未成形，然其成形之理，早已具于其中。故未应不一定是先，因为未应之理早就存于已应之中；已应亦不是后，因为未发之时，万象森然已具。

　　然朴氏却是气学，虽然也讲理、气，但是主从关系不同；在理学，乃是以理御气，如人骑马；而在气学，气为第一义，理只是气之理，理从属于气，而为气之属性，气为主。气学家们即器言道、即气言理，有气即有理，不在气之外再添个理。不同于朱子之理学：“山河大地都陷了，理毕竟却在！”①此说似可离气而言理，此理具备绝对性、超越性。

　　那么，朴氏所言理气该如何理解？可以说为“有理之气”，是以气为首，而气中自有其理。在王夫之（号船山，1619—1692）释张子（张载，1020—1077）“性于人无不善”处言：“乾道变化，各正性命，理气一源而各有所合于天，无非善也，而就一物言之，则不善者多矣，唯人则全具健顺五常之理，善者，人之独也。”②此张子所谓“性其总，合两也”③，乃合声、色、臭、味与道德而为一性。④

　　船山的“性”，即指“理气”，且系承于张载而来。朴氏宗于花潭，花潭则是宗于邵雍、张载，皆属气学一派。而朴氏所言“理气”，可以说为“有理之气”，此气者，是为第一义，理只是“条理”，并非超越之天理。

（二）花潭之气论

　　朴氏的气论本于花潭，如杨祖汉教授言：“据《栗谷年谱》，朴和叔主张‘澹一清虚为气之始’。此说本于徐花潭。此说是以澹一之气为阴阳之根源，即认为在阴阳之前尚有一浑然未分之元气状态存在。”⑤

　　又据《栗谷年谱》记载：

　　　　思庵少游花潭之门，以为经传所论，未尝及天地之先；又以为天地未生之

---

① 朱子：“且如万一山河大地都陷了，毕竟理却只在这里。”〔宋〕黎靖德编：《朱子语类》卷一，王星贤点校，第4页。此重视理之超越性，故理、气是为二物，理非现实之气所能比拟。
② 〔明〕王夫之：《船山全书》（第12册），船山全书编辑委员会编校，第126页。
③ 〔宋〕张载：《正蒙·乾称》，《张载集》，章锡琛点校，中华书局1978年版，第22页。
④ 张载：“饮食男女皆性也，是乌可灭。”〔宋〕张载：《正蒙·乾称》，《张载集》，章锡琛点校，第63页。
⑤ 杨祖汉：《从当代儒学观点看韩国儒学的重要论争续编》，（台湾）台大出版中心2017年版，第160—161页。

前，冲漠无朕而已；又以澹一清虚为气之始。①

这里提到朴氏游于花潭门下，且主张天地之先、先天之气，此先天之气在天地未生之前，而为一种冲漠无朕、澹一清虚之气。"清虚一大"之说，是从张子《正蒙》义理而来，可见花潭、朴氏都受有张载影响。

花潭的气论至少影响了两人，一是朴氏，另一位便是李氏。②李氏提出"气机自尔"，便是借自于花潭，但两人还是分道扬镳了；李氏属于理学中的主气派，主张"气发理乘"，理不自发，这一点与主理派的退溪不同。退溪与李氏都属理学，而花潭则属气学。

李氏对于花潭曾有评论：

> 近观整庵、退溪、花潭三先生之说，整庵最高、退溪次之，花潭又次之。就中整庵、花潭多自得之味，退溪多依样之味，整庵则望见全体，而微有未尽莹者，且不能深信朱子的见其意；而气质英迈超卓，故言或有过当者，微涉于理气一物之病，而实非以理气为一物也。……花潭则聪明过人，而厚重不足。其读书穷理，不拘文字，而多用意思，聪明过人，故见之不难。厚重不足，故得少为足。其于理气不相离之妙处，瞭然目见，非他人读书依样之比，故便为至乐，以为湛一清虚之气，无物不在，自以为得千圣不尽传之妙，而殊不知向上更有理通气局一节。继善成性之理，则无物不在，而湛一清虚之气，则多有不在者也。③

这里李氏评整庵为最高，此因整庵的特色乃由理学向气学走，符合李氏于理学中而主气之说，如"气机自尔""气发理乘一途"等。退溪次之，退溪是朱子学，但改动朱子之说而为"理气互发"，④这与李氏"气发理乘"不同，于是有所谓的"四七之辩"，退溪与奇高峰辩，李氏与成牛溪辩，退溪主理，李氏主气，但二者

---

① ［韩］李珥：《年谱上》，《栗谷先生全书》卷三十三，《栗谷全书》，《韩国文集丛刊》（第44册），第305页。
② "花潭之学，后及影响于李栗谷之思想，栗谷每称之，以为独创自得之见。"［韩］李丙焘：《韩国儒学史略》，（韩国）亚细亚文化社1986年版，第130页。
③ ［韩］李珥：《答成浩原》，《栗谷先生全书》卷十，《栗谷全书》，《韩国文集丛刊》（第44册），第216—217页。
④ 朱子固然有理发之说，但鲜少阐述这方面的理论。

都属朱子学。

花潭居末；李氏的"气机自尔"虽得自花潭，但花潭毕竟是气学，非理学所能制约，故李氏评其"不知向上更有理通气局一节"。李氏主张，理是清通而不可限制，而气则是具象性，有其局限，落在时空之中，所以有时间与空间、动与静的限制。不过，李氏还是推崇花潭，视其为自得之学，既是自得之学，也就不必以朱子为宗。

至于花潭自己的主张，如下：

> 太虚湛然无形，号之曰先天。其大无外，其先无始，其来不可究，其湛然虚静，气之原也。弥漫无外之远，逼塞充实，无有空阙，无一毫可容间也。然抠之则虚，执之则无，然而却实，不得谓之无也。到此田地，无声可耳，无臭可接，千圣不下语，周张引不发，邵翁不得下一字处也。摭圣贤之语，溯而原之，《易》所谓"寂然不动"，《庸》所谓"诚者自成"。语其湛然之体，曰一气；语其混然之周，曰太一。濂溪于此不奈何，只消下语曰"无极而太极"。是则先天，不其奇乎。奇乎奇，不其妙乎。妙乎妙，倏尔跃，忽尔辟。孰使之乎？自能尔也，亦自不得不尔，是谓理之时也。《易》所谓"感而遂通"，《庸》所谓"道自道"，周所谓"太极动而生阳"者也。不能无动静，无阖辟，其何故哉？机自尔也。既曰一气，一自含二，既曰太一，一便涵二，一不得不生二，二自能生克。生则克，克则生，气之自微，以至鼓荡，其生克使之也。一生二，二者何谓也？阴阳也，动静也。[①]

此先天太虚之气，不可谓无，只是无声、无形，却是存在，且弥沦于天地之间，毫无间隙。此说近于张子的气，此气虽隐而存在。若借用《易传》之语，则曰"寂然不动，感而遂通"[②]；也近于《中庸》的"诚者自成也，而道自道也"，诚是天道！

可见花潭视天道为清虚一大之气而弥沦无间，近于张子的"太和所谓道"，而周子也尝言"无极而太极"，此一气而为太一，无声无臭，而为太极之元气，一而生二，[③]所谓阴阳、动静等。以上是花潭的气论思想，而为李氏所继承。

---

① ［韩］徐敬德：《原理气》，《花潭先生文集》卷二，《花潭集》，《韩国文集丛刊》（第24册），第305页。
②《易》之"寂然不动，感而遂通"，本指卜筮之器物虽不动，却能感应于所求之神祇。
③ 思庵的太极元气生阴阳二气，近于王夫之的太极为气，乃阴阳二气和合而成。

（三）张载之气论

而花潭的"清虚一大、太虚无形"等说，则是出于张子《正蒙》，其曰：

> 太虚无形，气之本体，其聚其散，变化之客形尔；至静无感，性之渊源，有识有知，物交之客感尔。客感客形与无感无形，惟尽性者一之。[①]

太虚无形，为气之本源；此如朱子所释周子"无极而太极"一般，所谓的"无形而有理"，无极是无形，太极是有理。但朱子释曰理，而张载、花潭则视为气，乃是"有理之气"。

张子这里采取体用论而来解说，气之隐则为本体、本来的样子，一旦显现则为客形，作客于外，是为用，然终要归返老家，即其为本源之气。张子的体、用与朱子的体、用不同。张子认为，"大易不言有无"，而只有幽明、隐显的表现，因为气无论可见、不可见都存在；本体乃至静无感，而其客感，即其成用。并且，只有尽性之人，才能知其两端（无感、客感）而一致，也就是气之隐、显的道理。

船山诠释张子乃属气论一派，所谓阴阳二气之加总则为太极元气等说，而花潭则受了张载的影响。

（四）李氏理学下的气

1.程朱理学与张载气论

李氏属理学，与朴氏的气学自然不同。其实，若是追溯二程与张子之间的思想，也是同样情形；二程对于张子的《西铭》颇为赞赏，甚至当成上课教材，但对于张子的《正蒙》却有微词，如程子言：

> 立清虚一大为万物之源，恐未安，须兼清浊虚实乃可言神。道体物不遗，不应有方所。[②]
>
> "形而上者谓之道，形而下者谓之器。"若如或者以清虚一大为天道，则

[①]〔宋〕张载：《正蒙·太和篇》，《张载集》，章锡琛点校，第7页。
[②]〔宋〕程颢、〔宋〕程颐：《河南程氏遗书》卷二，《二程集》，王孝鱼点校，第118页。

一作此，乃以器言而非道也。①

明道认为，张子以清虚一大为太虚、为道体，并不妥当；无论如何，都要兼着两端来说，如兼清浊、虚实、动而无动、静而无静等，否则，道体将只有清而无浊、只有虚而无实。

不过，张子的气论主张，乃是即气而言道，并非程明道的道、器为二。"即气言道"的意思是：若不得已要在形下讨消息，试着用形下的语汇来做形容时，其清必然包浊，不会出现理学家的形上、形下之区分，如程子的形上为道、形下为器二分的说法。

程子批评张子只讲到"清虚一大"的形下，而为器，乃是因为若言"清"这概念，则有不清存之，此对待而为形下。程子的二元之说，虽理与气不离不杂，但"器外有道"，张子若只言"清"，则不能包于"不清"，"无独"必有对，只有道体无对，而为绝对，故道体即清、即浊。程子认为，张子要谈道体的形上，却只讲成了形下。

然张子本来就不走程朱理学对于形上与形下、理与气的二分法，他采自己的体与用来论述：太虚为清、为体，太虚成形则为气、为用，而体、用一如。在张子，只是一个气化世界，气化世界只有显、隐的表现，并没有存不存在的问题。

此外，程朱还曾批评张子的《正蒙》乃是大轮回之说，此为船山所记述，而替张子回辩。船山宗于张子，亦属气论，其言：

> 朱子以其言既聚而散，散而复聚，讥其为大轮回，而愚以为朱子之说正近于释氏灭尽之言，而与圣人之言异，孔子曰："未知生，焉知死。"则生之散而为死，死之可复聚为生，其理一辙，明矣。《易》曰："精气为物，游魂为变。"游魂者，魂之散而游于虚也，为变，则还以生变化，明矣。……且以人事言之，君子修身俟命，所以事天，全而生之，全而归之，所以事亲，使一死而消散无余，则谤所谓伯夷、盗跖同归一丘者，又何恤而不逞志纵欲，不亡以待尽乎！②

船山引《易传》"精气为物，游魂为变"一段，论证张子所言气之往返、隐

---

① 〔宋〕程颢、〔宋〕程颐：《河南程氏遗书》卷十一，《二程集》，王孝鱼点校，第21页。
② 〔明〕王夫之：《船山全书》（第12册），船山全书编辑委员会编校，第21—22页。

显方得《易传》之意；并且反讥朱子的"灭尽"，^①恰好如同佛教的解脱、不受后有。若死后只是灭尽无余，往而不返，则好人、坏人将同归于寂灭，没有来世，死后如物质之消散，那么身而为人，就只要及时行乐、逞志纵欲，又何必进德修业？

朱子因依着理学，而不谈气的隐显、往返，所以被船山批为灭尽说。这是气学与理学二家的不同。

2.气有阴、阳？

程朱的理学碰上张子或船山的气论，双方未能契合，同样地，李氏对朴氏自然也有许多异议。

李氏站在朱子学立场而质问思朴氏：所谓"澹一虚明之气"究是阴气，还是阳气？在朱子，气是形下，所谓的二气：阴气与阳气。因此李氏言：若是阴气，阴之前为阳；若是阳气，阳之前为阴。阴、阳互为因果，而阴阳无始、动静无端，则阴气与阳气都不可以为气之始。

李氏再问：若朴氏所言之气乃是非阴、非阳，而又为阴阳之统领，这在经传是找不到根据的。

然朴氏所言之气，却是太和元气，既非阴气，亦非阳气，而是元气，故将它定义为气之始。至于李氏认为，朴氏的气在经传中没有根据，此说也未必正确。在汉代便曾以元气而言太极，到了朱子，则以形下之器而来形容气，气又为二气，所谓的阴与阳，这与汉代的元气说已是不同。如《周易集解·原序》尝言："元气氤氲，三才成象，神功浃洽，八索成形。"^②这里的元气便近于张子的太和元气氤氲之说，而为阴阳二气分化前之气。

至于"冲漠无朕"一词，本为佛老之说，在庄子、佛典都曾出现。唐代贤首法藏大师曾在《大乘起信论义记》中言："夫真心寥廓，绝言象于筌蹄，冲漠希夷，亡境智于能所。"（《大正藏》）伊川（程颐，字正叔，世称伊川先生，1033—1107）则用"冲漠无朕"来形容理，表示理之未发，而已发之象已具。

---

① "舍利弗即住如来前坐，正身正意，系念在前，而入初禅。从初禅起，入二禅。从二禅起，复入三禅。从三禅起，复入四禅。从四禅起，复入空处·识处·不用处·有想无想处。从有想无想起，入灭尽定。从灭尽定起，入有想无想处。从有想无想起，入不用处·识处·空处。从空处起，入第四禅。从第四禅起，入三禅。从第三禅起，入第二禅。从第二禅起，入初禅。从初禅起，入第二禅。从第二禅起，入第三禅。从第三禅起，入第四禅。时，尊者舍利弗从四禅起已，告诸比丘，此名师子奋迅三昧。"（《大正藏》）灭尽定为修行禅定后的境界，至此可解脱生死，不再受后有身。

② 〔唐〕李鼎祚：《周易集解·原序》，《文渊阁四库全书》经部易类。

李氏则从两方面来说：（1）理上求气，则为冲漠无朕，而万象森然已具，理虽未发，但所发之气已具于未发之中。故未发不是先，已发不是后。后者之象，在先前已具。（2）气上求理，所谓"一阴一阳之谓道"，"阴阳，气也；所以阴阳，道也"，以"然"与"所以然"对言，乃是程朱学特色，故要格物穷理，于阴阳之然处，穷究其所以然之理。

透过以上讨论，可以看出李氏与朴氏之间的鸿沟，主要在于理学与气论的不同。朴氏所持之元气论，可以追溯到花潭、张子、邵雍，甚至汉代（前202—220）的气化之说，而李氏则总是以程朱体系来质疑朴氏，双方难有交集。

三、《答朴和叔·第二书》

（一）天地之先？

第二封书信内容稍长，以下开为两段。第一段如下：

> 伏承台谕谆复，感荷实深，但鄙意终有所未安者。台谕所谓"经传所论，未尝及天地之先者"，最为未安。夫子曰："易有太极，是生两仪。"周子曰："无极而太极。"未知阁下以此等说话，皆归之于天地已生之后乎？小阖辟、大阖辟之说，此固然矣。"天地未生之前，谓之阴者"，此甚当理，虽圣人不可得而易也。但既是阴则是亦象也，安得谓之冲漠无朕乎？以此知所谓冲漠无朕者，只是单指太极，而实无冲漠无阴阳之时也。阁下且道天地只一而已乎？抑过去有无限天地乎？若曰天地只一而已，则珥复何说。若曰天地无穷生灭，则此天地未生之前，阴含阳者，乃前天地既灭之余也，岂可以此为极本穷源之论乎？[①]

二人之争论点，在于朴氏认为："经传所论，未及于天地之先者。"首先，如老子尝言："有物混成，先天地生。"（《老子·道德经》）而庄子也说："六合之外，圣人存而不论。"（《庄子·齐物论》）但朴氏所言，是指在儒家的经传之

---

① ［韩］李珥：《答朴和叔·第二书》，《栗谷先生全书》卷九，《栗谷全书》，《韩国文集丛刊》（第44册），第185—186页。

中，未曾言及先于天地之物，若有元气，或有太极，亦与天地同在。

其实，先秦之际的儒家经典，是否已有天地之先的说法？可谓见仁见智。如徐复观（1904—1982）教授认为，在佛教未进中国之时，没有彼岸、审判之说，所以这时并不存在着"天地之先"一词。关于这个问题，实在难有定论。

朴氏则是反对李氏的说法，举了两个"天地之先"的例子：

1. 《易传》："易有太极，是生两仪。"

然而，太极与两仪的关系，是否真为"一生二"的宇宙生发论呢？如李氏所宗主的朱子，则是提出"不生之生"，其以为太极与两仪二者都是被给予的，自始至终本来就存在的，并无所谓被生的问题。如朱子诠释"太极动而生阳"云：

> 是以自其著者而观之，则动静不同时，阴阳不同位，而太极无不在焉。自其微者而观之，则冲漠无朕，而动静阴阳之理，已悉具于其中矣。虽然，推之于前，而不见其始之合；引之于后，而不见其终之离也。故程子曰："动静无端，阴阳无始。"非知道者，孰能识之。[①]

这里强调"太极无不在"，有阴阳即有太极，故不是太极生阴阳，阴、阳乃是自始至终都在。所以说"阴阳无始"，阴阳本就一直存在着，无法说是从何时开始。故朱子所解的太极生阴阳，乃是"不生之生"，非"本无今有"的创生。

2. 周子《太极图说》："无极而太极。"

如同上例的"太极生两仪"，各家诠释多有不同。如中国清代的戴震以为，这是圣人画卦的倍增法，谈不上是宇宙的创生论。

若在朴氏的气论，气与天地同在，也就不会有"天地之先"的存在。而朱子与李氏的观点，关于周子（1017—1073）的"无极而太极"，其中的太极乃是形上之理，形上之理本与阴阳气化不离不杂，但也可说在"天地之先"，如朱子有"山河大地陷了，理还在！"[②]

且见朴氏与李氏二人对于"太极"的诠释不同。朴氏的气化不离天地，不会在气化之外、之先，而言天地。至于朱子、李氏则视太极是为天地气化之外、之先的

---

① 〔宋〕周敦颐：《太极图说》，《周敦颐集》卷二，陈克明点校，第3—4页。
② 朱子："且如万一山河大地都陷了，毕竟理却只在这里。"〔宋〕黎靖德编：《朱子语类》卷一，王星贤点校，第4页。此重视理之超越性，故理、气是为二物，理非现实之气所能比拟。

存在。

且朴氏说在"天地之先"乃为阴；照理说，朴氏的气论既然不言"天地之先"，又如何去说"天地未生之前，谓之阴者"？这也让李氏逮到机会，争辩说："既是阴，则是亦象也，安得谓之冲漠无朕乎？"既为阴，则有翕之象，怎能说冲漠无象呢？

不过，笔者认为，朴氏的意思是，"天地之先"乃是气之隐，故曰阴，而"天地之生"则为气之显，而曰阳；甚至就连"天地之先"的说法也不恰当，一切只是天地之气的显与隐，而为阳或阴而已。

但在李氏，朴氏既言"天地之先的气为阴"，也就不是"冲漠无朕"，所以在阴气之先真的还有一个冲漠无朕的太极，这只是理，而不是气。冲漠之太极亦与阴阳形下之气同在，太极可在气化之内与之外。

李氏复质疑，天地始终只有一个，还是天地也有成住坏空的循环流变？若天地为一，则为定论，李氏亦不敢反驳，故此天地之中，太极与阴阳具在，甚至可说太极在天地之先。反之，若天地乃是不断流变，在此天地之前，也曾存在着另一天地，则所谓太极元气之说，便不是究竟根本的真理，因为只说到眼前的这个天地，而没有顾及前一个天地。

（二）太极悬空独立？

书信的第二段：

台谕又曰："然则太极悬空独立。"此又不然。前天地既灭之后，太虚寂然，只阴而已，则太极在阴。后天地将辟，一阳肇生，则太极在阳。虽欲悬空，其可得乎？张子之论，固为语病，滞于一边。而花潭主张太过，不知阴阳枢纽之妙在乎太极，而乃以一阳未生之前气之阴者，为阴阳之本，无乃乖圣贤之旨乎！呜呼！阴阳，无始也，无终也，无外也，未尝有不动不静之时，一动一静一阴一阳，而理无不在。故圣贤极本穷源之论，不过以太极为阴阳之本，而其实本无阴阳未生太极独立之时也。今者，极本穷源，而反以阴气为阴阳之本，殊不知此阴是前阳之后也。但知今年之春，以去冬为本，而不知去年之冬，又以去春为始也。无乃未莹乎。志在明道，言涉不恭，伏惟垂恕加察焉。[①]

朴氏言："太极悬空独立。"太极乃是元气，元气为天地之始，故独立保存而无所依傍，这是朴氏气论的立场。

不过，李氏理学下的理气论却是另一种说法。在李氏，若只是一个天地，则太极不离阴阳二气而存在；若是多个天地轮番的变灭，则当此天地之气为阴，则理与阴气共存，若前一个天地为阳气，则阳气与太极之理同在，如此也就无所谓太极之理可离于二气之说，气可独立的说法并不成立。

李氏乃是依于朱子学理气不离不杂而发声，而朴氏则是以气为元气，两者不同。朱子是以理为气之主宰，而朴氏则是以气为主，理只是条理。

李氏继而批评张子与花潭。其指出张子之说偏于一边，此应指张子形容太虚的"清虚一大"之说，而其则主张清能兼浊、虚能兼实始可。

其实，张子也有一物两体的说法："一故神，两故化，两在故不测。"此正是兼于虚实、清浊。李氏对张子的批评，显示其对张子气论未能理解，将张子的"气"视为形下之气，若是形上之理则为"冲漠无朕"，又怎可用形下的语词，如"清虚一大"等来做形容。

同样的，李氏也以自己理学立场而来批评花潭；视花潭"以一阳未生之前气之阴者，为阴阳之本"，此为元气，而元气为阴，此则违背程子的"动静无端，阴阳无始"之说。

此外，花坛之以气为本亦有误；依于李氏的理学，气之本在理，而不是自为本。阴阳无始，天生本有，不是后来才被生出，无始即无终，也无"阴阳之外"的说法；可以说"天地之外"，但不可说"阴阳之外"。再者，太极仅在阴或在阳，不会出现"不阴不阳、不动不静"的情况。

这些论辩，都是李氏本着朱子学，而以形下之气来看待阴、阳。理气乃是不离不杂，理为气之本，在时间上，理、气同时存在；而在逻辑上，理为气之本，理先而气后，这才是极本穷源之说。故李氏反对朴氏以气之阴为元气、为独立的状态；若为阴，阴不是本，因为动静相生，阴、阳互为根源，阴之前为阳。他更引用《易经》"贞下起元""元亨利贞"等，犹如春夏秋冬之循环更替，而来说明"阴阳无

① ［韩］李珥：《答朴和叔·第二书》，《栗谷先生全书》卷九，《栗谷全书》，《韩国文集丛刊》（第44册），第186页。

始"的道理。朴氏以春天为始,然此春天却是前一冬天结束后而再开始。李氏终究是以理学的观点而来回应朴氏。

四、《答朴和叔·第三书》

(一)阴气为元?

以下将第三书分为两段讨论。第一段:

> 伏承台谕,仰感仰感。此事本不合轻论,且人微言浅,决无感动之望,而犹不能自已者。以阁下秉心平稳,不加挥斥,庶有可合之望也。圣贤之说,果有未尽处,以但言太极生两仪,而不言阴阳本有,非有始生之时故也。是故,缘文生解者,乃曰气之未生也,只有理而已,此固一病也;又有一种议论曰,太虚澹一清虚,乃生阴阳,此亦落于一边,不知阴阳之本有也,亦一病也。大抵阴阳两端,循环不已,本无其始,阴尽则阳生,阳尽则阴生,一阴一阳而太极无不在焉。此太极所以为万化之枢纽,万品之根柢也。今若曰澹一寂然之气,乃生阴阳,则是阴阳有始也,有始则有终矣。然则阴阳之机,其息也久矣,其可乎?且澹一之气,是阴阳耶?阁下前者目之以阴矣,然则太极非根柢,而阴气乃根柢也。但以阴为阳之母,而不知阳为阴之父也,其可乎?且邵子所谓无极之前,阴含阳者,亦截自一阳未动之前言之耳,非谓极本穷源而实有阴阳之始也。[①]

这里对"太极生两仪"再做分析。首先,"太极生两仪"是太极妙运两仪的意思,而不是气(阴阳)本无而为理(太极)所创生。以朱子的见解,太极与阴阳都是本有。但若只从"太极生两仪"一句来看,实在也看不出阴阳乃是本有。一般人看到"生"字,以为本无阴阳,而为太极所生,故阴阳未生之前,只有太极之理。但这种说法违反了朱子"理气不离"的观点,李氏视为偏差之一。

---

① [韩]李珥:《答朴和叔·第三书》,《栗谷先生全书》卷九,《栗谷全书》,《韩国文集丛刊》(第44册),第186页。

另一种讲法亦有偏差，这是针对朴氏；朴氏认为，有一个太虚澹一的清虚之气，是为阴阳之气之母。李氏批评，若先有元气，而后出生阴气、阳气，则阴阳之气乃是被生后起之物，非为本有，而有生则有死，阴阳有其终期，甚为谬误。这是偏差之二。

关于"太极生两仪"一句，究竟该如何解释，各家诠释殊异。李氏则是站在朱子，特别是《太极图说》的立场而来阐议。"太极者，本然之妙，动静者，所乘之机"①，阴阳之形下之气未曾离于形上之太极之理，故阴阳本有，又能两端循环不已，无始亦无终。那么理与气何者为本？乃以太极为本，作为万化之枢纽、万品之根柢。

于是，李氏总结三点来反驳朴氏：

1.依于朴氏，阴阳二气为元气所生，而有生则有灭，一旦灭时，气不复存，此时只有理而无气，违反朱子理气不离之说。

2.澹一之气若为阴气，且为元气，阴气为元，太极之理非为根柢。这不仅违反朱子的理气论，而且以阴气作为天地之始，不知阴阳互根、循环相生的真理，乃是谬论。

3.朴氏引邵雍来为自己辩护，邵雍言："无极之前，阴含阳者。"意指元气虽阴，但有阳具于其中。但邵雍非理学家，李氏认为，这只是截取某一段的时间点，此点上，阳未动而为纯阴，但此点之前，必有阳生阴之时刻，而邵雍未言及此。既非周全之论，则未能极本穷源，不足以说明宇宙生生之过程。

（二）冲漠无朕

第二段：

> 且太极为阴阳之根柢，而或阴或阳，两在不测，故曰"神无方而易无体"。今若曰阴气为阴阳之根柢，则神有方而易有体矣，尤不可也！且所谓冲漠无朕者，指理而言也，若曰指气，则非阴则阳也，不可谓之无朕也。岂可以无形者，便为无朕乎？今者，空中皆气，虽无所见，岂可谓之冲漠无朕乎？是故，冲漠无朕之称，如就气上指本然之性也，虽曰本性，而实无本性离气之

---

① 〔宋〕黎靖德编：《朱子语类》卷九十四，王星贤点校，第2370页。

时。犹虽曰冲漠，而实无冲漠之时也。若曰实有冲漠之时而乃生阴阳，则此亦
阴阳有始也。此处须着十分理会，不可草草放过。花潭用功非不深，而但思之
过中，反以气为阴阳之本，终归滞于一边，理气杂糅无辨，不能妙契圣贤之
旨，岂不可惜哉。程子曰："动静无端，阴阳无始。"非知道者，孰能识之，
伏望于此语，三致意焉。①

　　李氏认为，要以朱子理学来诠释《易传》，才能解得通。所谓"神无方而易无
体"，是因为太极之在或阴、或阳，两在而不测，如言："阴阳不测之谓神"，太
极有时处于阳，有时处于阴，而不可测。
　　李氏遵循程朱教说，所谓"阴阳，气也；所以阴阳，道也"，这是程朱理学家
的诠释特色，但如前所述，却非唯一解法。若在朴氏，阴为阴阳之根，则是有方
体，方体执于阴而不是阳。
　　且"冲漠无朕"者，在程朱学，乃指理，理无造作、无计度、无情意，不可以
形下而言，所谓"道，不可道"也。朴氏则以"冲漠无朕"来形容元气，而李氏视
以形下之气，落于阴气，形下之气则有方所，如何是"冲漠无朕"？
　　阴阳在尚未落实而成为具体形质之前，此时虽然无形，但在李氏看来，亦属有
方所；例如，虚空中弥漫着气，这些气虽不可见，但它们非阴即阳，这便是有方
所，不可视为"无朕"。
　　若言"无朕"，则是指气中之理，而非指气；理者，又被称为本然之性，本然
之性乃是冲漠无朕，一旦即于有形之气，便是有方所、有朕兆。在时间上，并不会
出现冲漠无朕的状况，因为理本身虽是冲漠无朕，但即于气，便会呈现出有朕、
有迹。
　　所以，李氏批评朴氏以在阴阳之前还有一个冲漠无朕之气的说法，是行不通
的。且冲漠之气生出阴阳之气，则阴阳有始，非是本有，有始则有终，阴阳之气将
灭，这都违反朱子学。
　　其实，"冲漠无朕"虽出于伊川，但在庄子、佛书已曾出现，程子视之为理，
而朴氏视为气之冲漠，亦无不可，此乃见仁见智！
　　李氏末后提到花潭，因为朴氏宗于花潭；花潭以元气作为阴阳之本，而不走理

---

① ［韩］李珥：《答朴和叔·第三书》，《栗谷先生全书》卷九，《栗谷全书》，《韩国文集丛
刊》（第44册），第186—187页。

气二元之说，把理气相混而不辨，这些都违反朱子学。在朱子学，动静无端，阴阳无始，非如花潭所说的阴阳有始。

依笔者之见，花潭与李氏毕竟各属不同体系，在没有充分同情理解之下，李氏乃以自家体系而批评花潭、朴氏的气论观点。李氏指责花潭理气不辨，然花潭乃以气为大本，理为气之属性，气是第一义，理是条理，而为第二义，并非理气不辨，这与理学家以理为第一义，并不相同。

五、结语与反思

栗谷与牛溪论战"四七之辩"，二人都以朱子学为宗，所以这时只要以朱子为准，便可断出个对错。但栗谷与思庵的论辩，却是程朱理学与花潭气学或张子气学两种不同体系的交涉，这便不容易得到合理的结论。若是要以先秦儒学为准，或许可以得出合理的结论，但理学与气学已较先秦儒学多有创新，还须一番抽丝剥茧，否则不易达成共识。

程子曾批评张子以"清虚一大"为道，本要谈形上，却沦为形下。这种说法亦是以自家理学为标准出发，不易和对方形成对话；例如，理学家对《易传》形上与形下、理与气、太极为理与阴阳为气进行区分。但在张子，或在汉代元气之说，太极为元气，亦不是理，如船山气论便以太极为气。因此，气论学者的体系，并无法以理学来做制约。

又如明道曾言："天理两字是我自家体贴出来的。"既是自家体会，则难说是《易传》太极的本意。朱子也认为，气质之性的说法始自张、程，先秦并无天地之性与气质之性的区分。同样地，栗谷以程朱体系为唯一标准，而来规制思庵的说法，这便不易引起共鸣。这场的书信论辩也就沦为各说各话，因为，没有一个共通的游戏规则。

但至少可以看出，韩国儒学在朝鲜朝之时，除了理学为最大宗外，气论学者亦占有一小席之地，而为朝鲜朝理学之外独立发展的系统。虽然花潭之说影响了栗谷，也影响了思庵，但栗谷毕竟是理学，只取"气机自尔"一说而套用在朱子学体系；而思庵则宗于花潭气论，思庵与栗谷终究走在不同的道路上。

第五章 宋时烈《朱子言论同异考》之方法论——以「四七之辩」为主要讨论线索

一、前言

研究朱子学时，学者常会为朱子言论之不一而感到困扰，例如，关于"心"的意涵：心是气之灵，所以归于气？还是心本具性理？究是本心或是气心？……历来之各家诠释多所纷纭。①

又如冯友兰（1895—1990）曾言：朱子需要两个世界。②而刘蕺山（1578—1645）、黄宗羲（1610—1695）师徒也因朱子"有物先天地"之说法，③而判朱子似有割裂理气之嫌。朱子自己曾言："山河大地陷了，理还是在。"④如此看来，理与气应当可以分属两个世界，然而朱子又说"理气不离"，那么，好像又只有一个世界。此外，朱子判理、气的先后，有时是理先气后，有时是理气同时。而朱子谈论"孟告之辩"时，认为告子四变其说，即所谓诐辞、淫辞、邪辞、遁辞，⑤不过其也认为告子的错谬根源，在于"生之谓性"的主张。⑥

关于朱子所留下的文献，包括整理自《大全》⑦、书信、《四书章句集注》、《朱子语类》等，彼此之间各有重点，而当面对朱子言论前后不一的时候，该当如何解答？何者才是朱子之定论呢？这里便是研究朱子学时，所必须面对的方法学问

---

① "心是气之灵之心，而非超越的道德的自发自律之本心，其本性是知觉，其自身是中性的、无色的，是形而下者，是实然的，也是一个实然之存在。"牟宗三：《牟宗三全集》（第7册），（台湾）联经出版事业股份有限公司2003年版，第272页。牟先生认为朱子的心是气，然唐君毅先生则认为，心不只是气，可以有理的成分，称为"本心"亦无不可。

② "理学与心学之差别之一，即理学需要二世界，心学只需要一世界。或可谓理学为二元论的，心学为一元论的。"冯友兰：《中国哲学史下》，生活·读书·新知三联书店2009年版，第390页。

③ 刘蕺山认为，朱子学有求理于天地之外之嫌。

④ "要之，也先有理。只不可说是今日有是理，明日却有是气，也须有先后。且如万一山河大地都陷了，毕竟理却只在这里。"〔宋〕黎靖德编：《朱子语类》卷一，王星贤点校，第4页。

⑤ "自篇首至此四章，告子之辩屡屈，而屡变其说以求胜，卒不闻其能自反而有所疑也。此正其所谓不得于言勿求于心者，所以卒于卤莽而不得其正也。"〔宋〕朱熹：《四书章句集注》，第327页。

⑥ "告子不知性之为理，而以所谓气者当之，是以杞柳湍水之喻，食色无善无不善之说，纵横缪戾，纷纭舛错，而此章之误乃其本根。"〔宋〕朱熹：《四书章句集注》，第326页。

⑦ 韩国儒学所言朱子的《大全》，指《朱子文集》。

题了。①虽然从大方向来看，朱子学整体之体系、宗旨，可说一致，但是论述之间若干的不一致也是确实存在。以下，试举几种解决方法：

1.思想上以前、后期进行区隔：可将朱子生平思想视如一持续变动的有机体，又或者，当朱子建构学说体系时，也有可能前、后时期出现差异。如朱子中和旧说的"性体心用"与新说的"心统性情"，此可视为前、后期的思想改变。②又如阳明《朱子晚年定论》的方法运用，也是使用前、后期思想改变的原则方法。③

2.视对象而有不同的诠释：例如，关于"心"的定义，在面对佛家时，由于佛家也重视"心"，朱子此时便视"心"的地位居次，而以"性"为重，以心为气，即佛家之"心"只到气这个形下层次。然而，如果面对《孟子》的"本心"时，心便不只是气，而是理气合、心性合的"本心"，涵具了形上层面。

3.从文献的创作背景来衡量：例如，当《四书章句集注》与《语类》冲突时，则当该以《集注》为主。因为《语类》是课堂上的学生笔记，可以推论这样的记载比起《集注》而言，应当还属思索当中，《集注》则由朱子亲自执笔，则可视为是朱子认真思考后的作品。又由于《语类》是学生笔记，出现讹误的可能性也较大。

4.不以单一文本而断为定论：例如，当朱子在文章中强调"理气不离"时，却不能因此认定"理气不离"即是定说，亦需考虑到朱子在其他文章也谈"理气不杂"，也就是说，朱子可能兼采二说，此二说于朱子学说中各有妙用、各代表着朱子思想的不同层面。

5.观谈论次数的多寡：例如，朱子有时言"知觉是智之事"，此属形上，有时则言"知觉不可训仁"，此属形下，④"知觉"究属形上或形下？这可以透过搜录相关言论，从中分析朱子讲述时的次数多寡，而来判定何者较接近其心中要旨。其中，谈论次数较少的，便要尊重谈论次数较多的说法。

6.对朱子学纲领、精神的掌握：有些争议是朱子学说内部的问题，例如，韩儒

---

① 朱子学说之建构有其自身方法，如"以义理领导训诂"、《格致补传》的置入、理学的置入等，本文在此不讨论朱子自身治学的方法，而是学者该如何研究朱子学的方法。

② 朱子写了《知言疑义》用以怀疑胡宏的《知言》一书，即是站在"新说"立场以反对"旧说"，因其"旧说"正是受到胡宏影响。

③ 也许书中阳明对朱子的评论未必正确，甚至可能是刻意如此。

④ "问：'知觉是心之灵固如此，抑气之为邪？'曰：'不专是气，是先有知觉之理。理未知觉，气聚成形，理与气合，便能知觉。譬如这烛火，是因得这脂膏，便有许多光焰。'问：'心之发处是气否？'曰：'也只是知觉。'"〔宋〕黎靖德编：《朱子语类》卷五，王星贤点校，第85页。

论争的"四七之辩"、"湖洛论争"（人性与物性之异同、未发心体纯善或有善有恶……）、朱子学是否也是"心即理"说等，这些问题只有理解与掌握了朱子学，才能得到清晰之结论。当然，也可运用前述各种方法而来归纳、整理出头绪。

在"当代新儒家"中，研究朱子学较具代表性者，当推牟宗三与唐君毅两位先生，此二大家之看法有以下特点：（1）牟先生认为朱子是"别子为宗"，[①]而唐先生虽也看到朱子的援引外学，[②]却以"伟大"来形容朱子之学。（2）唐先生不去分别宋明儒学之中谁是正统、谁是别子，而牟先生则认为阳明为正统、朱子为别子。（3）牟先生认定朱子的心是气，而唐先生则不如此。[③]

唐、牟二先生的看法会有如此差距并不意外，这在韩国儒学史上业已是存在已久的论争，如韩儒"四七之辩"之中，李滉依着陈淳的见解，视心是理气合，[④]至于李珥则认为心是气，发者是气发，而理乘气，理不活动。此双方之阵营也都以朱子文本作为根据，却相执不下。以下，先透过唐君毅先生之文，来对韩儒面对朱子言论不一的因应之道进行了解。先谈韩元震。

---

① "此直线的分解思考之清楚割截所确定的'但理'是超越的静态的所以然，而不是超越的动态的所以然。此静态的所以然之理只摆在那里，只摆在气后面而规律之以为其超越的所以然，而实际在生者化者变者动者俱是气，而超越的所以然之形上之理却并无创生妙运之神用。"牟宗三：《心体与性体》（第1册），（台湾）正中书局1990年版，第369页。
② "按此心为虚灵知觉之一义，初导源于庄子、荀子，而魏晋思想之言体无致虚，与佛家之言空，以及圭峰之以灵昭不昧之知言心，皆在义理上为一线索之思想。"唐君毅：《中国哲学原论·原性篇》，台湾学生书局2006年版，第428—429页。
③ "人之特有心，即原其气之灵，心亦即指此气之灵而言。此所谓其气之灵，亦其气之清，气之中正，而恒能运行不滞，无昏暗，无偏，故能动能静，能寂能感，而使此天理性理，直接呈现于心，而人乃得有尽心知性等事。然所谓气之灵者，当即不外就气之依理而生，复能回头反照其所依之理而立名。"唐君毅：《中国哲学原论·导论篇》，台湾学生书局1986年版，第501页。
④ 李滉："心者理气之合，此非滉说，先儒已言之，所谓'气之精爽'，先生就兼包中而指出知觉运用之妙言，故独以为气之精爽耳。"［韩］李滉：《答金而精》，《退溪先生文集》卷二十九，《退溪集》，《韩国文集丛刊》（第29册），第174页。又陈淳言："理与气合，方成个心，有个虚灵知觉，便是身之所以为主宰处。"［宋］陈淳：《北溪字义》，熊国祯、高流水点校，第11页。

二、韩元震《朱子言论同异考序》

朱子文本中常有论述前后不一的情形，此前辈早已见及。如唐君毅先生："韩元震《朱书同异考》，尝谓其前后有四说。兹本其言，更加以引申而论之。大率朱子初以'人心为私欲，道心为天理'（《答张敬夫书》）……至于其答吕子约书，谓'操舍存亡，虽是人心之危；然只操之而存，则道心之微，便亦在此'，此则以由人心之操而存，即见道心之微……"①唐先生认为，朱子人心、道心之说，前、后历经四变（此处未全抄出），而此一灵感的抒发，则是来自韩国儒者韩元震《朱子言论同异考》一作。②

在韩国儒学发展史上，朝鲜一朝之学风大致对朱子相当崇敬，主流即是程朱学，陆王心学反而不显，甚至还会被视为异端。韩国儒者对朱子言论考究得相当精细，依着唐先生的介绍，可以发现韩元震已注意到朱子言论不一致的问题，以下抄出韩氏《朱子言论同异考序》之文：

> 前圣而作经，莫盛于孔子，后贤而传义，又莫备于朱子，故学者必读孔子

---

① 唐君毅：《中国哲学原论・原性篇》，第419—421页。
② 韩儒"四七之辩"之中，以李滉为首者，称为东人，以李珥为首者，称为西人。西人又分老论与少论，老论代表人物为宋时烈，而宋时烈的老论又分为湖论与洛论，韩元震（南塘）则属湖论，也可上溯至李珥一脉。参见［韩］崔英辰：《韩国朱子学的心说论争研究现况及展望》，朱人求、乐爱国主编：《百年东亚朱子学》，商务印书馆2016年版，第3页。又韩元震举朱子四变说法如下："窃观朱子之言，果有前后之不同。始则以人心为人欲（一说），而既而改之以为饮食男女之欲，可善可恶者，始则曰：'道心为人心之理。'又曰：'道心性理之发，人心形气之发。'（二说）既而改之，以为：'或生于形气之私，或原于性命之正。'其曰或生或原者，乃即其已发而立说也。（三说）……其于《禹谟》解则曰：'指其生于形气之私者而谓之人心，指其发于义理之公者而谓之道心。'于形气，不下'发'字，于义理，虽下'发'字。而亦以义理字换性命字，则其义亦自不同。谓之义理，则亦共公言者也，非就发处分别理气而言也。又于性命虽下'发'字亦无妨，以其道心虽是气发，然直由仁义礼智之性而发故也，若形气则终不可下'发'字，谓人心由耳目口体而生则可，谓人心即乎耳目口体而发之则不可。耳目口体果是自发之物邪。此朱子所以于形气则终不肯下'发'字，而此乃晚年定论也（四说）。"（按：一说、二说……为笔者所加）［韩］韩元震：《人心道心说》，《南塘先生文集》卷三十，《南塘集》，《韩国文集丛刊》（第202册），第144—145页。在此韩元震认为，《中庸章句序》并不是朱子最后定论，朱子的定论应是：在形气之私不下'发'字，而于性命之正改为义理之公，则下'发'字。又对于"发"字的重视，应与李退溪、李栗谷所重视的"理发"或"气发"有关。

之书而后可以尽天下之义理，又必读朱子之书而后可以读孔子之书也，然孔子生而知者也，故其言无初晚之可择；朱子学而知者也，故其言不能无初晚之异同，而学者各以其意之所向为之取舍，往往有以初为晚，以晚为初，而失其本指者多矣，朱子之书既多失其指，则孔子之书亦不可读也，而道于是乎不明不行矣，尤翁晚岁深以此为忧，既释《大全》之书，又欲考论其同异而辨正之，既始其功，才到十余条而止，呜呼，其可恨也已。元震自早岁即已受读朱子书，反复通考，盖用一生之力，其于异同之辨，庶几得其八九于十，于是悉疏而出，或考其日月之先后，或参以证左之判合，或断以义理之当否，以别其初晚，表其定论，而其言异指同者，亦皆疏释而会通之，编为一书以续成尤翁之志，僭猥则有之矣，而学者或有取焉，亦庶几乎为读是书之一助耳，元震于此重有感焉，孔子，天地间一人而已矣，朱子，孔子后一人而已矣，有孔子则不可无朱子，而尊朱子者乃所以尊孔子也，不幸世衰道微，邪慝并起，甚有以侵侮朱子，改易其说为能事，是诚不知尊孔子也，而其祸将至于率兽食人，人将相食，吁亦痛矣。[①]

　　韩氏谓：孔子作经最盛。然而，考察典籍所载，应该说孔子述经、删经，而不是作经，一般依《礼记》："作者之谓圣，述者之谓明。"[②]《论语·述而》中孔子则自明："述而不作。"但《孟子》一书却说：孔子"作《春秋》"，而乱臣贼子惧。[③]如果孟子所言是真，那么孔子至多也只是作《春秋》，而无他作品，应该不至于"作经莫盛于孔子"。

　　然而，韩氏之语当是别有旨趣。韩氏所属时代为中国清朝，在当时，不仅"五经"是"经"，"四书"也称得上是"经"，此时的"四书"，业已经过朱子的编订注解，[④]其中《论语》记载孔子语言，《大学》的《经一章》，依于朱子，亦是孔子的话而曾子述记，而《中庸》为子思所编，内容甚多"子曰"之

---

① ［韩］韩元震：《朱书同异考序》，《南塘先生文集》卷三十一，《南塘集》，《韩国文集丛刊》（第202册），第163页。
② "作者之谓圣，述者之谓明；明圣者，述作之谓也。"（《礼记·乐记》）
③ "世衰道微，邪说暴行有作。臣弑杀其君者有之，子弑其父者有之。孔子惧，作《春秋》。《春秋》，天子之事也。"（《孟子·滕文公下》）。
④ "《四书》在十三世纪末成了新圣经以后……"杨儒宾：《从五经到新五经》，（台湾）台大出版中心2013年版，第11页。

处。另外，如《易传》，一般也被尊奉为孔子及其后学所完成的作品。因此，韩氏认为孔子作经最盛，亦诚有所本。

韩氏又谓：后贤传义莫备于朱子！此指朱子之遍注群经，居功厥伟而可称为道统的接续者。①又曰："必读孔子之书而后可以尽天下之义理，又必读朱子之书而后可以读孔子之书。"②这是站在朝鲜朝之尊孔、尊朱思想上来说的。然而，对于孔子或《四书》之言，众家的诠释不尽相同，以宋明理学为例，便有心学、理学与气学等不同学派的诠释。而韩氏则以为，朱子之说最为正统，以朱子所诠解《论语》最为准确，此外的心学、气学则不可信。

韩氏又说明，在阅读孔子与朱子的文献时需有不同的切入方法，理由是，孔子与朱子不同。孔子是生而知者——这是程朱与韩氏对孔子的尊称，孔子虽自言："我非生而知之者，好古，敏以求之者也。"（《论语·述而》）且孔子又言："学而不厌，诲人不倦。"（《论语·述而》）不过对于《论语·八佾》"子入太庙每事问"之叙述，朱子则引尹和靖之语而谓："礼者，敬而已矣。虽知亦问，谨之至也，其为敬莫大于此。谓之不知礼者，岂足以知孔子哉？"③此指孔子是生而知者。又如《论语·公冶长》："十室之邑，必有忠信如丘者焉，不如丘之好学也。"朱子则诠释为："忠信如圣人，生质之美者也。夫子生知而未尝不好学，故言此以勉人。"④亦是在说孔子为生而知者。朱子是在引《中庸》"生知、安行"之说而来赞美孔子。

韩氏之所以先说孔子是生而知者，显是语带玄机，这是为了要与朱子做一对比，其问题意识便是：孔子是生知之圣，而朱子是学而后得，是"学知、利行"一流，于是在学知的过程里便会经常转变说法，以致有前、后不一的论调。孔子言语未尝有异，朱子则非，而《朱子言论同异考》的著作，便是要替朱子的话语爬梳条理。

朱子既为"学知、利行"者，思想上就有前、后期之转变，那么当该如何得出定见？韩氏认为，这非得经过一番翔实考证不可，不可各凭己意而来解读朱子，否

---

① 韩元震如此认为亦是其来有自，如朱子："天运循环，无往不复。宋德隆盛，治教休明。于是河南程氏两夫子出，而有以接乎孟氏之传。"〔宋〕朱熹：《四书章句集注》，第2页。朱子指出，二程才能真正上接孔孟，而自己则是二程的继承者。
② 日本儒者伊藤仁斋（1627—1705）也尊奉孔子的《论语》是为"宇宙第一书"，然而伊藤反对朱子，与韩元震之尊朱不同。
③〔宋〕朱熹：《四书章句集注》，第65页。
④〔宋〕朱熹：《四书章句集注》，第83页。

则若将朱子前期说法视为后期，后期视为前期，则离朱子本意愈来愈远，最好能够依着朱子年谱或是书信上所嘱时间等资料，而来进行各种说法的时间考证，才能判读出何者为前期之说、何者为后期之说。

韩氏此处有可能是在批评王阳明的《朱子晚年定论》。此书以为，朱子晚年思想有所悔悟而转向良知说，举朱子主张心可以顿悟以及"本心"的相关说法等，而视朱子归宗到王阳明的心学。王阳明此举也许是刻意之举；朱子早期的"中和旧说"因受胡宏影响，而有性体心用、心能顿悟的说法，不过这也已是朱子早期的文献，后来也有"新说"的提出，王阳明把朱子早期说法当作晚年定论，令人不解。且"本心"二字本是孟子提出，只是在朱子"心具理"的义理下也可论及"本心"，但这仍是放在朱子理学体系下来进行谈论，与王阳明的良知学有段距离。

又为韩氏所讥嫌的，也有可能是继王阳明之后的李绂（1675—1750）。李绂的代表著作《朱子晚年全论》，内容即是顺着王阳明《朱子晚年定论》的说法，而且更为激烈；王阳明只抄出朱子的少条文字，李绂却摘录了大量的朱子言论，以证明朱子晚年悔悟而改正为心学。李绂的说法同样不足采信，而韩氏的生年（1682—1751）较李绂稍晚，当时中韩之间的文化传播极为便利，有可能韩氏已接收到李绂的作品内容，所以提出贬斥。

那么，为何一定要对朱子思想之前、后期做出判定？韩氏以为，朱子的思想若不考据出前、后期之分野，则容易产生误解，而朱子思想真意既不可得，也就无法确切地理解孔子，如此，真正的大道、真理也就无从得知。这也是韩氏念兹在兹、用心再三的原因。

韩氏又说，这并非是自己个人的担忧，早在师辈级宋时烈（初名圣赍，字英甫，号尤庵，1607—1689）时，这一问题便已发现。①宋时烈是在阅读《大全》②《朱子语类》时，有感于各书之间或是同一书中论述之不一致，会造成后学的纷乱与争论，于是着手编撰《朱子言论同异考》一作，不过由于年纪太大，只编列十几条。③而韩

---

① 韩元震的老师为权尚夏，权尚夏的老师为宋时烈。另外一提的是，韩元震编撰的《朱子言论同异考》（奎章阁本），其中由赵钟业所写《序》文谈道：此书是"宋子命韩元震编"。不过，宋子（宋时烈）去世之时，考韩元震也只七岁，是否真为宋时烈命令韩元震接续编撰？有待查证。
② 这里的《大全》，指的是《朱子文集》，而非《四书大全》《性理大全》等书。
③ 韩元震认为宋时烈只编了十几条，不过根据所留下的资料显示，则共有二十余条。可参见［韩］宋时烈：《朱子言论同异考》，《宋子大全》卷一百三十，《宋子大全》，《韩国文集丛刊》（第112册），第414页。

氏感念于此，遂而接续宋时烈之慧命，编撰《朱子言论同异考》。

因此，《朱子言论同异考》一书有两个版本，一是宋时烈所编，只有二十多条，另一为韩氏所编，内容较多。不过，后者迄今尚未收入《韩国文集丛刊》。

而当面对朱子言论不一之时，韩氏如何解决？在此韩氏对自己的方法学做了简述。韩氏说，自早便对朱子学熟读再三，对于朱子思想奥义颇为精熟，此为理解朱子思想的基本条件之一，若非如此，则欲处理朱子文献前、后之不同，反而容易失误；而以自己积累的能力来查考朱子言论的异同，大致可以判准出十分之八九。[①]

关于韩氏之方法论，依序有如下步骤：

1. 考查年代为基本功。如中国清代的王白田有《朱子年谱》之考查，而今人束景南也有《朱子大传》《朱子年谱长编》等作品，这些都是为了研究朱子学所下的深功夫。即是从朱子的书信中进行年代的分析与条理，进一步借以推断朱子言论的改变。

2. 就考查出的证据，分析彼此间的异同。即韩氏所言"参以证左之判合"。

3. 就文献义理来推断前、后期思想。不过，在这一点上，很容易流为各说各话，例如湖洛论争之时，韩氏与李柬（字公举，号巍岩，1677—1727）两人便对朱子学的未发心体究为纯善或有善有恶、人性与物性为异或同等问题，进行争辩。

4. 精熟于朱子学，才能不为所惑。即是说，朱子言论乍看之下显得矛盾，不过这仅是表面的冲突，非是前、后期思想真的有所不同。如果能熟悉朱子学说，也就不会随着字面上的互斥而感到困惑。例如，朱子既言理同气异，也言气同理异；理同者，指人、物皆分受同一天理，无有偏倚，而气异者，则指人、物之气禀彼此不同。又气同者，指人、物皆有其动物性、有其知觉，而理异者，指由于气质的不同，人、物的气质之性也不同。

在此，笔者补充几点方法如下：第一，若《语类》之言论则不如朱子自注的

---

① 韩元震身处朝鲜朝，当时是研究朱子学最盛的年代，且其师为权尚夏，权尚夏又师宋时烈，宋时烈属老派，为西人栗谷（李珥）的弟子，这些都是当时研究朱子的韩国大儒，韩元震既师承名家，加上自己的殚精竭虑，因此有此自信。另外，关于当时韩儒的分派有：李滉为东人，李珥为西人，其中，东人分裂为南人、北人，而西人则又分为老论与少论。老论代表人物为宋时烈，老论又分为湖论与洛论，韩元震及其师权尚夏则属湖论，也可说上溯到李珥一脉。［韩］崔英辰：《韩国朱子学的心说论争研究现况及展望》，朱人求、乐爱国主编：《百年东亚朱子学》，第3页。

《章句集注》来得重要。第二，文献证据数量较少者，便要尊重数量较多者。例如李滉的"理发、理到"之说，虽然朱子也提过，但若与朱子理学之整体论述来比较的话，则见出朱子提及"理发、理到"的场合极少，这可能就比较不能作为朱子的定论。①第三，尽量做到不受派系情结之影响，而让文献自行说话。

以上是韩氏研究朱子说法歧异时的方法论，引文末后韩氏再度尊朱，强调必须尊朱才能尊孔，韩氏之尊朱，必与尊孔做一联结，此有其时代之背景。若是说要透过阳明学而以契入孔子，亦无不可，然就事实而言，朱子以其学术贡献与对《四书》的发扬，而受到后世的推崇，可说当之无愧。

三、宋时烈《朱子言论同异考》论"四七之辩"

本文写作动机实以宋时烈《朱子言论同异考》一书为主题，特别针对韩儒如何因朱子言论不一而引发"四七之辩"，究其个中原委与韩儒之因应策略，来做一番了解与探讨。宋氏此书中只编写二十余条，之后则由韩元震接续编撰而完成遗志。兹借书中相关于"四七之辩"处来进行讨论，②而在正式编写二十余条之前，宋氏有简单序言：

> 《大全》与《语类》异同者固多，而二书之中，各自有异同焉。盖《大全》有初晚之分，而至于《语类》则记者非一手，其如此无怪也。余读二书，随见拈出，以为互相参考之地，而老病侵寻，有始无终，可叹也已。苟有同志之士，续而卒业，则于学者穷格之事，或不无所补云。③

---

① "'四端是理之发，七情是气之发。'问：'看得来如喜怒爱恶欲，却似近仁义。'曰：'固有相似处。'"〔宋〕黎靖德编：《朱子语类》卷五十三，王星贤点校，第1297页。此处所举"理发"的说法，在《语类》中出现不多，再者，也可能与李滉"理发"的意涵不尽相同。
② 宋时烈论辩"四七之辩"的文章甚多，然与本文方向不全相合，无法将其相关文章一并罗列而进行讨论，或许将来可补一文，以见宋时烈论辩之全貌。
③ 〔韩〕宋时烈：《朱子言论同异考》，《宋子大全》卷一百三十，《宋子大全》，《韩国文集丛刊》（第112册），第414页。

　　宋氏此书的问题意识，在于阅读《大全》与《语类》时彼此间甚多的矛盾，甚至《语类》或《大全》自身所论也有不同，这便造成学者很难适切地掌握朱子学。朱子之整体论述来看，可谓四平八稳，常为了两端照应而正、反面兼述，读者若非具有一定的精熟程度，很容易对此感到困扰。例如，关于理与气，有时说两者不离，有时也说两者不杂，这便容易启人疑窦。

　　宋氏认为《大全》有初、晚之分，①版本不同，内容也随之不同。而《语类》是朱子弟子的笔记，更是容易引起争议，因为即使是同一堂课，学生个人体会不同，笔记内容也就不同，例如，黄榦所记内容不会与陈淳全同。况且朱子的学生甚多且流动频繁，并非一直都待在武夷山，若欲透过学生笔记而窥见朱子思想全貌并不容易。

　　于是宋氏着手编写此书，反复对比朱子言论之间的异同而求取真意，当此之际，自己已是垂垂老矣、老病缠身。于是劝勉后进，若有愿意接续此志业者，则可对朱子格物致知之学能有一番了解，一方面，能够习得学术知识，另一方面，也能穷通天理，有益于个人之修身处世。

（一）意、情之辨

　　以下，专就书中论列"四七之辩"之条来做讨论。文甚长，开为三段而逐一解析。第二十条第一段，宋氏曰：

> 　　《语类》论《大学·正心章》。问："意与情如何？"曰："欲为这事是意，能为这事是情。"此与先生前后议论全然不同，盖喜怒哀乐闻然发出者是情，是最初由性而发者。②意是于喜怒哀乐发出后因以计较商量者，先生前后论此不翅丁宁，而于此相反如此，必是记者之误也。大抵《语类》如此等处甚多，不可不审问而明辨之也。理气说，退溪与高峰、栗谷与牛溪反覆论辩，不可胜记。退溪所主只是朱子所谓四端理之发、七情气之发。栗谷解之曰："四端纯善而不杂于气故谓之理之发，七情或杂于不善故谓之气之发。"然于七情

---

① 《大全》指《朱子文集》，"初、晚之分"指《朱子文集》的编排、出版时间不一，内容也就不同。

② 李珥（栗谷）有情意二歧之说，以致宋时烈特别留意此说而注意到朱子言情、言意有所不同。

中如"舜之喜、文王之怒"岂非纯善乎？大抵《礼记》及子思统言七情，是七情皆出于性者也。性即理也，其出于性也，皆"气发而理乘之"。孟子于七情中掫出纯善者谓之四端，今乃因朱子说而分四端七情以为"理之发""气之发"，安知朱子之说或出于记者之误也？①

因《语类》对情与意的解说异于朱子一般的定义，宋氏于是举《大学·正心章》来做说明。《大学·正心章》言："身有所忿懥，则不得其正；有所恐惧，则不得其正；有所好乐，则不得其正；有所忧患；则不得其正。"这里谈的正是情感。又《大学》于此的前一章谈论"诚意"，因而引起问者的质疑：意与情当该如何分别？宋氏认为，《语类》所载与朱子平时所论大不相同，这时也很难用前、后期来做区分，因而推断此应是记笔记者之误。

理由在于，朱子视心发为意，性发为情；其中"心发为意"是指计较、商量，此平常业已考虑、计算在心，至于"性发为情"，则如同乍见孺子墬井之瞬间、突发的情感，此属形下，发源于仁义礼智（形上）之性而非事先忖度、计较者，称为恻隐、羞恶等情（形下）。此为朱子对心、意、性、情的定说，于《语类》中却另有见解。

根据《语类》，朱子言："欲为这事是意，能为这事是情。"②其中，"欲为这事是意"之说尚无太大偏差，如阳明言："意之所在为物。"程子言："心有所向便是欲。"皆指"意"为意图。至于"能为这事是情"一句，则与朱子一般对"情"的定义不同，"能为"者是"才"，不该是"情"。

当然，也可采取较圆融的方式来会合朱子说法。情属形下，形上之理若无形下之情、气作为挂搭，事情则无有作为、无法实践，那么，就把情与气相连，而说"能为这事是情"，如此一来，笔记者未有误记，而朱子《语类》说法与向来的定说也无特别不同，朱子在此只是大致分判意与情，而非精确定义。

而宋氏对此，则是推论为笔记者的失误，并指出朱子文献中像这样彼此不一的地方甚多，之后，宋氏话锋一转提及"四七之辩"。此系由"情""意"之辨而转

---

① ［韩］宋时烈：《朱子言论同异考》，《宋子大全》卷一百三十，《宋子大全》，《韩国文集丛刊》（第112册），第418—419页。
② ［宋］黎靖德编：《朱子语类》卷十六，王星贤点校，第349页。

向理气之辨、性情之辨。

韩国儒学的"四七之辩"主要有两场论辩，不只一场。虽然目前大致将双方阵营划分为李滉（退溪）一派（东人）、李珥（栗谷）一派（西人），不过，当时和李滉书信往返辩论的是奇大升，至于李珥则较李滉为晚，对手则是成浑。双方阵营主要的不同在于，李滉认为，理也有活动性，主张理发、理到，而李珥则坚守"气发理乘一途"之说，发者，皆是气发，理只是乘气之机而随之有动、静之异，理是无造作、无计度、无情意而不活动者。

而宋氏属于西人栗谷一脉，西人一派后来又分出老论与少论，宋氏属老论，与尹拯所属少论分庭抗礼。宋氏大致宗于栗谷。李滉认为，四端是理之发，七情是气之发，而李珥修正李滉，认为：所谓的"理之发"，并非理真得在活动，只是四端之情不为气所杂，而表现出纯善，因此称为"理之发"。其实，李珥这里是把李滉的"理之发"转为自己的意思，李珥应该不会认同。

至于宋氏则以为，其实不必特别区分四端、七情或是理发、气发，因为七情——喜、怒、哀、惧、爱、恶、欲等，有时也可以是纯善（如文王之怒），即如同"四端"；七情可以不离四端，不消于七情之外又分析出四端，七情发端于性，为天性中所不可无，任何人皆有七情。又"七情"不仅于《礼记》中曾被言及，在而且《中庸》——虽然只言四情，并不代表不言"七情"，而此"七情"都是气发、理乘。再如《孟子》，只是特别挑出纯善的"四端"，并非将"四端"析分于"七情"之外。因此，只言"七情"便已足够，不需再分四端与七情，李滉区分以"理发、气发"，实是多此一举，因为都是"气发、理乘"。

（二）四端、七情

第二十条第二段提道：

> 栗谷曰："四端亦气发而理乘之。退溪谓：'四端理发而气随之，七情气发而理乘之。'殊不知四端七情皆气发而理乘之之妙也。"又曰："退溪'理发而气随之'此一句大误，理是无情意运用造作之物，理在气中，故气能运用作为而理亦赋焉。观于《中庸》首章章句可见矣。"又曰："退溪理发气随之误，以《太极说》观之则尤晓然。闻太极乘阴阳而流行，未闻阴阳乘太极而行也。故朱子曰：'太极者本然之妙也，动静者所乘之机也。'动

静即阴阳也。"①

　　此段是宋氏站在李珥观点而批评李滉，共举了李珥的三段话来做说明。第一段话，李珥认为，"四端"仍是"气发、理乘"，非如李滉所言"理发、气随"，理只是本然之妙，自己不活动而随气活动，如同人骑马，马一出一入，人也跟着一出一入，活动的是马，人不活动。人可以有主宰性，却非就活动性来说人之主宰性。因此，于理处不可言发。

　　第二段话，李珥继续批评李滉的"理发、气随"，引朱子语：理是无情意、无造作之物，因此不可言发。继引《中庸·首章》以及朱子对此的注解以为佐证，《中庸·首章》："天命之谓性，率性之谓道，修道之谓教。"朱子注释："命，犹令也。性，即理也。天以阴阳五行化生万物，气以成形，而理亦赋焉，犹命令也。于是人物之生，因各得其所赋之理，以为健顺五常之德，所谓性也。"②李珥认为，朱子言"气以成形，理亦赋焉"，即是指理附于气上，理犹如骑马之人，自身不活动，能活动者是因气而生，因此，人、物之生是气生而理赋于其中。

　　第三段话，李珥举朱子所解《太极图说》以反对李滉。太极是本然之妙，而阴阳是动静所乘之机，③言动者、静者，是气在动或静，不是理，《太极图说》言一动一静互为其根，分阴分阳而两仪立焉，动、静乃阴阳之气所致。李珥强调，只听过朱子说："太极乘阴阳而流行。"而未尝听闻："阴阳乘太极而行。"只有人骑马，岂有马骑人！若言发，都是气发，理是主宰而不活动！

（三）四端乃气发理乘

　　至此，可知宋氏系以李珥为宗。而其中也有自己的发明，面对四位前贤大儒，包括李滉、奇大升、李珥、成浑等，宋氏提出自己的看法，而独以朱子为宗，如第二十条第三段：

---

① 〔韩〕宋时烈：《朱子言论同异考》，《宋子大全》卷一百三十，《宋子大全》，《韩国文集丛刊》（第112册），第419页。
② 〔宋〕朱熹：《四书章句集注》，第17页。
③ "盖太极者，本然之妙也；动静者，所乘之机也。太极，形而上之道也；阴阳，形而下之器也。"〔宋〕周敦颐：《太极图说》，《周敦颐集》，陈克明点校，第3页。

愚于此别有所疑而不敢言矣。退溪，高峰，栗谷，牛溪皆以四端为纯善，朱子以为四端亦有不善者，未知四先生皆未见此说乎？夫四端何以亦有不善乎？四端亦气发而理乘之故也。发之之时，其气清明则理亦纯善，其气纷杂则理亦为之所掩而然也。此说愚于《进御心经讲录》，敢妄僭易之罪而辨订焉。厥后闻有大言斥之者，不胜惶恐。①

宋氏指出，朱子亦曾言四端也有不善。②此韩儒前贤也曾提及，宋氏非第一人。③朱子谓有"恻隐其所不当恻隐"，如妇人之仁、或辄闻井中有人便信以为真等，此则容易误事或遭人利用，则此恻隐之情未必都是善。

而宋氏之如此说明，则是为了强调，其实四端与七情之间不用区分太甚，七情未必就是恶，而四端也未必就是善！既然都是情，也就可能有善、有恶，那么可以用七情统摄四端，不消多做分割。意思是，若如李滉"四端理发、七情气发"的说法，则是分割太甚，失去朱子的宗旨；因为四端也有不当之处，未必是纯善，而与七情之可善、可恶相似。此是宋氏的新诠。

不过，要提醒的是，宋氏如此之解，其中对四端、七情概念的定义，可能与李珥等前贤诸家已有不同。

---

① ［韩］宋时烈：《朱子言论同异考》，《宋子大全》卷一百三十，《宋子大全》，《韩国文集丛刊》（第112册），第419页。
② "恻隐羞恶，也有中节、不中节。若不当恻隐而恻隐，不当羞恶而羞恶，便是不中节。"〔宋〕黎靖德编：《朱子语类》卷五十三，王星贤点校，第1285页。
③ 如韩儒郑汝昌："于不当恻隐处恻隐，则是恶。"［韩］郑汝昌：《善恶天理论》，《一蠹先生续集》卷一，《一蠹集》，《韩国文集丛刊》（第15册），第507页。又如李滉（退溪）："性本纯善，而才发则气始用事，故恻隐、羞恶、辞让、是非或有不得其正者，如不当恻隐而恻隐，不当羞恶而羞恶，便是不得其正者。要之，亦不可不谓之四端也。"［韩］李滉：《答李公浩》，《退溪先生文集》卷三十九，《退溪集》，《韩国文集丛刊》（第30册），第385页。这里提到"不当恻隐而恻隐"，可见郑汝昌与李滉都早于宋时烈而有此论。又奇大升（高峰）与李滉的"四七之辩"中，奇大升也先于李滉提到类似说法，李滉则建议暂不讨论此说，之后两人也就没有多做讨论。

四、结语与反思

本文虽欲阐发韩儒宋时烈（尤庵）"四七之辩"之论，然而碍于未能将宋氏相关论著通盘地做一研读，因此只能锁定于宋氏《朱子言论同异考》之研究朱学的方法论，以及同书所载"四七之辩"见解的讨论。就同书所载而论，宋氏对于"四七之辩"争论的解决，即是认为李滉（退溪）"理发、理到"此一不正确的说法，系是源于《朱子语类》笔记者之失误。

宋氏于此的论学特色，除了宗于李珥（栗谷）之外，也有自己的体会；宋氏以为，李珥等前贤诸家未能意识到"恻隐其所不当恻隐"，否则，则得借此而来解消李滉"四端理发、七情气发"的分割太甚。又宋氏因见及朱子言论不一的情况，而有《朱子言论同异考》的创发与编写，对于朱子学之研究可说一大贡献。

本文在此，亦对朱子言论之不一致，而该如何会归于一，来提出一些浅见；除了前贤业已提出的方法，诸如思想前、后期的划分、字义上冲突的化解等，这里想特别补充的，便是在进行朱子文献之解读时，容易发生的个人派系见解或情感的纠葛其中，对此应尽量避免。

以韩元震（南塘）为例，虽然早已意识到朱子言论容易引起纷争的情形，后来还是不免和李柬（巍岩）激发争论，所争辩者，以未发之心体究为纯善还是有善有恶、人性与物性的异同等为主。即是说，包括韩元震与宋时烈，都容易依着师承李珥一派的说法而发言，纵使依笔者之见，李珥一派的说法似也较合乎朱子原意，不过，却也难保不会有个人派系情感的介入，若能尽量降低派系色彩，将会使议论更加公正而令人信服。

朱子的思想可谓宏大精细，所留下的著作、语录等相当丰富，要在这些作品之中条理出朱子的正宗实非易事，即使如韩国儒者大家之毕其一生精力，亦难以得出定论。个中原因繁多，拿朱子本身的诠释工作来说，尽管面对着不同重点、脉络或作者的诸部经典，却又欲将其通通会归于自家理气论之统一体系之下，于是朱子努力回辩、疏通、贯合，左右照顾、正反皆言，过程中也就容易产生言论不一的情况。当然，或者如宋时烈所指出，义理间的互斥可能源于笔记者的误记或体会不同。

这些说明研究朱子学之不易，另一方面，也显示出朱子欲如大海之融会百川的企图心以及学识精深的实力。对此，本文也提出几个研究方法以供参考，例如，《集注》会较《语类》来得重要，更符合朱子之原意；朱子思想有其前、后期的区分等。当然，对于朱子思想精熟的研究与掌握，是学者面对朱子言论不一时的基本功。又如在面对争端时，最好先能找出彼此的共识，才来进行更多的论辩，也许也可以作为达成共识的起点。

至于"四七之辩"究竟何说为正，心是否该为气？这里建议，不如就开放解答，视为朱子后学的一种开展与诠释，借此丰富朱子学的生命。

第六章　田艮斋对朱子、栗谷理学之承继与发展

一、前言

　　韩国朝鲜朝的两位大儒：李退溪与李栗谷，因着对于理气发用之不同主张，遂掀起了韩国朱子学诠释之论争。双方之争执点：当理气落于人之心性，而有性发为情、心统性情之说，李退溪于此提出理气互发——除了气能发动外，理亦有主动能发的功能；[①]而李栗谷则有不同主张，提出"气发理乘一途说"[②]——发者必是气，而理无为。[③]双方各有拥护者，而在后来的一些重要论争，亦大多由此二派不同主张衍生而来，且如此争执达数百年之久，甚至至今亦难有论断！

　　田艮斋（田愚，号艮斋，1841—1922）乃李朝性理学之殿军，《韩国儒学史略》作者李丙焘（1896—1989）如此形容："艮斋是湖南人，俛宇是岭南人，此二公者，异于华、芦二翁，皆由师承。一祖述栗谷、尤庵之学，一则宗主退陶之学。"[④]可见艮斋乃以栗谷、尤庵之学为基础，若有不合于师承者，他便挺身与之论辩。

　　然而，面对不同于栗谷主张之退溪，艮斋亦懂得敬让三分，尽量不做正面批评，学习阳明（王守仁，1472—1529）的方式，曲折地以"晚年定论"[⑤]来形容退溪立场之转变，以便合于栗谷说法；亦是说，对于理发还是气发的见解，在退溪晚

---

① "退溪学说，四端，理发而气随之；七情，气发而理乘之。……退溪创说理气互发说，开创主理派始祖。"〔韩〕裴宗镐编：《韩国儒学资料集成（上）》，（韩国）延世大学校出版部1980年版，第88页。
② "李栗谷的'气发理乘一途说'主要是针对李退溪的'四端理发而气随之，七情气发而理乘之'的'理气互发'说而提出的。"李甦平：《韩国儒学史》，人民出版社2009年版，第334页。
③ "盖气则凝结造作，理却无情意，无计度，无造作。只此气凝聚处，理便在其中。"〔宋〕黎靖德编：《朱子语类》卷一，王星贤点校，第3页。亦是说，栗谷的主张亦有朱子原文作为根据。
④〔韩〕李丙焘：《韩国儒学史略》，第315页。
⑤ 艮斋以为，退溪早年虽不合于栗谷，到了晚年则有所修正，而与朱子学正统接班人之栗谷相合。此外，所谓"晚年定论"云云，乃王阳明的策略之一；阳明尝作《朱子晚年定论》，表面上不批评朱子，却以朱子晚年归宗于阳明，借此掩饰二人思想之歧异。阳明言："朱子病目，静久忽悟圣学之渊微，乃大悔中年著述，误己误人，遍告同志，师（阳明）闻之，喜己学与晦翁同。手录一卷，门人刻行之。"陈荣捷编著：《王阳明传习录详注集评》，第421页。清代李绂为阳明学，亦写了《朱子晚年全论》，来为阳明辩白。然阳明的说法显然不够中肯，如罗整庵与顾东桥等人，即相继对此提出质疑；因为《朱子晚年定论》中，有些论点乃朱子早年未定之论，而阳明却视为朱子晚年定论，甚至归宗自己。参见陈荣捷编著《王阳明传习录详注集评》的第135、176条。

年，已经修正为"气发理乘一途之说"。

朝鲜朝大部分以朱子学为宗主，而退溪与栗谷则是朱子学诠释的不同方向；退溪有理气互发、理到之说，可谓主理派，①而栗谷则主张"气发理乘"、理通气局，又有气机自尔的见解，②可谓主气派。此二人皆自认是朱子的正宗承继者，但学说见解却有冲突。而如今韩国学者较多认定栗谷较能代表朱子学，退溪则属一种创造性之诠释，是对朱子学的发明，而不是原意。③

本文主要探讨艮斋之派系归属问题——艮斋是继承何人，而又不继承何人？艮斋面对此二学派，本欲予以综合，可惜最后还是借着"晚年定论"——退溪悔悟而靠向栗谷的曲折方式，赞扬栗谷而否定退溪。艮斋曾有《朱栗吻合》一文，可见在艮斋的见解中，栗谷才是朱子的正统接班人，④自己亦归宗于栗谷之说。

艮斋的这些主张，写在《晦、退、栗三先生说质疑》一文中，⑤并且对于那些不同意"退溪晚年归宗于栗谷"说法者，一一进行回辩。另外，他于《朱栗吻合》一文中，探讨栗谷承继朱子的气发之说，而《读栗翁水空诗》则是认定栗翁能够切合于朱子"人物性同"的立场。本文将主要以这些文章来做研究。

二、《晦、退、栗三先生说质疑》

（一）理发者，指源于性命之正

此文稍长，以下共分七段来做探讨，主要是阐发退溪或栗谷何人较合于朱子？第一段言：

---

① 可参见林月惠：《异曲同调——朱子学与朝鲜性理学》，第135—145页。
② "阴阳动静，机自尔也，非有使之者也。"［韩］李珥：《答成浩源》，《栗谷先生全书》卷十，《栗谷全书》，《韩国文集丛刊》（第44册），第211页。
③ 可参见林月惠：《异曲同调——朱子学与朝鲜性理学》，第109页。
④ ［韩］田愚：《朱栗吻合》，《艮斋先生文集后编》卷十二，《艮斋集》，《韩国文集丛刊》（第335册），第77页。
⑤ "丁巳孟秋"，乃艮斋写作的时间，又考艮斋的生卒年为一八四一至一九二二年。［韩］裴宗镐编：《韩国儒学资料集成（中）》，第1776页。而丁巳年应该是公元一八五七或一九一七年。一八五七年时，艮斋只有十六岁，定非此时之作；而一九一七年时，乃艮斋去世之前五年，想必六十六岁的他，个性已较为圆融，不采取直接批评退溪的方式。

　　《心图》理发气发，退翁自言是就心中分理气而言；《语类》理之发、气之发，晦翁说中以四端为道心、以七情与人心通融说处，亦时有之。而其论人心、道心曰："心之知觉一而已矣，而或原于性命，或生于形气。"人、道既可如此说，则四、七岂有佗说乎？两先生原初立言之意，已自不同。一则分二者，而曰理发、气发；一则总一觉，而曰原于性、生于气。则《语类》之云，无乃指原于性者曰理之发，生于气者曰气之发欤！若曰不然，而必以为"道心是理发而气随之""人心是气发而理乘之"，如退翁四、七之论。则《中庸序》恐无此分理气互发用之意脉矣。（晦翁之意。本谓其原、其生，皆此一个知觉为之，非谓性命与形气，两对而互发也）①

　　田氏认为，退溪的《心统性情图》中，②自言是指心中之理气分，乃天道之理气落于人心中的发用，而非天道之理气。那么，何者为发？何者为乘呢？原文言：

　　　　如四端之情，理发而气随之，自纯善无恶，必理发未遂，而掩于气，然后流为不善。七者之情，气发而理乘之，亦无有不善，若气发不中，而灭其理，则放而为恶也。……要之，兼理气统性情者，心也。而性发为情之际，乃一心之几微，万化之枢要，善恶之所由分也。③

　　于《心统性情图》一文中，退溪以理发、气发来对应四端与七情，而且就一心中性发为情之际而分善恶。四端纯善，掩于气始有不善；七情，亦无有不善，然以不中而灭理，故有恶。以上，便是田氏认为退溪此文有心中分理气之依据。

---

① ［韩］田愚：《晦、退、栗三先生说质疑》，《艮斋先生文集后编》卷十二，《艮斋集》，《韩国文集丛刊》（第335册），第75—76页。
② 此乃"进圣学十图"中的第六图，其图又分上中下，上者为程林隐所为，而中、下者，为退溪仿林隐的见解而作，主要有四端理发气随、七情气发理乘，而为论辩之争端。参见裴宗镐编：《韩国儒学资料集成（上）》，第98页。又"程复心（1256—1340）：字子见，号林隐，学者称林隐先生，江西婺源人。早年以道学为志，私淑朱熹，后师从朱熹从孙洪范，又与新安学派另一重要人物胡炳文（云峰）为学友，由此登'朱子之学'堂奥。"
③ ［韩］李滉：《答金而精》，《退溪先生文集》卷二十九，《退溪集》，《韩国文集丛刊》（第29册），第174页。

　　而于《朱子语类》中亦有"理之发"语句，约有二条，①这也是退溪之依据，认定朱子有理发之说，而自己能合于朱子。然田氏所争者亦在此，其见解是，《心统性情图》与《朱子语类》固然有相似处，却不能遽然判定退溪的理发说能合于朱子！若真要谈心统性情，则应当以朱子《中庸章句序》作为比较之标准。

　　亦是说，田氏认为，《朱子语类》固然有类似退溪的话语，却是不够严格；因为朱子的这些话，若以栗谷的"气发理乘"来做诠释，似乎也能说得通。因此，为求严谨，当以《中庸章句序》作为判准，而来衡定《朱子语类》的意思。

　　如《中庸章句序》云："心之虚灵知觉，一而已矣，而以为有人心、道心之异者，则以其或生于形气之私，或原于性命之正。"②田氏依此认定，当朱子言心时，重在虚灵知觉之"一"，不管是人心或道心，都以虚灵知觉而同为一心。

　　亦是说，《朱子语类》之语，若以《中庸章句序》为标准，"理之发"不是如退溪所言，真的是理在发，其实还是气发！因此，退溪并不合于朱子。退溪是分而为二，而有理发、气发，亦是说四端与七情各有攸主，各有所发；而朱子的《中庸章句序》，却总乎一心，心的知觉都是相同的，故其发用也是一样，无论四端与七情都是"气发理乘一途"之说，故栗谷之说才能合于朱子。

　　然而，《中庸章句序》虽总于一觉，但何以有人心、道心之异呢？乃因心有可能"原于性命之正"，也有可能"生于形气之私"，前者则成道心，后者将成人心。依此，田氏认为《语类》中所难以解释之处，如朱子的"理发"之语，当以《中庸章句序》为正而为诠释；《语类》的"理发"，其实是"原于性命之正"的意思，而为道心；而"气发"是"生于形气之私"，而为人心。

　　因此，"理发"一语，不是理真的发，理乃是无情意、无计度，故不发；只是气发，气依着性理之正而发，发而中节则为四端，若发者不依性理而依形气，则为七情。也就是说，退溪所引、用以证成"理发说"的《朱子语类》部分，只是退溪自己的望文生义，有所误解，其原意是原于性理，而不是性理主动发用。就此看来，到底是理气互发还是气发理乘？田氏是以栗谷为正，而退溪有误。

　　那么，还是有人质疑田氏上述之论断，而艮斋再次回辩，退溪之说显然不合于朱子《中庸章句序》，朱子原是主张"人心、道心，统以一觉"，心者，气之灵

---

① 举录其中一条："'四端是理之发，七情是气之发。'问'看得来如喜怒爱恶欲，却似近仁义。'曰：'固有相似处。'"〔宋〕黎靖德编：《朱子语类》卷五十三，王星贤点校，第1297页。
② 〔宋〕朱熹：《四书章句集注》，第14页。

也，故心之虚灵知觉，一而已矣，只是"知觉于性"与"知觉于形气"之差别，却都是知觉。既然心也是气，则发者亦是气，也就无所谓"理气互发"之说。

而退溪的讲法，成了两物之互发，然《中庸章句序》的意思，却是只有心的依于性或依于形气之别，而所谓的依于性，却不可解释成"理发"的意思；说穿了只有气发理乘的意思，若理为形气遮蔽了，而依于形气，则为人心；若不为遮蔽，而见性理、见大体，^①则为道心。因此，栗谷是正统，退溪不合朱子。

（二）气以动静流行而呈露

田氏继续以问答的方式，站在栗谷立场，迎战宗于退溪学者的质疑。其言：

> 或曰："然则理之发，其详可得再言欤？"曰："此如言性发为情（此句通四七言），盖性无为而因心以发用，晦退栗三先生皆无异见。而性发为情，又皆用之无疑矣，如'太极动静''天命流行''道体呈露'，亦皆指因气以动静流行呈露者言也。理发、性发、理之发，皆如此。"^②

问者希望田氏能对"理之发"再做说明。于上文已见，田氏可以言"理之发"，此为朱子先提出，田氏所谓的"理之发"不是退溪的义理，而是栗谷的义理。即所谓的"性发为情"，不可因为"性即理"说，而将"性发为情"解释成为"理主动发"。田氏依于栗谷，认为无论四端或七情皆是以气发而理乘，并无"理主动发"的意思，理只是无为。

故性之发，乃是指因心以发用，视其生于形气之私，还是性命之正，都是气发而理乘。"性发为情"之说，三先生都无异见，都是就气、情之发，心依于理还是形气的讲法。然而，何以到了《心统性情图》时便出现了异议，出现了如退溪"理气互发"讲法？此乃不合于朱子。因为"性发"不是性理在发，还是气在发，理只是无为。

---

① "从其大体为大人，从其小体为小人。"（《孟子·告子上》）

② ［韩］田愚：《晦、退、栗三先生说质疑》，《艮斋先生文集后编》卷十二，《艮斋集》，《韩国文集丛刊》（第335册），第76页。亦可参见［韩］裴宗镐编：《韩国儒学资料集成（中）》，第1875页。

性为体，而情为用，其未发谓之中，发而中节者，情之中节与否，此乃用也，朱子以此体用架构，形容《中庸》喜怒哀乐的发与未发。[1]就此而言，三先生无异，栗谷与退溪都遵守朱子的见解。而依于上文田氏之解说，性发为情者，都是气在发，而理只是乘于气发而已。[2]朱子的话语当需如此理解，如"太极动静"一语，太极只是理，自无动静，只能乘气，乘于气而有动静；[3]或如"天命流行"也是一样，天命只是理，不会流行，理是乘于气而流行；至于"道体呈露"，道体只是理，不主动呈露，而是乘气呈露而现为呈露之理。这些解法，都较接近栗谷之"气机自尔"，也像是朱子学主气派之说。田氏概以栗谷为宗。

（三）退溪晚年定论

问者再问，那么退溪便不合于朱子学了吗？田氏回答如下：

> "然则退翁竟与晦翁不同欤？"曰："否！不然也。退翁尝为南时甫，作《静斋记》。其言曰：'动静者气也。（动者，四七皆包在里许。气字正指心气言。）所以动静者，理也。'（此本晦翁语）此在五十六岁，[4]未可谓初年所见也。况其《答金而精书》又曰：'动者是心，而所谓动之故，是性也。'（或云'此心字安知非心中分理气之理者耶？'曰：'下句但言所以动之性而了无气随之意，或说谬甚。'）此又作于六十四岁矣。《答禹景善书》亦曰：'心动而太极之用行。'（此非气发而理乘之之谓乎？）此又作于六十五

---

[1] 朱子言："大本者，天命之性，天下之理皆由此出，道之体也。达道者，循性之谓，天下古今之所共由，道之用也。"〔宋〕朱熹：《四书章句集注》，第18页。朱子以体用论形容中与和、发与未发。

[2] "其辨太极，'朱子谓理之乘气，犹人之乘马，马之一出一入，而人亦与之一出一入。'若然，则人为死人，而不足以为万物之灵；理为死理，而不足以为万物之原。今使活人骑马，则其出入行止疾徐，亦由乎人驭之如何耳。活理亦然。"参见〔明〕黄宗羲：《明儒学案》卷四十四，《黄宗羲全集》（第8册），第355页。曹端辩朱子的理气关系，如人与马，若然，则人是死人。曹端虽有质疑，但可以看出，朱子所言的人（理），是不活动的，只是主宰，而动者是马（气）。

[3] 朱子对周子《太极图说》"太极动而生阳"的诠释："此所谓无极而太极也，所以动而阳，静而阴之本体也，然非有以离乎阴阳也。"〔明〕徐必达编：《周张全书》，（台湾）广文书局1979年版，第39页。太极不离阴阳。

[4] 李退溪（1501—1570），在世七十年。

岁矣，如何不认做晚年定论乎？^①如此则与栗翁‘发者气也，所以发者理也之云’无毫发之异。而虽曰出于一手，谁复闲然矣乎？是皆后学之所当虚心平气，公听并观，以立三先生理气议论前后一揆之一大公案，而为万世儒林所共守底正法眼藏者也。而主栗翁者，疑退翁有未尽之蕴，主退翁者，谓栗翁为异论之失，而都不见两翁之不期同而同归于晦翁之门者，岂非吾儒千载之至恨也耶！”^②

问者依于上文，于是追问田氏，是否退溪便不合于朱子了？然田氏否认，解释道：退溪早年确实不合于朱子，然于晚年，如五十六岁以后，则已改正而合于朱子了。

对艮斋而言，退溪之合于朱子，乃是改正其“理气互发”，而为“气发理乘”。田氏引退溪五十六岁时《静斋记》之作，有言：“动静者气也，所以动静者理也。”因着这句话，田氏认为退溪已改正了，而且合于朱子。这句话本是朱子先讲，如今退溪继之，指动与静皆是气之作用，理只是无为地跟随着气，即是“气发理乘”，没有第二种讲法。

而田氏之注语言道：气指的是心气，故《心统性情图》中，情与心皆指气，动与静都是心气在动静，而不是理主动，理只是附随。田氏又认为，动者，四、七皆在其中，亦是说，“四端七情”之气的动与静皆是如此，而不会是理发与气发，四与七都是“气发而理乘”。依此，田氏认定退溪晚年已有改进，而合于栗谷、合于朱子。相对于与奇高峰论辩之时期，退溪当时五十一岁，还有“理气互发”之说，^③到了五十六岁已不再如此坚持了。

此外，田氏引退翁六十四岁之言：“动者是心，而所谓动之故，是性也。”所谓发者，是心气在发，理只是心气的所以然之理，只随着动与静，而不是主动地参与动与静。然田氏此言将受到的质疑是：关于“动者是心”一句，退溪所言之心，敢说一定不是具众理、应万事之心吗？若是“具众理”，此心即是有性之心，主词

---

① 王守仁（1472—1529），幼名云，字伯安，号阳明子，谥文成，人称王阳明。艮斋的晚年定论之说，仿于阳明的《朱子晚年定论》。
② ［韩］田愚：《晦、退、栗三先生说质疑》，《艮斋先生文集后编》卷十二，《艮斋集》，《韩国文集丛刊》（第335册），第76页。
③ 退溪五十一岁时，为公元一五五一年，此时尚有“理气互发”之见，当时奇高峰反对，故退溪致函以为解释。可参见杨祖汉教授：《从当代儒学观点看韩国儒学的重要论争》，第67页。而艮斋认为退溪五十六岁以后，已修正这种讲法。

在性，而不在心。①若心是连着性的心，则"动者是心"云云，即是性在动，仍是理发！此乃站在退溪立场，而质疑田氏所说之"退溪晚年已归宗栗谷"。

而艮斋对此回应：如退溪原文"动者是心，而所谓动之故，是性也"，末后一句为"是性也"，乃形而上者，而前一句是与此对待之概念，整段话是心与性之对言；前句谈心，后句谈性，且前句之心，是不包括性的心，是气心，形而下者。要借相对、对仗的表现，才能既穷尽而又排斥地论述完整。

田氏再举论证，退溪六十五岁之作品言及："心动而太极之用行。"亦是说，太极只是理，随心气而动，故动静、发与不发是气发，而太极乘之。也就说退溪晚年之际，不再坚持理发之说，此时说法，在田氏看来，一一皆合于栗谷。故田氏亦以阳明的方法，评之为"退溪晚年定论"。若然，则朱子、栗谷，及晚年之退溪，三者没有不同，都主张"气发理乘"。

然而，若真如田氏之见，则栗谷、退溪二派后学之争议，似可平息。然退溪后学真能平息争论吗？此尚不可知。理由是田氏表面上虽说合会两家，其实却是委曲退溪，视其晚年悔悟，而与栗谷相合，改以栗谷为宗。此在退溪后学来看，恐未能接受。

（四）栗谷不见退溪晚年定论

于是问者又疑，若真如田氏所判，为何栗谷生于退溪之后，却从来不谈退溪之晚年定论呢？还要等到田氏，才来拈出这个秘密？原文曰：

> 或曰："然则栗翁，何无一言及于相符之意也。""是则栗翁卒于癸未，退翁文集成于其后十七年，故未及尽见其后来议论矣。使其见《静记》《金书》之类，则讵不犁然有契而其举扬之辞必屡见于全书矣乎。惜乎！其未也。"②

---

① 朱子注《孟子·尽心上》："心者，人之神明，所以具众理而应万事者也。"〔宋〕朱熹：《四书章句集注》，第349页。在此，心者，具于性理，心是综合着性而言。又朱子也谈"心是气之灵"，此则分析只谈心而不及性。因此可知，朱子言心时，有时连着性讲，有时单独只就心气讲；后者诸如，只知痛痒的心、释氏本心的心，或是觉于形气之私的心等，皆为气心而不及于性。

② 〔韩〕田愚：《晦、退、栗三先生说质疑》，《艮斋先生文集后编》卷十二，《艮斋集》，《韩国文集丛刊》（第335册），第76页。

田氏的回答是：栗谷的卒年是公元一五八四年，①虽晚于退溪的卒年·五七○年，但退溪文集之编成，则是在退溪去世后的三十一年、栗谷去世后十七年才完成，约为一六○一年；这时栗谷已去世，也就无法知道退溪之晚年定论。

（五）举《朱子语类》为证

接下来，问者更以严厉口吻批评田氏之大胆评论，实非后辈学者所应妄测：

> 或曰："此为儒家数百年未决之讼，今子以眇然一后生，乃敢云云，得无近于僭越欤？"愚对曰："愚固蒙骏童观，不敢自断，但以三先生之言考之，晦翁曰：'有理便有气，流行发育万物。'问：'发育是理发育之否？'曰：'有此理，便有此气。流行发育，理无形体。'（淳录）。又曰：'气能造作，理却无情意、无计度、无造作。'（偶录）。退翁曰：'理无形影，而因心以敷施发用者，情也，恻隐情也，而谓之心者，情因心而发故也。'（丁卯《答李宏仲书》时，退翁年六十七岁也。上文有云：'情是自然发出，故谓之性发。'性发二字，晦翁、栗翁，亦皆云尔。则四端理发、四端理之发，无乃以自然发出而原于理者言欤？栗翁亦言情虽万般，夫孰非发于理乎？）又曰：'人非马不出入'。（己未）栗翁曰：'人性之本善者理也，而非气则理不发。'是三先生之说，如出一口，而少无异指，则后学于此，岂不可奉为儒门丈尺矣乎。"②

问者再度质疑，认为二李之论争乃韩国儒学史上大事，至今未有定论，而田氏以一介后生晚辈，岂能论断是非？岂无僭越？而田氏答道：自己固然人微言轻，但证据所在，不得不辩；其举二处《朱子语类》说法，朱子言：理无造作、无计度、无情意；又言：流行发育，理无形体！——不是理在发育，在发育、发动者是气，理只是无为，随气而动。在在表示，退溪早年之理发说，不够准确。

又退溪晚年已与朱子、栗谷相合的证据，则有二：其一，退溪六十七岁作品，

① 见［韩］裴宗镐编：《韩国儒学资料集成（上）》，第302页。

② ［韩］田愚：《晦、退、栗三先生说质疑》，《艮斋先生文集后编》卷十二，《艮斋集》，《韩国文集丛刊》（第335册），第76—77页。

言道："理无形影。"既然无形影，则不主动发，乃因心气而发，故是气发理乘。其二，退溪又曰："人非马不出入。"此亦出于朱子，同于朱子。故朱子与退溪的比喻都是以人喻理、以马喻气，理非气则不出入，人非马亦无出入，故出入者是气、是马，是气发，而理不发。

田氏又特别警告说，退溪文里虽有"性发"字语，然千万别理解错了，以为因着性是理，故性发就是理发，此则错认。性发一词，乃朱子常言，所谓：性发而为情；若以栗谷、田氏之见解，性还是因着气之动而发，性不是主动发，发者乃气也。依着上文，田氏举出朱子《语类》中见解，而来对比退溪晚年之说，最后定之以栗谷"非气则理不发"一语，发者为气，理无为。

最后，田氏重申，三先生皆同！其是指退溪晚年修改其说后，而同于朱子、栗谷。但究实而言，田氏却是以栗谷学说为中心，而统一退溪的晚年讲法；即退溪因晚年悔悟，而同于栗谷了。

（六）偏漏退溪之理发说

问者再依作品时间而质疑田氏。其言：

> 或曰："子之说固然矣。然退翁之《上圣学十图》，在六十八岁，[①]而《静斋记》《金而精书》，实在其前。则子恶可以记书为得而《心图》为未尽耶？"愚对曰："此言诚似然矣！子又盍观夫己巳三月夜对说话乎？其言曰："以情言之，循理而发者，为四端。"（《上十图》之明年）夫理是自然无为之体也，其循自然之理而敷施发见者，非心气而何？此与晦、栗二说，恰恰相符，何为而不指为定论乎？"[②]

依作品完成的时间次序来看，《静斋记》《答金而精书》等，都在退溪六十八

---

① "十二月，再告三告，皆不准辞。庚寅，上《圣学十图并劄子》：一太极图，二西铭图，三小学图，四大学图，五白鹿洞规图，六心统性情图，七仁说图，八心学图，九敬斋箴图，十夙兴夜寐箴图。上以为甚切于为学，命作屏帖以入。"《退溪先生年谱卷之二年谱》，时为戊辰，先生六十八岁。见《韩国文集丛刊》（第31册），第231页。
② ［韩］田愚：《晦、退、栗三先生说质疑》，《艮斋先生文集后编》卷十二，《艮斋集》，《韩国文集丛刊》（第335册），第77页。

岁之前问世，①六十八岁时，退溪《上圣学十图》问世，其中的第六图《心统性情图》所函三图之下图，便有"四端是理发气随，七情是气发理乘"之说。可见退溪于六十八岁时亦尚未修改自己早年看法，仍是主张"理气互发"，那么田氏之"退溪晚年定论"说法，似乎行不通了。

田氏则为自己辩护，其举退溪六十九岁时作品，其中有言："以情言之，循理而发者，为四端。"四端者，乃情依理而发，故发者是气、是情，而不是理，理只是无为而为情所遵守者。故田氏之"退溪晚年定论"仍然有效，只是关于"晚年"的定义，从本来的五十六岁，变成六十九岁了；亦是说，退溪六十八岁时的《上圣学十图》，仍是主张"理气互发"，隔年，也就是六十九岁时，则转为支持"气发理乘"了。

这里，田氏之说似乎有点牵强；只因不愿意直接批评前辈大儒退溪，于是设法由退溪早年与晚年思想之变化来做解套，但显得左支右绌。实际上，退溪所主张者，乃理气互发！其中包括了理发与气发二者；②而田氏却只是找出其中的气发说，故意遗漏其理发说，没有照顾到文献之全面。虽然表面上证明了退溪晚年归宗于栗谷之"气发理乘"，但其实有所偏颇，对退溪并不公平，但可看出田氏之用心良苦。

（七）"理发"乃气循理而发？

问者再做义理上的质问。问答如下：

> "然则理发气随仍存，何也？""岂非循理而发！是自然之动，而亦可谓之理发，故仍存而不必改欤？抑又念之，退翁以十图进御后，频数改易为未安，屡见于《文集》，今之仍旧，岂或以是欤？不然，而必欲作理循理而发（理发），而所乘之机随而动（而气随）之义看定。则恐决非退翁之本指也，兹以质于明者。"③

① 依上所言，前者五十六岁，后者为六十四岁时作品。
② 纵使是七情之发、气发，初始亦无有不善，只因后来为情所掩而为不善。故退溪有理发，也有气发之说。
③ ［韩］田愚：《晦、退、栗三先生说质疑》，《艮斋先生文集后编》卷十二，《艮斋集》，《韩国文集丛刊》（第335册），第77页。

　　问者认为，若如田氏所言，退溪六十九岁后已修正其"理气互发"，为何目前所存六十九岁以后之作品中，尚有"理发气随"之说？为何不一并改过来呢？而艮斋的回答是：所谓"理发气随"的意思，不是真的理在发，而是气循理而发，这是自然而然，所谓的"气机自尔"！如此，则退溪虽有"理发"之语，在田氏看来，真正的意思是"气循理而发、气机自尔"，发者是气，理还是无为，同于栗谷之"气发理乘"。故退溪晚年仍是归于栗谷。

　　然而，若如田氏之释说，则退溪早年作品中的"理发"一语，亦可诠释为"循理而发"，理无为，发者为气……则岂不退溪之早年、晚年皆能合于栗谷？何必要借"晚年定论"而来媒合退溪与栗谷？

　　此段又说，退溪在《上圣学十图》之后，总是不安地不断修改。然而，退溪之不安或修改，难道乃得是为了第六图《心统性情图》下图"理发气随"之不妥吗？由于缺乏更准确的文献作为论证，田氏在此之辩论，未能十分服人。而其媒合二李的用心，最终仍是"尊栗谷，贬退溪"，恐怕亦难获退溪后学之认同。

　　综上所述，田氏所举《晦、退、栗三先生说质疑》一文，主要是说明退溪晚年已有悔悟，并且归于栗谷之"气发理乘一途"，文中，面对各种质疑，田氏更一一做出回应。然不得不说，正如阳明之《朱子晚年定论》，田氏此举并不成功。也许可说，这是田氏之苦心，不忍直接批评退溪，因而想出的一种折衷办法。

　　田氏的折衷若未成功，这也代表着，关于朱子的诠释，在韩国终究有两种不同方式，一种是栗谷的"气发理乘"，另一种是退溪的"理气互发"，双方各有拥护者，也造成了后来主理派与主气派的争论。至于朱子的本意，应该是较接近于栗谷，在此不多做细论，然退溪亦有其创造性诠释，能为朱子学创造出新的义理契机，亦是贡献一桩！

三、《朱栗吻合》

　　原文一气呵成，但稍长，截为三段。第一段言：

　　栗谷曰："恻隐者，气也。"此所谓气发也。恻隐之本则仁也，此所谓理乘之也。非特人心为然，天地之化，无非气化而理乘之也。天地之化，即吾心之发也，天地之化，若有理化者、气化者，则吾心亦当有理发者、气发者矣。

天地既无气化、理化之殊，则吾心安得有理发、气发之异乎？若曰吾心异于天地之化，则非愚之所知也。自注云：“此段最可领悟处，于此未契，则恐无归一之期矣。”①

从文章之名称透露出，田氏想要论证栗谷之“气发理乘”能承继于朱子，而退溪的“理发气随”则非朱子意思；田氏先举栗谷之说，然后佐证朱子见解。栗谷言：“恻隐者，气也。”恻隐是情之发，情是形而下、属气，不是理发；然气发而有理作为根据，称之为“气发理乘”。又此理者，仁也；仁、义、礼、智之性，乃相对于恻隐、羞恶、辞让、是非之情。依此，田氏断定栗谷之说为“气发理乘”。其实，栗谷明白地声称的观点，就只有“气发理乘一途”，田氏似乎不必再引栗谷其他文献来做说明。

又“气发理乘”本是谈“心统性情”中的性发为情，然田氏认为，不只心性如此，此心性又与天道相通，天人相合相应，故心性上是气发理乘，而天地之化育亦当如此，只此一途：气发理乘，天人不二！天地间若有气化、理化二途（即理发、气发），则人心才有可能也是理发、气发；如今天地之间唯有气化，而无理化，故人心也只有气发，而无理发。若要否定栗谷的“气发理乘”，唯一办法就是证成天人二本、天人相异。然此根本行不通，故天地与人心皆是气发而理乘。

田氏又引朱子之语。其言：

愚按《语类》淳录云：“有理便有气，流行发育万物。”曰：“发育是理发育之否”？曰：“有此理，便有此气。流行发育，理无形体。”此非天地之化只有气化一事而已？非有理气互化之明证乎？夔孙录云：“先生问曰：‘不知吾之心与天地之化，是两个物事，是一个物事？’”公且思量，良久乃曰：“吾之心，即天地之心。”此非天地之化即吾心之发之明证乎？②

田氏略举《朱子语类》语，这几句话在《晦、退、栗三先生说质疑》一文中，也曾引用过；重点强调：理无形体！故发育不是理发，而是气发，理只是乘气而

① ［韩］田愚：《朱栗吻合》，《艮斋先生文集后编》卷十二，《艮斋集》，《韩国文集丛刊》（第335册），第77页。
② ［韩］田愚：《朱栗吻合》，《艮斋先生文集后编》卷十二，《艮斋集》，《韩国文集丛刊》（第335册），第77页。

已。又天地与人心一样，都是气化、气发，不是理化、理发。田氏又举朱子另一学生之笔记，认为天地之化与人心之化，并非二途，都是同一理、天人一本。以上证明，朱子与栗谷二人说法相合，恻隐是气，是气之发，且天地与人心不二，天与人都是"气发理乘一途"。

田氏再举朱子之语作为明证，以证朱栗之吻合。其言：

> 偶录云："此气依傍这理行，及此气之聚，则理亦在焉。盖气则能凝结造作，理却无情意、无计度、无造作。只此气凝聚处，理便在其中。"气能生物，则理在其中。此非天地之化皆气化而理乘之之明证乎？偶录云："必二气交感，凝结生聚，然后是理有所附着。凡人之能言语动作思虑营为，皆气也，而理存焉。"理有所附着以上，是天地之化，气化而理乘之也。人能言语以下，是人心之发，气发而理乘之也。栗谷说既与朱子晚年议论，吻合为一，则凡诸家四七异同之说，可以息却许多纷争矣。……愚尝仿陈安卿录，立一问答云："有性便有心。发见酬酢万变。"问："酬酢是性酬酢之否？"曰："有此性，便有此心发见酬酢。性无作为，盖天地之化，人心之用，只是一理，初无两样。"有时思之，不觉有喜心。[①]

田氏举出朱子对"理"的见解，所谓无造作、无情意等，故理无为，有为者是气，气能发育、能聚散，这些功能并非理所负担者，理只是无为、无形，只是搭于气，故曰"理乘"。然理气不离不杂，凡有气之作用聚散，即有理寓于其中，故朱子亦是主张，天地之化也是气发理乘。

而一旦证成天地之气发理乘，接下来便是证成人心也是气发理乘。田氏引朱子之语："必二气交感，凝结生聚，然后是理有所附着。"此指天地之化。而"凡人之能言语动作思虑营为，皆气也，而理存焉"这一段，指的是心性论、性发为情的意思，又天人本不二，故朱子意思是，心性论中，气在动而理存于其中，即是气发理乘；而天道论的二气交感，也是气在生聚，理附于其间，天道、心性二者，都是气发理乘。

这些也是朱子的最后定论，而由栗谷得之。因此，也就不必争论"四七之辩"，而退溪之说未能合于朱子，而由奇高峰、栗谷等得于朱子，是为朱子学之

---

① ［韩］田愚：《朱栗吻合》，《艮斋先生文集后编》卷十二，《艮斋集》，《韩国文集丛刊》（第335册），第77—78页。

正宗。

　　文末，田氏既已归结于"朱栗吻合"，便自仿于朱子之定见，用上课问答的方式来做讲述。田氏认为，心性不二，故于人处，有性善必存于心气之中，同样地，既有此心，其中必有性善，此心性表现于万变应酬、应对进退之中。于是学生问：酬酢一事，是性理主动酬酢吗？依于朱、栗之说，乃是气在酬酢，理只是无为而乘于气。

　　对此，田氏仿朱子之回答道："有性理在，然此性理只表现在心气之中，性其实是无作为，酬酢等动作是心气所为，而性只是附于心气之中；不只心性酬酢如此，天地之化育亦是如此。"可见田氏之诠释，只是为了证明栗谷才能得于朱子原意。

四、《读栗翁水空诗》

　　《独栗翁水空诗》一文，目的同样在于证成朱栗吻合！先看栗谷的诗，诗云："元气何端始？无形在有形。穷源知本合，沿脉见群精。水逐方圆器，空随大小瓶。二歧君莫惑，默验性为情。"[①]元气从何而来、又何时开始呢？依于朱子的理气论，天地有理便有气，虽有"理生气"之说，却是不生之生，妙运之义，故天地之间气本存在。诗中，栗谷自问自答，元气从何开始呢？答曰：无形寓于有形。

　　试以朱子所解《太极图说》来做形容。朱子认为："无极而太极者。"无极是形容太极的无形，而无形者，太极之理也；有形者，阴阳二气也。阴阳二气不能离理而存在，理、气乃不离不杂。故无形与有形相随而在，理在气中，气发理乘，也是理通气局。若穷究其根源，则理、气早已相合，有理的存在便有气，反之亦然。

　　顺此脉络而做追索，则于万有之分殊、二气五行之精中，皆见理气相合。理、气之关系，如同水于器皿，器有局限，因而理亦局限其中，在方法方、在圆法圆，理在方之气中表现为方之理，如同水在方之器中表现为方形之水一般。而空随大小

---

① ［韩］李珥：《答成浩原》，《栗谷先生全书》卷十，《栗谷全书》，《韩国文集丛刊》（第44册），第209页。

瓶的道理，也是相同；依着大瓶、小瓶之不同，空间亦不同。①此如理表现在大物之气与小物之气中，因而呈显为大理、小理之不同。故理、气者，虽曰不离，亦有另一个面向，即其不杂，故理不同于气，理通气局，故区分为二，此理气之二歧，莫要惊奇，道理如此。

又此理、气为二的形上、形下区分，从性发为情之中，便可默默验证。性者，形上者也；情者，形下者也，此二者不离也不杂；此乃栗谷《水空诗》之义理，表现出理气之不离不杂特性，能与前文相应，亦即主张理气一致，有理便有气，有气便有理，气发之时便有理，故气发理乘。但也要分别：气有为而理无为，动作者是气，乘于其上者为理。又理通气局，理于不同物上便表现出不同性理，但根源却是同一理。《水空诗》出于《答成浩原书》，栗谷要谈的是气质之性、人性物性是否同一的问题。

以下来看田氏阅读《水空诗》后的感想？诗文者，本来可有许多不同想象，而田氏如何解读呢？其云：

> 人物形气未生之前，理之在天地，如水之在大海，空之在太虚。及遇气聚而理赋，则如水之在器，空之在瓶。夫理一而已，不以在天地而广大，在人物而微细。水空之喻，如不能活看，则为痴人之闻梦也。若乃理之随气而发见有异，则如水空之随器瓶而有方圆大小之别，是则所谓气局也，然气局则理亦局，但所局是气而非理也。如有直指向之理在人物形气者为气局，则是理通之妙，只在天地；而在人在物，更无可言之时欤？且天地亦何尝非形气底物事耶？然则"理通"二字，不过为无实之空言而已，是岂栗翁之本指哉。②

田氏认为，就天道论的理气关系、人物未生之前，这时称为本然之性，理与天地间的关系，如同水之与海、空之与太虚的关系，这时的理未被局限，犹如水于海中之自由自在。而一旦人物已生，这时称为气质之性，气聚理赋之际，则理于气中，如同水于器中、空之于瓶中，理于器具之中虽有所受限，但理本身从不受限。

---

① 此空有空间义，也有佛学的空义，空者，即有而空，有变异不恒定的意思。栗谷自注此譬应是由佛氏引申而来。

② ［韩］田愚：《读栗翁水空诗》，《艮斋先生文集后编》卷十三，《艮斋集》，《韩国文集丛刊》（第335册），第102页。艮斋之生卒年为一八四一至一九二二年。乙卯年，为公元一九一五年，约为去世前七年之作品，较《晦、退、栗三先生说质疑》一文，早了二年。

理总是广大的，不因在天、在人而不同，此所谓的理通也。若有人不能活看《水空诗》之譬喻，则与朱子、栗谷见解违背。

理于不同事物而有差别表现，犹如气质之性的各各不同，然水随着器之方或器之圆而有不同显现，却非水之不同，而是因为器之不同，意思是，不是本然之性不同，而是气质不同所致。气之局，造成了理亦局，如同器之圆造成水亦圆；局者是气，不是理，局者是器，不是水。

如果有人认为："理在于人物上只有气局的份，不可言理通，要到了天地才可言理通。"则天地之间都有气，理通岂不成了空话？永远不能实现。田氏的意思是，理通一事，不只在于天地之间，也在人物之间。既然如此，现在何以不通？此乃气之过咎，与理无关。天地之间是理通，人物之间也是理通。田氏在此是以栗谷之说，而来证成人性、物性之同。

《水空诗》共有二段，后段乃批评湖论学者的人物性异之说，与本文相关不大，在此略过。借由本节所解，可以证明田氏的性理思想，得以承继于栗谷，而在田氏心中，栗谷之人物性同说法才能合于朱子。

五、结语与反思

以上，共举田氏三文，用以说明田氏面对栗谷与退溪二人之态度，基本上，仍是站在栗谷这边，而反对退溪、湖论。其中，虽借由"晚年定论"方式，避免直接批评退溪，但还是认定退溪晚年悔悟，而转向于栗谷。

至于栗谷与退溪之不同，症结主要为心统性情之发用时，究是理发，还是气发？田氏归宗于栗谷，认为朱子之正统说法乃是"气发理乘"，无论四端、七情都是气发理乘，并无退溪"理气互发"之意。朱子之性发，必不等同于理发，退溪的理发说是行不通的，所以到了晚年定论，也就舍弃了理发说。

在《韩国儒学资料集成》中，载有裴宗镐对田氏之评价："艮斋，李朝末，主理主气，理气一体，结果的，折衷的。"[①]此说似不够准确。依于本文研究，田氏

---

① ［韩］裴宗镐编：《韩国儒学资料集成（中）》，第1776页。

仍应属于栗谷一系的主气派,[①]理由是,他以"晚年定论"的方式,委曲了退溪之说,以便归宗于栗谷。如此,田氏并未折衷栗谷与退溪二人。[②]反倒是李丙焘认为田氏祖述栗谷,此说来得较为准确。

学界有人反对用主理或主气说,来替韩国儒学分派,而这是日本学者高桥亨的见解,在尚未有更好用法之前,本文继续沿用。二李都是程朱理学之诠释代表,之所以视为主理,乃因退溪有理到说、理发说,特别呈显理的主动性,故以主理称之;而栗谷提出气机自尔,似有气自为而理无为的意思,故称之为主气。若从这几篇文章看来,皆为田氏晚年作品,而接近于栗谷之说。

田氏表面上看似合会二李,其实还是尊栗谷,贬退溪,而其"晚年定论"之说并未成功!其实成功与否,亦非田氏所重视者,重点还是在于宣说栗谷的"气发理乘"才是朱子学之正宗。田氏这几篇文章,面对了退溪后学而一一答辩,虽未能成功证明退溪之"晚年定论",亦能标举出自己之归宗:主要继承于栗谷学,而栗谷才是合于朱子。又田氏面对栗谷之"气发理乘",亦是只有继承,而无进一步的发展,当是为了忠于栗谷之学吧。

---

① 有人认为,以主理或主气的见解来谈韩国儒学并不恰当。例如,本文称栗谷为主气派,乃就其所主张的理无为、气机自尔来说,动者是气,故曰主气。也有人称栗谷为主理派,乃在于其以性理为师、性理为主等。其实,这只是字词、语意的定义问题,本文之定义与他人不同所致。
② 玄相允亦视艮斋为折衷派,然本文认为不妥。除非所谓的"折衷",意义与吾人不同。参见〔韩〕玄相允:《韩国儒学史》,(韩国)玄音社1999年版,第409—411页。

第七章　田艮斋与李柬之思想特征及其异同

一、前 言

韩国儒学朝鲜朝发展到十八世纪时，有所谓的"湖洛论争"，①争论点有二：一为未发时之心体应是纯善，还是有善有恶；二为人性、物性之异同论。主文将以人性、物性异同论作为主要探讨对象，至于未发心体之善恶问题，则仅作为辅助讨论之题材而来带到。

关于湖洛之争，分为湖派与洛派。②湖派以权遂庵、韩南塘师徒为代表，由权遂庵上溯可至李栗谷。权遂庵为韩南塘与李柬之师，权、韩二人，主张人性物性相异，视心为气质而有善恶，心之善只是相对的善，不及于性之绝对善；由于赞成此派的学者，大多住于忠清道湖西地区，也就被称为湖论。至于权遂庵的另一学生李柬，则提出不同观点，认为人性、物性相同，都指天命之性，且心体有纯善之可能；由于居于洛下，被称为洛论。③

湖洛二派相互论争不下，至今亦无公认之结论。而在朝鲜朝末期，田艮斋亦提出了自己的看法，④主要是站在李柬的立场提出的。本文将对李柬与田艮斋之思想做一了解，二人思想可说是大同小异，后文将做分析。

人性、物性之异或同，起因于对于朱子学正义之争论，若能裁决以朱子之说，应能获得结论。不过，由于朱子学之体系庞大，注释上四平八稳、两面照顾，例如，有时定义性只是理，有时却又说性依于气质而为名，这也容易让争论者各执一词，双方皆能提出朱子说法而据理力争，因而难以获致双方满意之

---

① 李甦平："四七论辩与湖洛论争，不仅是韩国儒学史上的两次重要论战，而且也是东亚儒学史上具有里程碑式的两次著名论争。"李甦平：《韩国儒学史》，第598页。

② "湖洛论争的起因是1707年秋，韩元震以韩弘祚的观点为契机，发表了题为'本然之性、气质之性'的文章。崔征厚看了韩元震的文章后发表了反驳韩元震的文章。于是，1708年8月，韩元震写了一封批驳崔征厚的信，在这封信中，韩元震第一次提出了性三层说。韩弘祚将自己的信件、崔征厚的信件，及韩元震的信件，一起拿去见李柬。于是，李柬写了反驳韩元震的信给崔征厚。这样韩元震与李柬的论辩便开始了。"李甦平：《韩国儒学史》，第688页。

③ 可参考杨祖汉：《韩儒人性物性异同论及其哲学意义》，《从当代儒学观点看韩国儒学的重要论争》，第393页。

④ "田艮斋（1841—1922），名愚，字子明，贯潭阳，丽末名儒野隐禄生之后也。……又有反对于洛论宗旨者，皆斥之甚力。……至于遂庵、南塘，极斥其人物性异及未发气质之论，乃作《遂庵集记疑》《瓯溪（遂庵弟）书记疑》《南塘理气咏自注疑目》《南塘上遂庵书疑目》等书。"见［韩］李丙焘：《韩国儒学史略》，第316页。

答案。

在中国之朱子学史里，未曾发生如韩儒般的人性、物性争论，纵然有过，也未如韩儒规模之大。朱子学之后，中国有气论学者提出人性、物性相异之说，如黄百家等，不过内涵定义已不同于朱子学，与前述韩南塘之朱子学下的人性物性相异之说，自是南辕北辙，不能混淆。

二、李柬之思想特征

（一）人性、物性同

1.理一分殊

李氏主张人性、物性同，当时的湖派论争之中，主要对手为其师权遂庵及同门韩南塘。李氏最常引证之文献权威，为朱子之《中庸章句集注》，如《中庸·首章》："天命之谓性，率性之谓道。"一开始便能扣住"性"此一主题，在说法上，甚能证成李柬之见解。如《孟子》之人性不同于犬性、牛性等说，则未能获得李氏青睐。李氏于《五常辨》有云：

夫宇宙之间，理气而已，其纯粹至善之实，无声无臭之妙，则天地万物，同此一原也。尊以目之，谓之太极，而其称浑然；备以数之，谓之五常，而其条粲然。此即于穆不已之实体，人物所受之全德也。自古言一原之理，本然之性者，曷尝以性命而判之人物而二之哉！此子思所谓天命之性，（朱子曰："天命之性，仁义礼智而已。"只此一句公案，可了百场聚讼。）朱子所谓理同，栗谷所谓理通者也。若其正偏通塞之分，昏明强弱之殊，则天地万物，各一其体也。人贵物贱而偏全不齐，圣智凡愚而善恶不伦，此即造化生成之至变，气机推荡之极致也。自古言异体之理，气质之性者，曷尝以人物而齐之，圣凡而等之哉！此程子所谓生之谓性，朱子所谓理绝不同，栗谷所谓气局者也。无极二五，本混融无间，而单指其理，则所同者如彼；兼指其气，则所异者如此。然则所谓五常，是单指之物耶？抑兼指之物耶？五常之说，此其大分也。又统以言之，则无极之真，二五之精，妙合而化生万物。盖天道造化，发育万物，而其具不过二五而已。纷纭错综，其端万变，至于尘尘刹刹，巧历不能数。而凡言气则二五之气，凡言理则二五之理，舍二五而言理气者，岂足为知言哉！故朱子曰："金木水火土，虽曰各一其性。然一物，又各具五行之理。"不可不知。①

有人问李柬：南塘之不识五常，问题何在？②李氏在此反对南塘之说，并强调自己人性物性同之主张。李氏认为，天地之一原，即所谓太极之理，浑然而言，则称太极；若以粲然，则绽放为仁义礼智四者，或比配于五行之仁义礼智信，是为五常，此乃人、物共有，且全具之。

若依朱子《中庸章句集注》："于是人物之生，因各得其所赋之理，以为健顺五常之德，所谓性也。率，循也。道，犹路也。人物各循其性之自然，则其日用事物之间，莫不各有当行之路，是则所谓道也。"③朱子面对天命之性、率性之道，皆释以人、物之性，此源于程朱学之"理一分殊"，视人性、物性根源于同一太极，同源、同天命，是为本然之性；而人、物之所以不同，乃本然之性或理一分殊中的理一，因落于分殊之气，以致表现出分殊之理，这时便有了差别。

李氏喜用《中庸》"天命之性"说来质疑对方，其依朱子的《中庸》诠释作为论证权威，主张人性物性同，人性是仁义礼智，物性也是仁义礼智，都是天命之性，此即栗谷所言之"理通"。

再者，关于人性、物性，若不从根源上讲，而就其表现为仁义礼智之程度时，则此天命之性落于不同之气质，便有不同之限制，如人为万物之灵，气质清爽，此气质可以表现出仁义礼智。而物性本来也有仁义礼智，但因落于禽兽之气质，其气则有偏、全之不同，相对人性而言，表现出本然之性较少，此间之差距便为人禽之辨，即人之气全而物之气偏。

这时，也是栗谷所谓的"气局"，即人性、物性之不同表现，受限于各个之气质，然初不妨于本然之性、天命之性；即人、禽之别，甚至智者、愚者之不同，此乃气化所致，非于天命之性处有别，人、物的天命之性是乃同一！

在此看到，李氏所举论证，总以程朱派、栗谷等为主，更偏好《中庸》《中庸章句集注》等，至于程朱以外之见解则不受青睐，如孟、告之辩"生之谓性"的

<hr>

① ［韩］李柬：《五常辨》，《巍岩遗稿》卷十二，《巍岩遗稿》，《韩国文集丛刊》（第190册），第461—462页。
② "或曰，德昭全不识五常，其所蔽何在。"［韩］李柬：《五常辨》，《巍岩遗稿》卷十二，《韩国文集丛刊》（第190册），第461页。（按：南塘，字德昭）
③〔宋〕朱熹：《四书章句集注》，第17页。

讨论。

2.五常是理？理兼气？

在朱子理气论之下，既可言"理同气异"，亦可言"气同理异"；前者指关于天命之理，人性与物性同一，然彼此之间气禀有异；后者则谓，人、物虽同有欲求，同有气之知觉，但高下不同，于表现仁义礼智之处，人之理与物之理有所不同。即所谓气异或理异之说，在于气之高低清浊不同，因而决定了理的表现，此乃分殊之理，人可表现得多，而物表现得少；又人性与物性之间应是连贯的，彼此不可能断裂为二，例如蜂、蚁有其君臣之义，而羔羊跪乳、乌鸦反哺等，堪为孝行！至于恶之部分，人类亦可能做出衣冠禽兽之举。

不过，上述说法，至少须面对两种学派的挑战：（1）由朱子学亦发展出人性物性相异之说，此以南塘为主，其依朱子之相关文献，谓性乃指落于气质之后的性，如明道言："才说性时已不是性。"[1]一旦说性，即非本然之性，而是落于气上的性、兼着气质而言的性；（2）气论学者，如黄宗羲等，他们一开始就不接受"理一分殊"、本然之性、气质之性说法，认为人性不会与犬性、牛性相同。

李氏基本上则是遵循于朱子的！[2]其认为，纵然朱子所言天命之性于人性、物性皆同，却亦可说异，所谓异者，指表现之处，而非根源之处；当就表现上来看，人性与物性本然相同之理一、仁义礼智，由于落于不同的气质之中，使得理也随之曲折而有分殊，此即称为"理异"。即所谓气质之性，人物不同，人人亦不同，此不同之原因在于气，而非理，至于人物之性理、仁义礼智，则是平等，只是在表现上，将随于气而曲折，说为"理异"。

李氏此番"理异"之说，即栗谷所谓的"气局"，或如程子的"生之谓性"，[3]乃因气性之限制，使得在表现上，人、物都不同，然此只能就气质上讲，而不可就天命之性讲，也不可就五常讲，因为五常者"仁义礼智信"，乃是人性与物性一般。

以上，乃李氏用以辩驳南塘者，因为"（德昭曰：）盖天命者，超形器而言，

---

① 〔宋〕程颢，〔宋〕程颢：《河南程氏遗书》卷一，《二程集》，王孝鱼点校，第10页。

② "比较而言，李柬的人性物性俱同论，是较合于朱子学之理论的。"杨祖汉：《韩儒人性物性异同论及其哲学意义》，《从当代儒学观点看韩国儒学的重要论争》，第419页。

③ 程子的"生之谓性"，乃视善亦性，恶亦不可不为性。然李柬认为，此指气质之性，而非本然之性，因本然之性只有善，不会有恶。

五常者，因气质而名，云云。"①南塘以"性因乎气质而名"一句，而视人性、物性不同；人性依于气质而能表现五常，至于物性则较难表现五常，故人性物性相异。然而，李氏指出，五常者，人、物皆有！五常不因气质而名，纵有气质之偏全，气质不好的动物，还是具备五常。

可见李氏与南塘的争论在于"性"的定义。李氏认为"天命之性"，是指未落于气质之前；而南塘的"天命之性"，因为已有性字，则已落于气质之中，已落于人性、物性而有不同，若是单单"天命"二字，才是指未落于气质之前。亦是说，二人的争论点，在于五常究是单指理？还是兼指气？李氏认为五常是单指理，此乃天命之本，人性、物性皆同。

3.各一其性

最后，李氏以朱子所解《太极图说》，而来反对南塘。朱子于《太极图说》"各一其性"条下，诠释为："五行之生，随其气质而所禀不同，所谓各一其性也，各一其性，则浑然太极之全体无不各具于一物之中，而性之无所不在，又可见矣。"②此乃朱子依《中庸》"天命之性"意思，而来诠释周子的《太极图说》。

若以朱子所诠为判准，则李氏自是胜方。因为南塘将"各一其性"中的"各"字，释为人性、物性不同，而各依其性；而朱子却曰："太极全体无不各具于一物之中。"讲的是太极之理，即本然之理、仁义礼智之理。如此，则李氏为胜。

不过，话说回来，朱子所解《太极图说》亦非唯一正解，③若将判准改为周濂溪，则李氏未必胜出。同样地，李氏大多采用朱子的《中庸》诠释作为论证，却也未必能够服人。例如，有人视《中庸》的"天命之性""率性"是指人性，非指

---

① ［韩］李柬：《上遂庵先生》，《巍岩遗稿》卷四，《韩国文集丛刊》（第190册），第305页。此乃南塘语，李柬抄出而加以批评。
② 〔明〕徐必达编：《周张全书》，第46—47页。
③ 一般而言，关于周濂溪《太极图说》"无极而太极"一语，不易理解，致后代之诠释多有不同。例如，陆象山以为，此乃周子受有道家、道教影响，或其早年不成熟之作。而朱子认为，"无极"正是形容"太极"不沦为一物，"无极"是无声无臭的状词意思，应仍为儒家作品。蕺山认为，"无极而太极"是指"没有太极"，即没有超越的一神、天道、天理等；此乃套在蕺山系统下的诠释，由于没有太极，也就不重超越之义理，而重气化世界。另外，船山于《思问录》解"无极而太极"为："无有一极也，无有不极也。"〔明〕王夫之：《船山全书》（第12册），船山全书编辑委员会编校，第402页。乃指不具备超越之天理，天理系散于万物，万物都是至理，此属重气之泛神论。

人、物之性，如朱子学生刘戳①或如王船山等，②都与朱子所诠不同。

本部分小结，李氏认定人性、物性同，且皆以天命之性而立名，不就落于气质之后而命名；人有五常，物也有五常，皆有天命根源之性；而性只是理，此就根源上讲，非指气质之性。

（二）未发心体为纯善

李氏言："气质之性昏明强弱之不齐者，皆是血气形质之所为，而心之气质，则皆纯善。"③意思是，心为气之灵，与血气之粗者并不相同，故心体能为纯善，而此心体指的是：心包含着性。性善，心亦善，故心体为善，然而，心若为形质之杂染而有恶时，性善亦表现不出。也就是说，心之为气，要为善，才能把性善表现出来。

那么，这样的说法是否合于朱子呢？朱子提出"学以复其初"，也就是要人回到性善，性善说若依朱子理气不离之原则，则性善不会只有孤单的性善，必须合于气，此曰心气，心气若有驳杂，则性善亦不显，因此，这时的心亦必为善，否则如何能为未发之中？中者，乃天下之大本。若关联着性体（中体）之心有驳杂，未发之时则不能作为大本，故李氏强调，未发时之心体有其必善的可能。

李氏所谓的心体，乃是心与性相关联，一旦心气有所污染，则表现不出性善，

---

① "又记得朱门人刘氏戳，不满于章句人物性同之说，而著书以论之曰：天命惟人受之，故谓之贵于物。人之性，岂物之所得而拟哉。中庸性道，是专言人，而或者（指朱子为或者，其无礼不恭之习，殊可憎也。）谓兼人物而言，则似也而差也。假如天命之性，兼人物而言，则犬之性犹牛之性，牛之性犹人之性，当如告子之言矣。"［韩］田愚：《读湖洛前人物性说》，《艮斋先生文集前编》卷十四，《艮斋集》，《韩国文集丛刊》（第333册），第117页。此乃艮斋抄出刘戳之语，而进行论辩。

② 船山言："故程子曰'世教衰，民不兴行'，亦明夫行道者之一循夫教尔。不然，各率其性之有而即为道，是道之流行于天下者不息，而何以云'不明''不行'哉？不行、不明者，教也。教即是中庸，即是君子之道，圣人之道。"〔明〕王夫之：《船山全书》（第6册），船山全书编辑委员会编校，第458页。船山的质疑是，若率性之谓道，所率者是人、物各率其性，则牛马何不率性？此道岂难以达到。然《中庸》明显说的是道之不明、不行，道并非容易达到。故率性者，并非率人、物之性，当只就人性而言。

③ ［韩］韩元震：《与崔成仲别纸》，《南塘先生文集》卷八，《南塘集》，《韩国文集丛刊》（第201册），第196页。此李柬语，南塘抄于书信中并反对。

故心气须为善。而其重点在于心，心是气，然是气之灵，不同于血气，而有纯善之可能，如此才有机会表现出性善。在此李氏曰：

> 或曰："彼之所难，则有说矣。性是太极，而心是阴阳，则阴阳非气质乎？"曰："……夫方寸之地，阴静阳动者，非气也，乃神也；（张子所谓两在不测之神。）非气质也，乃本心也。（朱子所谓元无不善之本心。）气无知而心有知，则这阴阳果无知之物乎？所谓气质，则是只血气而已，充于一身，而本心才有不宰，则便已用事于方寸；而实则心体自心体，气质自气质矣。"①

有人问难：心是阴阳，而阴阳是气，既是气，乃形而下者，不是性理，也不会必善。李氏答曰：方寸之心，不能视之以气，应当视之以神，亦是说，心虽是气，但为气之灵者。可见李氏将气区分为二：神灵之气与血气之粗气。

这时，甚至可以用本心来形容此方寸之心、气之灵者。本心之说，于朱子学亦有根据，朱子所言本心，不是陆王心学的本心义，而是于心静之际能窥见"一性浑然，道义全具"，即是心本具理。此乃唐君毅先生对于朱子"心义"的发挥，而不同于牟宗三先生所言，须是"后天的当具"的"心具理"。

李氏见解较合于唐君毅先生，于朱子学亦有根据。朱子于注"宰我三年之丧"时言："又言君子所以不忍于亲，而丧必三年之故。使之闻之，或能反求而终其本心也。"②这里明言"本心"，此心能使善性表现出来，而不能为驳杂之气所干扰。本心必是清明，即是本善，而不能是善恶驳杂，或只是相对的善，须是合于性善的绝对之善。可见李氏所诠朱子学确实有其根据，而这也是朱子对"学以复其初"的看法，复其初者，复其性善，然性善与心气不得分开，故心气亦必是善，始可说复其性善之初。以上乃李氏未发心体纯善之论。

---

① ［韩］李柬：《未发辨后说》，《巍岩遗稿》卷十三，《巍岩遗稿》，《韩国文集丛刊》（第190册），第469页。
② ［宋］朱熹：《四书章句集注》，第181页。

三、艮斋之思想特征

（一）人性、物性同

1.以李氏为正

田氏大致以前述李氏为正，在人性物性异同方面，亦赞成性同之说。田氏尝言："至于人物性论，《中庸章句或问》《大学或问》诸说，明且备矣。乃复为在天原有庶物所赋偏本然之埋之说，欲以压倒湖洛群贤，只见其不知量也。"①意思是，人性物性之论，当以朱子之说为正，而朱子之说主要又表现于《中庸》诠释。这也是李氏之所本，主张天命之性、五常之德等，乃人物所同具者。当然，这只是朱注《中庸》之见解，其他学派未必肯认。

除了朱子所注《中庸》，田氏认为，《大学或问》里也表现出人性物性同的意思。《大学或问》有云："故人物之生必得是理，然后有以为健顺仁义礼智之性……然以其理而言之，则万物一原，固无人物贵贱之殊；以其气而言之，则其正且通者为人，得其偏且塞者为物，是以或贵或贱而不能齐也。"②田氏强调，朱子所言"人物之生"，说的是人与物皆是生而具备仁义之性，而李氏能得于朱子，南塘则不得。

然南塘主张："性依乎气质而名。"认为物性虽有仁义，但只能表现一部分，与人之气清而能表现较多仁义，两者不同。故人性物性之异，争论点在于所言之性是指"天命本然"，抑或是"依于气质"而立名？

基本上，关于这两点，朱子都曾提到。他有时把"性"定义为依气质而立名，有时又依于本然之性或性即理等基础而来发言，在使用上不够严谨。这也许可以看做语意上的不清，并非义理上真有矛盾。

田氏又强调，关于即理之性、天命之性，不能于其初始、根源处或天命处，就认定其有偏、全之差别。就天命、根源之处，人性物性皆同，有所偏全乃是已生之气后才有的，偏差是后天气质造成的，非于根源处有所不同。

---

① ［韩］田愚：《答禹都正》，《艮斋先生文集前编》卷二，《艮斋集》，《韩国文集丛刊》（第332册），第87页。

② 〔宋〕朱熹：《大学或问》，朱杰人、严佐之、刘永翔主编：《朱子全书》（第6册），上海古籍出版社2002年版，第507页。

2.反驳人物性异论

此外，田氏于答崔锺和书信中，亦有如下的看法：

> 遂庵《答安彦明书》所举《尤翁答沈世熙书》："若谓天下万物莫不具仁义礼智信之德，则大不可。"云者，诚似然也，第于此，却有可疑者，尤翁之为朱书劄疑也。凡经义礼论性理诸说之与集注异者，及初年所见，无不注明，而独于许多人物性同及微物亦具五性处，无一言致疑，如南塘同异考之为者，此愚寻常所未晓也。且当时群贤之与于是役者，并无一言提起，此更可疑也。然则其答沈书，无乃别有所指；抑或是未定之论欤！又其所云"物之甘者莫如蜜而甘属土，若以为蜜具信之性则可乎者？"亦恐有为而发，似未可执言而不究其旨也。当时使沈公再问曰："蜜不具信性，则更具何性乎？既不可谓具信，则仁义礼智亦难谓之具得，然则天下无性之物，岂不众乎！"……特以无血气，故不能自运用也。若以能运用不能运用，判别得有性无性，则岂非可疑之大者乎！吾故曰尤翁之言必别有所指，如何如何。（所论蜜性，虽似创新。《语类》论死物有当顺佗道理用之之训，今用蜜无非顺佗道理处，且以地水之类，子细推究，亦皆有五性，试思之也。）①

崔锺和之书信中，提到权遂庵引用尤翁之言，用以证成人性物性异，其中，宋尤庵乃田氏所尊崇之学者。②不过，田氏反驳，信中所引可能是尤庵在为朱子学之疑处作解，凡朱注之四书与五经有所不同者，来予以合会，并非就是尤庵对"性"的定义。若尤庵真得赞成人性物性异，为何他对于"人性物性同"及"微物亦具五性"之论，没有提出疑问？换成韩南塘，肯定会提出质疑，而尤庵没有，可见他仍是主张人性物性同。

崔锺和再举尤庵语，其言："若以为蜜具信之性则可乎？"这显示，尤庵对于

<hr />

①　［韩］田愚：《答崔锺和》，《艮斋先生文集前编》卷七，《艮斋集》，《韩国文集丛刊》（第332册），第322—323页。

②　"尤翁是栗谷的孙弟子。"又言："沙溪父子门下有尤庵宋时烈（1607—1689）……尤庵则承溪门之传钵，绍述师说，每于退溪、愚伏说深甚攻之。"［韩］田愚：《答崔锺和》，《艮斋先生文集前编》卷七，《艮斋集》，《韩国文集丛刊》（第332册），第179页。亦言："艮斋学问之僕逐问路，盖如此，故苟有异彩于栗、尤之说，又有反对于洛论宗旨者，皆斥之甚力。"［韩］李丙焘：《韩国儒学史略》，第316页。

蜜中含藏信之性理一事，似有怀疑。此因朱子学中，以蜜为甘，而甘属土，则蜜具备土德，又以金、木、水、火、土五行，分别比配于仁、义、礼、智、信，而土者，比配于信德，则蜜是否具备信德呢？不过，田氏答复，尤庵此论可能有所针对，崔氏不应断章取义。

田氏亦提出自己的想法，认为蜜若不具信之性德，则天下便有无性之物，然而依于朱子学，天下不该有无性之物，非如佛家之以性空作为真谛，亦未如孟子之以蜜有蜜性，而非信德之性。若依朱子，则天下万物皆有五常之性德，蜜有性德，而万物皆然，就连死物亦具备同一根源之性、同一太极。

当然，上述说法，只是朱子的创造性诠释，与孟子已有出入。但是，若以朱子学作为判准，则田氏是对的，而尤庵、崔锺和等人则远于朱子。这显示，尤庵或崔锺和对于朱子的性善诠释是否能合于孟子，已经产生怀疑。朱子学主张性即理说，人性、物性之根源都是理，又以理一分殊，落于人者曰人性，落于物者曰物性。但在孟子却没有理一分殊的概念，①孟子只是提出人物之辨，视人性不同于牛性、牛性不同于犬性，犬性又不同于水性，这在孟子是很明显的！②

总之，田氏坚持人性物性同，而在面对南塘之说时，虽不认同，亦未抨击其为异端，只是将他视为理解朱子学之不同进路。③要说异端，大概以黄宗羲父子、王道、毛奇龄等人，才算得上是异端吧！④

---

① "理一分殊"一词，乃是小程子用来诠释张载《西铭》一文，却不见得可以用来诠释孟子。

② 田艮斋主张蜜有仁义礼智信等性德，实不合于孟子！若依孟子，山之性者，谓牛山茂密、木材丰硕，而水之性者，则是无不就下……山、水之性并非仁义礼智信。山之性、水之性等说，只是用来比喻人之性善；人性无有不善，犹如水之无不就下，水性之就下，犹如人之必然性善；但水之就下，并非说就是水之性善。

③ "谓语录为未安，而不如其删之则可，谓之归南塘于异端，则恐似非本意也。且愚在先师门下数十年，未尝闻其直斥南塘为异端矣，未审令意复以为如何？"［韩］田愚：《答金元五》，《艮斋先生文集后编》卷一，《艮斋集》，《韩国文集丛刊》（第334册），第20—21页。

④ "呜呼！朱夫子以邻于生知之资，议及并世诸贤，费尽一生心力，定着今《章句集注》，欲后人依此穷理力行，以入圣贤之域。其勤勤切切不能自己之意，使人感激奋发，而至于泣下，今也非惟不能奉守遗矩，乃反有如此侵畔之者！窃意夫子之目，将不瞑于地下矣。"［韩］田愚：《读湖洛前人物性说》，《艮斋先生文集前编》卷十四，《艮斋集》，《韩国文集丛刊》（第333册），第119页。田艮斋认为，反对朱子者，诸如朴世堂、黄宗羲父子、王道、毛奇龄等，乃在朱子学派之外而主张人性物性异，与南塘之说又不甚相同。

（二）未发心体亦谓善

1.权遂庵之论

田氏面对湖洛论争之未发心体是纯善，抑或有善有恶？有如下立场。他先抄出韩南塘写给权遂庵之书信内容：

> 南塘问："未发之前，心性有善恶乎？"云云。"自其清浊粹驳而言，则心有善恶；自其气质之性者言，则性有善恶。"云云。答曰："善恶皆以感动形见者言之，则未发之前，难下善恶字。然气之清浊粹驳，有万不齐。若只指其清浊粹驳，而谓之善恶，则亦无妨。"①

南塘提问：未发时之心体是否有善恶呢？其实南塘自己已有答案；就心而言，心是气，气质自有善恶，故心亦有善恶，此乃天命之性落于心气之中，形成所谓的气质之性，在表现上就会有善有恶。这是南塘的主张，不同于李柬的未发心体纯善之说。

而韩、李二人之师权遂庵则主张，若善恶者，是就表现出来的好或坏而来断定，则未发之前只可言"中"，不可言善恶，只能说是"一性浑然，道义全具"，而善或恶是就中节或不中节来说。又虽此"中"有性善为根据，然性善是否能表现为善，还端视心是善恶与否？若心之未发，则不谈善恶亦可，因为所谓善恶，乃就表现出来之后的情况而定。此外，若就气之驳杂来看，驳杂谓不善，因为不清，而无法表现性善，这时说为恶亦可。

遂庵之见，近于南塘，似谓心体有善有恶，不过，关于驳杂与否，只可用昏明来做形容，未可言或善或恶，还要看善恶之定义为何，才能判断。

2.艮斋之见

田氏于《遂庵集记疑》处抄出上文，接着又做了注解，是为对于未发心体之主张，如下：

> 气之浊驳拘蔽，而心性有恶，此与朱子"未发之时气不用事，故有善而无

---

① ［韩］田愚：《遂庵集记疑》，《艮斋先生文集前编》续卷三，《艮斋集》，《韩国文集丛刊》（第333册），第412页。

恶"之训似未合。且未发时心恶，气象如何？不过是昏昧。心有昏昧，而可以为未发乎？至于性恶更难言。南塘谓谓之性善，指本然之妙不杂乎气者；其谓性恶，指拘于气质而自为一性者。窃谓拘于气质而自为一性，则其与气杂乎气，亦已久矣。未发之中，安有拘于气与不杂于气者两物相对而并立之理！凤岩与南塘书，以"未发性有善恶"一句，为大错。（有四度往复皆一意，而其答沈信夫书，亦以为此甚可怕）而每以遂翁答南塘书，未发之前有善无恶者，为主矣。（见答沈信夫书）①

田氏抄出遂庵与南塘的书信内容，而予以怀疑。理由在于，书信中主要讨论的，是心性有无善恶，而非心或气质之性有无善恶。至于天地之性，若依于朱子学，自然不会有恶。他举朱子"未发之时气不用事，故有善而无恶"，是为纯善云云，作为反对之理据。

此为朱子性善之论，于未发之中即为纯善，纵有杂气，亦不碍事，亦不行事；又气质虽不用事，心却要涵养，因心能统性情，未发、已发都要能够主宰，若心气有恶，性善便表现不出，故需涵养，使心气始终为善。田氏以为，也许未发之时，气质之性有恶，然气质不用事时，性仍是善。

至于提到未发之心有恶，又是怎样的状态呢？最多只能说是"昏昧"。而昏昧与"恶"是否有关呢？也许有关。由于昏昧以致表现不出性善，而往恶走。

那么，心有昏昧，是否可视为"未发之中"？再者，"未发之中"是人皆有之？还是特指圣人境界？此为田氏与李栜相似之处，喜用未发之心体来谈《中庸》的未发之中；然《中庸》并未明言"未发之中"是何人境界？于是开启了后来的湖洛论争。田氏则谓，"未发之中"不可以"昏昧"言；意思是，心体之昏昧，即非未发之中，若未发之中，则心体不应昏昧，这时，只能以纯善来形容心体。

田氏又指出南塘的矛盾之处。南塘认为，性善是指本然之性，必不杂乎气，故心体有善恶，言善之时，尚非本然之性善，要避开心气才能谈性善；而南塘的性恶，是指因杂于心体昏昧之气，方为恶。也就是说，一旦谈性，南塘须不断的转移，这是因为谈的不是同一性，不过，《中庸》的"未发之中"岂有性善、性恶？岂一下子是本然之性，一下子是气质之性？田氏举凤岩写给南塘及写给沈信夫的信

---

① ［韩］田愚：《遂庵集记疑》，《艮斋先生文集前编》续卷三，《艮斋集》，《韩国文集丛刊》（第333册），第412页。

作为证据，认为南塘的"未发之中有善恶"说法有误，甚且，纵是权遂庵也未必赞成南塘之说。在此，看出田氏主张"未发之中"之心体纯善，近于李柬，而不同于南塘。

四、艮斋与李柬之异同

（一）二人之同

艮斋与李柬之论，可说如出一辙，皆以朱子学之"理一分殊""性即理""天命之性"等根源义，来对性做定义，从而得出人性、物性同之结论，皆不取南塘的性因气质立名之见解。[1]

其实南塘之言，亦出于朱子，然而由于朱子语意上的不够严谨，导致理论上出现了两套标准，一是性以气质立名，一是性以天为根源；前者强调气质之性，后者强调本然之性。朱子之性既有二名，遂造成湖派与洛派之争论。

话说回来，若以朱子学为判准，则朱子对于性之根源义，似乎更为强调，而人性、物性之所以有不同表现，则因气所致，不归因于天命之处有所差异。于天曰命，天命之性时，人性物性同一性。也因为如此，艮斋与李柬都以物性也有五常，死物也有、蜜性也有。即如李丙焘所言："又有反对洛宗旨者，〔艮斋〕皆斥之甚力。"[2]亦是说艮斋不违反洛派之宗旨，皆本于朱子之"性即理""本然之性"等说而立论；至于其中的论证细节，各有主张，不一而足。

（二）二人之异

基本上，艮斋与李柬所处时代不同，所遭遇的时代学风即不同；此如孔子所面对的论敌是隐士们，[3]而孟子所面对的，则是杨、墨、告等异说。艮斋的时代，已是中国清代的道光年间，在此之前乾嘉学派已勃兴，艮斋很有可能听过戴震的见

---

① 艮斋与李柬都主张未发心体为纯善。
② ［韩］李丙焘：《韩国儒学史略》，第316页。
③ 《论语》中有记载者，诸如接舆、长沮、桀溺等隐士。

解。①艮斋又较强调"性师心弟"，应是针对当时的"心即理"学说，包括阳明心学，以及李寒洲的"朱子学式心即理说"，此外，艮斋之时已有天主教传入，这也不得不做出回应。

至于李柬则无需面对前述新兴学风，以气论学派来说，李柬约处于康熙年间，虽然这时黄百家思想已经问世，但以当时的传播技术来看，韩国儒学界要较能全面知悉其思想，可能要好几十年之后。

李柬所处时代，主要面对来自湖派之挑战，然湖派之论调毕竟同属于朱子学，其所主张人性物性异之观点，也是从朱子的性因气质立名而起，若要判断孰是孰非，只要回到朱子学即可。但艮斋所面对者，如毛奇龄、黄宗羲、黄百家等，②这些人甚至连朱子学也要一起打倒，这时若要判定对错，只能回到先秦经典，以《孟子》《中庸》或《易传》等为标准，不过，即使要判出原意如何，每每也将随着各个经典而有差异，如以孟子为标准，则人性不同于物性，若以《中庸》为标准，则人、物之性似皆同源于天之所命。

李柬之处境，与退溪一般，知道朱子学与阳明学、心学与理学，而艮斋还须面对气学一派，如艮斋提及毛奇龄尊康熙皇帝为圣人，李柬就不见得知道此事，更不知毛奇龄的《四书改错》便是针对朱熹而来的批评。艮斋所面对的宋明儒学中的气

---

① 从年代上来看，艮斋有可能读过戴震之作品，不过，事实如何却未可知。到目前为止，笔者尚未见到艮斋文献中曾论及戴震。以艮斋来看，必视戴震为异端，因戴震反朱，而艮斋拥朱。
② 艮斋曾对黄百家的人物性异论予以批评，其言："此人（黄百家）亦力主人物性异之论，而曰：'夫所谓理者，仁义礼智是也，禽兽何尝有是？'晦翁言：'人物气犹相近，而理绝不同。'不知物之知觉，绝非人之知觉，其不同先在乎气也。理者，纯粹至善，安得有偏全。人虽有桀纣之凶恶，未尝不自知其恶，是陷溺之中，其理亦全；物则此心已绝，岂可谓偏者犹在乎？故气质之性，但可言物，不可言人。在人虽有昏明厚薄之异，总之是有理之气；禽兽是无理之气，非无理也。其不得与人同，正是天之理也。"其言之纷纭错杂，不止于此。又尝举明道"人虽能推，几时添得一分；物未能推，几时减得一分。百理具在，平铺放着一段。"云："说得太高，人物平等，撞破乾坤，只一禅诠。"其言之无礼不恭，又至于此。［韩］田愚：《读湖洛前人物性说》，《艮斋先生文集前编》卷十四，《艮斋集》，《韩国文集丛刊》（第333册），第118页。艮斋既反对朱子学内部中的人物性异论，也反对朱子学外，如中国的气学论者（可以黄百家为代表）的人物性异论。人物性异论者基本上不取朱子的性即理说，若取朱子的性即理说，则人性可同于物性，但他们认为人性是有理（仁义礼智）之气，而物性则为无理之气，人性、物性绝不相同。

论，此与朱子学中重气一脉已是不同；[1]例如，栗谷的"气机自尔"说，尚是朱子学下之重气论者，不出朱子学之规范，然中国明末清初的气论家却是连同朱子学也要一并批判。

不过，当艮斋面对异端时，特别是中国明末清初之气论家们，他所采取的论辩方法，还是请出朱子学，依朱子文献来据理力争。然而，对手甚至已否定朱子学之正统地位，艮斋之辩，无法服人。那么，如果回到先秦儒典，是否较易得到公评？答案可能也不乐观。例如，就以孟子为准来说，究竟孟子原意为何，似乎至今也是各说各话。而反观李柬，他所面对的南塘、遂庵，双方仍是围绕着朱子学打转，情况便单纯许多！

（三）艮斋之"性师心弟"

以上说明了艮斋与李柬之异同处，两人主张大致相同，皆视人物性同，性者，就天理处言，不就杂气处言。至于两人之不同，则在于所面对的敌派不同。在中国，义理之学于宋元明清的发展，经历了从心学、理学到气学的更迭，而在韩国，基本上皆以朱子学为主流；李柬之时代，主要面对阳明学与朱子学，气论学者此时尚未形成气候，至艮斋时，气论学派已是发展成熟，也就面临与李柬不同之挑战，例如，艮斋未视南塘为异端，其心目中的异端，正是气论学者所主张的人物性异论。

那么，这里再做追问，为何艮斋与李柬所处时代不同，却有相似之主张呢？笔者以为，可能因艮斋时代面临到来自心学与气学等更严峻之挑战，而特别欲发扬程朱之学。然则，李柬与韩南塘二人都是朱子学者，为何艮斋近于李柬，而远于南塘呢？这也许因为南塘的人性物性异论，容易让人以为是中国气学家所主张的人性物性异论，或是中国乾嘉学派的见解，为避免混淆，以利正本清源，故艮斋更重视人性物性同论，而站在李柬这边。

此外，关于心体未发之纯善与否，艮斋为何会倾向于李柬的未发心体纯善之论呢？这应与艮斋"性师心弟"之主张有关；艮斋认为，朱子学乃是重性而轻心，未

---

① 如罗整庵，正是介于"朱子学的重气派"与"朱子学外的气学"之间，他一方面改造朱子的理气论，提出理在气中、理只是气之理，同时也保有朱子学的一些见解。又是否可将罗整庵归于哪一方呢？目前尚有争议，以对罗整庵之解读不同，而有不同分派。整庵的一部分思想影响了刘蕺山，再下开为黄宗羲、黄百家，从而开出气学一派，此气学派正是反对朱子之理学。

发之心，乃是静明水止，心气不用事，此时依性理而行，以性为主宰、以性为本，性理是师，而心是弟，心听命于性，故有纯善之可能，而不取南塘的未发时心体为气、有驳杂，可能有恶。

而艮斋为何又特别强调"性师心弟"？以"性师心弟"之说，一方面可以结合当时流行的天主教教义，此与朱子学相似，两者都尊客观之性天；另一方面则可以用以反对心学。此乃艮斋所采取的可能进路。

五、结语

徐复观先生于《中国人性论史》曾言："阮元对节性的解释是'性中有味色声臭安佚之欲，是以当节之'，并不算错。他的错处，在于根本不了解同一性字，随时代及思想家的立场不同而演变。"①徐先生认为，中国哲学中不同经书关于性字的定义多有不同。而在朱子，却要把所有经书贯穿诠释，统一于"性即理"说之下，一旦遇到困难，便补充以"气质之性"，于是成为天地之性与气质之性两个观点，如此模棱两可所埋下的疑难，便在韩国湖洛论争之中爆发出来。

依于前文，韩南塘有意回到孟子的人禽之辨，而李柬则以朱子学来提出质疑，双方僵持不下，然归根结底，却是朱子学与孟子之间的差异！也可说，朱子的"性即理"说，可能无法适用于所有经书之诠释。以戴震而言，其认为性是类概念，人性是指人的特殊血气与心知，能够推己及人、依仁义而行，不同于禽兽；戴震此说，显然已跳出朱子学之外。

先秦论性，在不同的哲学家有不同的意思，如孟子的性善论，人性与犬性有所不同；而于《中庸》的天命之性，朱子则诠释为"人、物共有之性"；再如《易传》的"继善成性""乾道变化各正性命"等都提到性，然此中之性字，意思是否相同呢？如徐先生以为，性在不同脉络有着不同意思，而朱子却是反其道而行，决意把经书义理归而为一，不只四书归一，儒家经典都要归一；此因朱子提出一道统

---

① 徐复观：《中国人性论史》，九州出版社2020年版，第29页。

观，①既有千古传承不绝之道统，自然应当万流归宗。

如此一来，《四书》间之性字归一，与《易传》之性字也要通合……性字遂被固定，与原意已有距离，导致后世学者，一方面要尊朱，另一方面又要照顾古书原意，冲突也就产生。如湖派偏好孟子的人性、物性之别，而洛派则偏好朱子学，双方皆有论据，难以形成共识。

依于前文讨论，可知李柬与田艮斋二人大致皆主张人物性同，皆从天命之本源处而来立论，如程子所谓的"从那里来"②，若依于理，天命之性同，人物性亦同，不同处乃因气上之限制而有不同表现，却仍不碍于天命之同一。两人对于未发心体纯善的见解亦相近。

然二人所处时代不同，所面对之"异端"亦不同。李柬也许认为韩南塘与权遂庵是异端，然此异端，最多只是不同于朱子学之异端，却不见得违反于孟子。到了田艮斋，则未必认为韩南塘与权遂庵是异端，因为还是围绕于朱子学下的争论，这时的异端，已是新兴之中国气论学者，他们甚至反对朱子学。

而从湖洛论争以至艮斋之辩议，直到今日亦难以得到共识，理由在于，建立一共同标准之不易；纵使能回到先秦、共奉一本经书，然此经书之原意亦不易求得。也许，就把各家诸说视为先秦儒学于不同时代之开展，朱子有朱子之恢宏气象，韩国儒学亦有其缤纷展现，而中国气论亦有其蜕变与坚持。

---

① "夫尧、舜、禹，天下之大圣也。……自是以来，圣圣相承：若成汤、文、武之为君，皋陶、伊、傅、周、召之为臣，既皆以此而接夫道统之传，若吾夫子，则虽不得其位，而所以继往圣、开来学，其功反有贤于尧舜者。然当是时，见而知之者，惟颜氏、曾氏之传得其宗。及曾氏之再传，而复得夫子之孙子思……自是而又再传，以得孟氏。"〔宋〕朱熹：《中庸章句序》，《四书章句集注》，第13—15页。
② 〔宋〕程颢、〔宋〕程颐：《河南程氏遗书》卷二，《二程集》，王孝鱼点校，第33页。

第八章　田艮斋辨芦沙、华西、寒洲之异同

一、前言

　　田艮斋所处年代属朝鲜朝末期，主要站在栗谷一系，对于朱子学的另外两种不同见解做出反对，一派如李寒洲、李华西的"心即理"说；另一派则为奇芦沙、李寒洲、李华西所拥护的主理派。[①]

　　艮斋依于栗谷之路线，主张"气机自尔"[②]"理无为""气发理乘一途"等说，而前述"心即理"与"主理派"二系，有时为了反对艮斋，便有合作、合流之倾向，于是艮斋做出辩驳，认为"心即理"与"主理派"二系之间并不全同、无法合流，其著作《芦华异同辨》与《芦寒异同辨》二文以为辨明。艮斋以为，芦沙与华西、寒洲之间虽有相似处，如皆主张理的活动性，但彼此仍有差异，如华西与寒洲所主张的"心即理"说，芦沙即无。

　　依于此，本文即对艮斋、华西、寒洲、芦沙此四位学者做出分类，可为三：（1）华西与寒洲为"心即理"一系；（2）芦沙不主张"心即理"，然与华西、寒洲同属主理派、理能活动之说；[③]（3）艮斋既不主张"心即理"，亦不认同主理派，乃绍继于栗谷"气机自尔"一系。

　　本文以艮斋《芦华异同辨》与《芦寒异同辨》二文作为探讨文献，检视此四位学者之异同，其中亦将透过韩国儒学之师承关系来做出分判。又以此四位学者同属

[①] 如韩国学界的裴宗镐《韩国儒学史》、刘明钟《韩国哲学史》，以及李丙焘《韩国儒学史略》等作品，多采日本学者高桥亨的主理派与主气派之区分。其实，这里主理、主气云云，只限于朱子学脉络之下而来谈论，离开此一脉络，也就容易产生混淆。学者们亦多认为主理、主气等概念不够准确，但在更适当的用语出现之前，还是延续使用。

[②] "（太极无动静，与《论语集注》'道体无为'，的是一意。而目之以沦于空寂，则其将曰道体沦于空寂乎？）先贤谓动静气机自尔者，只就其能然处言之，非谓气独作用也。看者疑其气夺理位，理仰气机，则失其指矣。"[韩]田愚：《理气有为无为辨》，《艮斋先生文集前编》卷十三，《艮斋集》，《韩国文集丛刊》（第333册），第74页。

[③] "主理派的李退溪、奇芦沙、李寒洲、李华西等，比较强调道德之理可以直接起作用于心的意思。"杨祖汉：《序言》，《从当代儒学观点看韩国儒学的重要论争续编》，第4页。然而，若依艮斋，芦沙与寒、华之间的"主理说"并不相同，后文详之。

朱子学，因此亦将引朱子学以为判准，①判别何人较合于朱子。

二、《芦华异同辨》

（一）芦沙、华西之异

艮斋的《芦华异同辨》写于甲辰年（1904），以下分两段来阐述。第一段言：

> 芦沙言："明德道心，皆此心上说话。今日明德理也，道心亦理也，以心直谓之理，恐未安。"此见答奇景道书，②而语意明确，无可非议处。曾见华西师生议论，皆以明德道心，直谓之理，而其意见则可谓壁立万仞矣。今芦沙之言如此，而华门人却援之，以为同德相符？夫明德道心，是吾儒议论之紧要，而不可不同处，彼此所见，一南一北乃如彼，殊不敢知也。③

艮斋举芦沙之言为证据，认为无论是"明德"，或是"道心"，所谈的都是心，而不是理或性。艮斋以此批评华西一脉，因为此脉（特指门人）视明德、道心为理，而非心，又有"心即理"说。

先来看朱子之言。朱子于《中庸章句序》提道："心之虚灵知觉，一而已矣，而以为有人心、道心之异者，则以其或生于形气之私，或原于性命之正，而所以为知觉者不同，是以或危殆而不安，或微妙而难见耳。"④人心、道心都是心，故言"虚灵知觉，一而已矣"。"虚灵明觉"正是朱子对于"心"的定义，而何以有人

---

① "仅以朝鲜性理学的论争为例，表面上起因于朱熹诸多文本的不一致，但实际上涉及诸儒者对朱熹思想的理解与诠释。一旦涉及论争，双方便以朱熹思想为坐标，展开两方面的攻防：一是朱熹文本的根据，一是朱熹思想的内在逻辑性。"林月惠：《韩国儒学研究的视野与反思》，复旦大学上海儒学院：《现代儒学》（第2辑），生活·读书·新知三联书店2017年版，第250页。
② 芦沙此书信未收入《韩国文集丛刊》。《韩国文集丛刊》收《芦沙答奇景道书》共有六封，而未有此信。
③〔韩〕田愚：《芦华异同辨》，《艮斋先生文集前编》卷十三，《艮斋集》，《韩国文集丛刊》（第333册），第95页。
④〔宋〕朱熹：《四书章句集注》，第14页。

心、道心之不同，乃因知觉之对象不同，或知觉者之动机究为形气之私，抑或性命之正呢？故芦沙以"道心"为心上说话，是合于朱子的。

至于"明德"，朱子于《大学章句》三纲领的注释是："明德者，人之所得乎天，而虚灵不昧，以具众理而应万事者也。但为气禀所拘，人欲所蔽，则有时而昏；然其本体之明，则有未尝息者。"①这里的虚灵不昧，似在谈心，而又言具众理，似又在谈性。

若比较朱子对《孟子·尽心》的诠释，注言："心者，人之神明，所以具众理而应万事者也。性则心之所具之理，而天又理之所从以出者也。"②此表示，心用以具众理，而"明德"亦是得于天，能具众理者。此"能具"是心，而性是"所具"，这里谈的是"能具"之心，故"明德"可视为心。如此，若"明德"为心，则芦沙之言能合于朱子，因此艮斋以为芦沙此言无可非议。

至于与艮斋不同派者，如华西所主张的"心即理"，此非阳明义的"心即理"，而是朱子义的"心即理"：心中有性理，心具理，二者合一而为本心，故言"心即理"，心亦具备性理。

在此可以借助华西门人柳重教之言，省斋曰："心虽属气，而其本体骨子，乃理也，如所谓本心、明德之类，是也。"③省斋认为，心虽属气，然其内容则为理，如明德、本心等，则可言"心即理"。然艮斋不同意，回信于省斋言："按省斋此论，骤看难辨破，要须察其立言本意，又须兼究上下文义，然后始见其误矣。盖心之本体，宜以性字当之；今却把灵觉具理应事者以当之，岂非认心为理之见乎？"④艮斋认为，即于理者是性，而不是心，心只是"能具"，而不是"所具"，能、所必须区分开来，故不可言心即理。而"明德"者，是为能具，此指心而非性。

此乃艮斋与华西派对于"明德""道心"见解之不同；艮斋视为心，而华西一

① 〔宋〕朱熹：《四书章句集注》，第3页。
② 〔宋〕朱熹：《四书章句集注》，第349页。
③ ［韩］田愚：《答柳稚程》，《艮斋先生文集前编》卷二，《艮斋集》，《韩国文集丛刊》（第332册），第62页。此书信时间，乃一八七三年（癸酉）。虽为重教之言，然重教书信未做保留，而艮斋保留。
④ ［韩］田愚：《答柳稚程》，《艮斋先生文集前编》卷二，《艮斋集》，《韩国文集丛刊》（第332册），第62页。此书信时间，乃一八七三年（癸酉）。

派视为理。又艮斋引芦沙①之言，表示芦沙①与华西②虽有相近处，两人皆谓理能活动，但彼此仍有不同。艮斋此段所引，则是证成芦沙与华西之不同。芦沙认为，以心为理，则有不安，又认为"明德""道心"为心上说话，此与华西派不同。而华西及其门人则赞同心即理，又认为"明德""道心"是理，而不是心。此即华西与芦沙所异之处。

而芦沙对于"心之为理"的质疑，则为艮斋所肯定。艮斋以为：不可言心即理，明德、道心属心而不属理！依此，可知芦沙与华西的主张有别。至于艮斋此处言"壁立万仞"，曾出现于中国明清之际王船山之文，船山言："壁立万仞，止争一线。"③船山谈的是人禽之辨，形容人之异于禽兽者几希；而艮斋指的是华西与芦沙之间的差别，虽差之毫厘，而谬以千里。

华西门人为了与艮斋争胜负，而援引芦沙之语，以为能证成自己一派，却恰为艮斋所反驳，并视"明德""道心"是儒家的议论紧要处。华西一脉视之为理，而艮斋与芦沙则视之为心，此心能具理，是能具而非所具，故只是心，而不是理。

（二）芦沙、华西之同

《芦华异同辨》之第二段，艮斋提道：

> 理是主宰，两家之所同；而一则以心为理，一则不以心为理，此却不同也。然而两家有碍，何以言之？一则［华西］指明德道心之有知觉、有情意者以为理，而曰理是主宰，分明是理有为之见也；一则［芦沙］虽不肯指明德道心为理，而乃认有操纵、有适莫者以为理，而亦曰理是主宰，亦分明是理有为之见也。是则同中有异，异中却复有同。此一义讲理家之所宜明核，而不可草草放过也。鄙见须是言理是无为而为主者，才是十分

---

① "芦沙则如华西，极反对于主气之学，而力说主理之学者也。"［韩］李丙焘：《韩国儒学史略》，第307页。
② "又主理活动之说，以为'识理之言，理字活，而气字死。不识理之言，气字活，而理字死。'"［韩］李丙焘：《韩国儒学史略》，第300页。李丙焘认为，华西视理有活动。
③ "明伦、察物、居仁、由义，四者禽兽之所不得与。壁立万仞，止争一线，可弗惧哉！"〔明〕王夫之：《船山全书》（第12册），船山全书编辑委员会编校，第478—479页。

亭当之论也。①

然芦沙与华西一系，虽有前述不同，亦有相同之处，如以理作为主宰。其实，艮斋亦承认理为主宰，故"理为主宰"一语，系三人之共通点；所不同者，在于艮斋守栗谷之说，视理不活动，虽可为主宰，然为不宰之宰、不使之使。②

而芦沙与华西则近于退溪，主张理有活动。李丙焘认为，艮斋为主气，而芦沙与华西为主理。至于芦沙与华西之不同处，乃芦沙不主张心即理，而华西主张心即理，因为华西一派视"明德"为心性一滚，是为本心，而心具性，故本心亦可言理，至于芦沙则无此说。

虽芦沙与华西二者于明德、道心之观点不同，然异中有同；其异者，芦沙不主心即理，而华西主之；其同者，二者皆视理有为。此乃艮斋之判断，其中，华西的"心即理"说，心为虚灵知觉，而以虚灵知觉为理，则理是有为，因为理是心，心是知觉、形而下者，则理有为。

艮斋则指出，视理有为之说，完全不合于朱子。在朱子，理无造作、无计度、无情意，理是无为，今华西以心当理，③则心有为，造成理亦有为，则明显违反朱子。

艮斋又何以判出芦沙亦主张理有为呢？艮斋认为，栗谷的"气机自尔""气发理乘一途说"才是平实稳当之说，才能符合朱子的理无造作，以及朱子对于太

① ［韩］田愚：《芦华异同辨》，《艮斋先生文集前编》卷十三，《艮斋集》，《韩国文集丛刊》（第333册），第96页。
② "若论理为气主，性为心本，则栗翁又尝言气之所为，必有理为之主宰。又曰'无为而为有为之主者，理也'又曰'孰尸其机？呜呼太极。'此类不一而足矣。人苟有鉴于此，虽曰'机自尔也'，而其自尔之所以然，则依旧是理也。虽曰'非有使之'，而其不使之使，则依旧是理也。"［韩］田愚：《猥笔辨》，《艮斋先生文集前编》卷十三，《艮斋集》，《韩国文集丛刊》（第333册），第79页。
③ "执事于性为心宰之说，既尝深斥之矣。今于理体心源之难，自不得以性字当之。盖才以性言时，便见从前许多年所争诸说，一齐破败，更不可收拾补缀。因此都不顾从初因甚话头说到此处。而乃复尽力为此牵强无交涉之论也。反而求之，则隐微之间，得无有不自满之意耶！就如其说，便是合下无为之理，却只在天而不在于人也。然则向来云云，亦何足以避理有作用之名，而清脱于异学之涂乎。"［韩］田愚：《拟与柳稚程》，《艮斋先生文集前编》卷二，《艮斋集》，《韩国文集丛刊》（第332册），第80—81页。此乃艮斋对华西弟子柳重教之批评。重教认为，心之本体为理，而不是性；而艮斋认为，依朱子之言，则理是无为，如今以心当理，则理有作用，理成有为，此违反朱子。

极阴阳的解释，"盖太极者，本然之妙也；动静者，所乘之机也。太极，形而上之道也；阴阳，形而下之器也。"①动静者，乃气之阴阳自有其动、其静，而太极之理则于背后妙运，此妙运不可以活动言，活动者是气，理自随于气而动，本身无为。

艮斋的见解能合于朱子，且宗主于栗谷。至于芦沙，则近于主理派，隶属于退溪一脉，而不近于栗谷。艮斋如此形容芦沙之主理派："而乃认有操纵、有适莫者以为理，而亦曰理是主宰。"芦沙视理有操纵、有适有莫、有主宰，而艮斋也可言理是主宰，然此主宰却是不宰之宰，不宰之宰者，则无活动性，活动者是气。因此，理非操纵者，只能说"气机自尔"，亦不可言其适、莫。若理有操纵，则理有为，如人之有情意、有计度一般，此则违反朱子的人骑马之喻（马之一出一入，而人亦随之），理只是乘气机，自身并不活动！

至于适、莫者，出于《论语·里仁》，孔子曰："君子之于天下也，无适也，无莫也，义之与比。"朱子的诠释是："适，专主也。春秋传曰'吾谁适从'是也。莫，不肯也。比，从也。"朱子又引谢氏曰："适，可也。莫，不可也。无可无不可，苟无道以主之，不几于猖狂自恣乎？"②有适、莫，则有意必、有执定，则理有造作，而成有为。

艮斋在此，依于栗谷之见，而批评芦沙之以理有为，系违反朱子。虽芦沙与华西二者对于"心是否为理"之主张不同，但在"理是有为"这一点上，艮斋认为二者相同，因为华西认理为心，心是有为，故理亦有为，而芦沙视理有活动，则有操纵、适莫，故理亦是有为。此芦沙与华西之同中有异、异中有同之处，但对于艮斋而言，此二人对于朱子的诠释都有不当之处。

以上，共分三派：华西一派视心即理，芦沙则否，但同于华西之视理能活动，至于艮斋则既不主张心即理，亦反对理是有为。

---

① 〔宋〕周敦颐：《太极图说》，《周敦颐集》，陈克明点校，第3页。
② 〔宋〕朱熹：《四书章句集注》，第71页。

三、《芦寒异同辨》

关于芦沙、寒洲之同异处，艮斋亦有辨。在艮斋时代，一方面，面对主张"心即理"说的挑战，如寒洲，此是朱子学义的"心即理"；但艮斋却是主张"性师心弟"，性才是大本、老师，心是服从于性者，而作为弟子。另一方面，面对退溪一脉的兴起，如芦沙，系主张理的活动义。艮斋则以栗谷为本，①而主张"气发理乘一途说"。以上是艮斋、芦沙、寒洲三人各自主张之大略。

（一）芦沙、寒洲之说

至于艮斋所写《芦寒异同辨》，这里亦分两段来做阐述，第一段如下：

> 芦沙曰："动者静者，气也；动之静之者，理也。"（猥笔）
> 又曰："怕学者误谓太极不待气机而自动自静。"（猥笔）
> 又曰："明德道心，皆是心上说话。若直以为理，则恐未安。"（奇景道书）
> 寒洲曰："发者，理也。发之，气也。"（张新斋、郭鸣远诸书）
> 又曰："今以动之静之为太极，发之为理，则大本不端矣。"（崔海庵书）
> 又曰："若云发者气，发之者理，则气为大本云云。"（郭鸣远书）
> 又曰："理不自动，阳何从生；理不自静，阴何从生。"（李器汝书）
> 又曰："明德，即大本达道之总名，所谓理之体用也。"（族叔书）
> 又曰："古今人论心，莫善于心即理，莫不善于心即气。"（心即理说）②

---

① ［韩］崔英辰：《韩国朱子学的研究现况与展望》，朱人求、乐爱国主编：《百年东亚朱子学》，第3页。崔教授于书中以图解方式，指出韩国学派的传承。其中，田愚乃李柬一脉而来，李柬一脉又继金昌协而来，金氏又宗于宋时烈，宋时烈宗于栗谷。
② ［韩］田愚：《芦寒异同辨》，《艮斋先生文集前编》卷十三，《艮斋集》，《韩国文集丛刊》（第333册），第96页。

这里先抄出寒洲与芦沙之言作为论辩之依据。以下，分段阐释。

1.芦沙之主张

前述引文，艮斋抄了芦沙的三段话，前两段见于芦沙《猥笔》一文，[①]文中芦沙谈道：

> 动者静者气也，动之静之者理也。动之静之，非使之然而何？贵人之出，非无车马驺从，而见之者但以为贵人出，未尝言其车马驺从出也。由此言之，太极动静，本是平坦语，而朱子之为后世虑周矣；却怕学者见太极动静之说，昧形而上下之分，误以为太极不待气机而自动自静也，故于注解中，着"所乘之机"四字。[②]

芦沙认为，动静者，气之所为，然指使气之动或静者，乃为理，故理为"动之、静之"的指使者（让气能动、能静的指使者），或称为所以然之理。芦沙以贵人外出为喻；贵人出门，有车马、仆众等跟从于身边，人们会说是贵人出门，而不会说是车马或仆众出门，重点在贵人，而不是仆众。其中的贵人，喻为理，而车马、仆众等，喻为气，主动者是在贵人，因此理有主动性、主宰性。而若以花潭或栗谷所说的非有使之者，则理的主动性未强调出来，容易让人误以为只是气活动，即仆众、车马（气）自行活动，忽略贵人（理）之使御。

芦沙以此解释朱子的《太极图说》诠释，朱子担心学者不分形上、形下，因此一再苦口婆心地强调，朱子释《太极图说》言："盖太极者，本然之妙也；动静者，所乘之机也。太极，形而上之道也；阴阳，形而下之器也。"[③]太极之动，要依于所乘之机的阴阳而动静，如同贵人之出门，要依靠于车马、仆众之帮助，然理的主动性还是要照顾到，故芦沙认为，朱子特别强调所乘之机，即贵人需要仆众、车马的帮助，但主动性还是在于贵人。

芦沙此言本是为了反对主气派如花潭、栗谷的见解，而艮斋举例此段，却是为

---

① "芦沙之猥笔，专是对于花潭及栗谷学派，所谓'机自尔''非有使之'之说。所举矛盾者，而与西之思想共鸣处多。"［韩］李丙焘：《韩国儒学史略》，第307页。芦沙的《猥笔》，乃反对栗谷、花潭的主气之说。

② ［韩］奇正镇：《猥笔》，《芦沙先生文集》卷十六，《芦沙集》，《韩国文集丛刊》（第310册），第371页。

③ ［宋］周敦颐：《太极图说》，《周敦颐集》，陈克明点校，第4页。

了要把芦沙与寒洲做一比较。艮斋认为，芦沙纵使强调理的主动性，但与寒洲还是不同；贵人即使具有主动性，但仍然需要所乘之机的动静阴阳、形而下之气来作为扶助。

至于艮斋所举芦沙之《答奇景道书》，前文已举，用意是证成芦沙与华西之不同，如今再抄一次，以便显示芦沙与寒洲亦不同。

相对来说，关于"心即理"的主张，华西与寒洲两人相近。至于芦沙并不主张"心即理"，亦不认为明德、道心是理，反而认为是心；这一点则近于艮斋，而远于华西、寒洲。

2.寒洲之主张

又前述引文中共举了六段寒洲之言，以下分别解释。

第一段话："发者，理也；发之，气也。"此取文句之片段，难见寒洲之用意，回到寒洲原文，其言：

> 先生尝曰："从古学术之差，缘理字难看。"而其为下图，特为互发之论者，以其"论性不论气，不备"故也。自见东方一边之学，大有主气之病。窃不自量，欲痛辟之乃已，盖尝覃思之久而得一说曰："发者理，发之者气。"以此建立主见，历揆前圣之旨，其不合者盖寡。如朱子释《乐记》说曰："及其有感，便是此理之发。"论《中庸》说曰："即此在中之理，发形于外。"皆不分四、七而统言之。[1]

此乃反对张新斋的见解，张新斋认为理气互发，说法近于退溪，然以寒洲观点，如此主张容易偏于主气，认为无论四端或是七情应当都为"理发"。

退溪认为，四端是理发气随，七情是气发而理乘。而寒洲则主张，不论四端或七情，皆是"发者理，发之者气"，并举朱子之语以证成己说；其举朱子注《乐记》言："及其有感，便是此理之发。"[2]然《乐记》所言者是七情，而寒洲视七情亦是理之发。朱子解《中庸》谈道："即此在中之理，发形于外。"[3]发者是

---

[1]　［韩］李震相：《上张新斋》，《寒洲先生文集》卷五，《寒洲集》，《韩国文集丛刊》（第317册），第122页。
[2]　曾枣庄、刘琳主编：《全宋文》（第246册），上海辞书出版社2006年版，第213页。
[3]　曾枣庄、刘琳主编：《全宋文》（第245册），81页。

理，是"在中之理"发而为外，故都是理发。故寒洲见解为主理，且为理发，[1]较退溪有过之而无不及。

第二段话："今以动之静之，为太极发之为理，则大本不端矣。"题名为《答崔海庵》，然查该书信未见这段话，而于另一书信则有相近语句，可见出寒洲之主张，寒洲言：

> 来谕又谓"自其动之静之者而言之，则理有动静"，请敢明其不然；夫以"动者静者为气，而以动之静之为理"，则亦将于吾人性情之间，以发者为气，而发之者为理；苟谓发者为气，则气为大本而理为借乘，苟谓发之者为理，则理反作用而为气所役。[2]

此乃《答柳东林》之书信。文中反对"动者静者，气，动之静之者，理"，而这正是芦沙的主张。艮斋抄出此文，便是要让世人知晓，芦沙、寒洲二人之主张不尽相同。

为何"动者气，动之者理"，寒洲不许呢？其认为此将以气为大本，而理为借乘。寒洲所言"发者理，发之者气"，或是"动者理，动之者气"，如此说法与芦沙恰好相反。芦沙虽主理，但理还是要配合气才能动，主人要车马才动；至于寒洲则以能动能静者、发者，乃为理，理自有动静、自能发，气只是所发，气是因理发而有动静。寒洲的"主理"之说，较芦沙更为激进。寒洲反对"动之静之是理"，而主张"动（发）者才是理，动之静之者是气"。

第三段话："若云发者气，发之者理，则气为大本云云。"寒洲认为，不该是"发者气，发之者理"，而应是"发者理，发之者气"才对。因着理有主动性，故推动气，太极之动，才能推动阴阳，阴阳是被动而为主动之理所推动着；主动性在理，气只是辅助。

此看出寒洲反对主气派，而强调主理派。无论四端、七情都是理发，气只是用以辅理。理为大本，气不是大本。

第四段话："理不自动，阳何从生？理不自静，阴何从生？"意思是，理自会

---

① "当时，岭儒，有寒洲李震相（退溪学派），乃郭俛宇之师也。尝著《理学综要》，祖述退溪之学，主张理发之说。"［韩］李丙焘：《韩国儒学史略》，第316页。
② ［韩］李震相：《与柳东林》，《寒洲先生文集》卷七，《寒洲集》，《韩国文集丛刊》（第317册），第171页。

活动而主控阴阳。

周濂溪的《太极图说》言："无极而太极，太极动而生阳，动极而静，静而生阴，静极复动。"①以朱子对《太极图说》之诠解，视理与气、太极与阴阳都是被给予而本有，故不是阴阳为太极所生出，而是太极与阴阳都是本有。至于"生"字，在朱子的诠释，只是妙运的意思。

而无论是艮斋、芦沙、寒洲，都不至于错解朱子。但寒洲特别强调"理发"一脉，而反对栗谷的"气发理乘"。故于《太极图说》的理解，寒洲认为，理（太极）若不能活动，又如何能推动阳，理若不能自静，则阴气亦无由自静。可见寒洲主张，理的活动性要比气更为根源、更为大本，若只强调气活动，而理只是载浮载沉地随之活动，则理失去主动性，不可作为大本。此即反对栗谷主气一脉。

第五段话："明德，即大本达道之总名，所谓理之体用也。"这是寒洲"心即理"之说，所言的大本、达道，乃顺《中庸》原文及朱子《中庸·首章》诠释而来。

朱子对于《中庸·首章》："喜怒哀乐之未发，谓之中；发而皆中节，谓之和。中也者，天下之大本也；和也者，天下之达道也"，注曰：

> 喜、怒、哀、乐，情也。其未发，则性也，无所偏倚，故谓之中。发皆中节，情之正也，无所乖戾，故谓之和。大本者，天命之性，天下之理皆由此出，道之体也。达道者，循性之谓，天下古今之所共由，道之用也。此言性情之德，以明道不可离之意。②

中是大本，和是达道，而朱子以体用论来做诠释，中为体、和为用；中是性、和是情。性命之正无所偏倚，此曰中，而为已发之情的背后道体；喜怒哀乐之中节而和谐，此曰和，若发用则表现出情，而为道之用。

朱子以道之体、用，来形容中和之德。而寒洲以"明德"为道之体、用，等于是把《大学》与《中庸》概念相结合。"明德"虽出现于《大学》"三纲领"之中，然朱子既把《四书》作为一整体而合释，则用来诠释《大学》者，亦可用来诠释《中庸》。因此，寒洲亦以《大学》的"明德"释《中庸》的"中和"，而视明

---

① 《宋史道学传周敦颐传》，〔宋〕周敦颐：《周敦颐集》，陈克明点校，第86页。
② 〔宋〕朱熹：《四书章句集注》，第18页。

德是心之全体大用、性情之德，体用兼备，故明德既是心又是理，因为包括了心中之体，即理也。

寒洲这种"心即理"的见解，与艮斋便不同调，艮斋视明德只是心，而不是性，是能具，而不是所具。寒洲之说与芦沙亦不同调；芦沙未有"心即理"之说，认为"明德"是就心上说，不就性上说，亦不就心之体、用来说。艮斋抄出此段，用以举出寒洲与芦沙二人于"心即理"主张之不同，寒洲肯定"心即理"，芦沙则不大赞同。

第六段话："古今人论心，莫善于心即理，莫不善于心即气。"此因寒洲所言的心，是本心、道心、明德之心，心之体用、性情皆具足于其中，仅此一心，即具本体之理，故言"心即理"。

而寒洲反对"心即气"之说，"心即气"乃栗谷之主张。[1]艮斋则是遵守栗谷之说，而视"道心、明德"只是心，此心不包括性。至于芦沙则亦认为，明德、道心只就心上说，不就性上说。

艮斋与芦沙的主张都与寒洲不同。芦沙主张如下：

> 明德但知其为本心则百事皆顺，苦苦说理、说气做甚么？理气二字，为今学者痼瘵，可叹。盖天下之物若大若细，有名可名者，孰非气之为耶？何必明德是气？然而若大若细者，未尝尊号曰明德；惟人之本心，乃名明德，是必有其故矣。愚尝譬之食器，一圆钵盂，满载玉食者，是明德也。见钵盂之本出于鍮铜也，而呼满载玉食者曰鍮铜，可乎不可乎？[2]

芦沙视明德二字虽就心上讲，但此只是心气，重在能具，而不重在所具之性。寒洲则与芦沙不同，寒洲主理，而有心即理之说。

芦沙认为，明德若知其为本心，则一切解决，以其早具理、气，借喻于钵盂盛满玉食，钵盂为铜所制造，其中铜器喻为气、钵喻为心、玉食喻为理；若曰"铜器满载玉食"，虽无不可，然仅能用于指陈一般物象，一般物象可说为"气具理"，"明德"虽亦在此范畴内（也可被说成"气具理"），但明德之心，属本心，本心

---

① 退溪认为，心近于理气合。此北溪已言，曰："理与气合，方成个心，有个虚灵知觉，便是身之所以为主宰处。"〔宋〕陈淳：《北溪字义》，熊国祯、高流水点校，第11页。李震相亦以理气合言心，后来其学生郭钟锡亦有相同主张。
② ［韩］奇正镇：《答禹乃范》，《芦沙先生文集》卷十，《芦沙集》，《韩国文集丛刊》（第310册），第230—231页。

具理，与一般物象之具理便不同！意思是，气之具理不可言明德，本心之具理始可言明德。因此，本心不同于只是气，亦不可如华西、寒洲一般，直呼本心为理。

寒洲强调心即理，芦沙则不认同心即理，而是认为，"明德之心"谈的是心而不是性，虽可言理气相即之本心而为明德，但不可言明德是理，而是理气相合方为本心（明德），然重在本心，本心之气与一般之气不同，此器（本心之气）可以钵盂称之，而不可以铜铁称之。此寒洲与芦沙主张之不同，寒洲重在明德为理，而芦沙视明德为心与理合，而重在心，此心之气不同于一般之气。

从以上文献可知，寒洲与芦沙二人都主理，但主理的强度亦不同，寒洲更强烈些，芦沙认为"太极待阴阳而动静"，而寒洲则认为理自能动，除了自动，还能进而推动阴阳动静，故理本身自主的动静能力，更为根源。

（二）艮斋之辨议

又《芦寒异同辨》第二段提道：

> 芦、寒二家，其本源之论不同，正如朔南之判。而郑氏以"心是理"之说，和同于寒，而寒又极口赞之曰："理到之言，忽闻于气学扰攘之世，斯文之幸也。"冷眼傍观，不觉一笑。寒《答郑书》又云："芦门旨诀，深契鄙怀。"不知太极自动静、不自动静？明德道心属理属气之外，别有两家旨诀之深相契者耶？芦以精爽为皮壳说话，此与寒之谓精爽是指理之词者，直冰之与炭。而寒答郑书，赞芦语金秤上称出来，岂亦有感于郑之附己，而用此偏伯之术邪？[1]

但艮斋认为，芦沙与寒洲二人之学术根源不同，此郑朔南（厚允）已指出；虽郑朔南与寒洲二者有相同之处，皆主张"心即理"，寒洲亦曾回信答郑朔南。艮斋这里只抄出一些，以下抄出《寒答郑书》之上下文，使更明了。寒洲言：

> 鄙说性者未发之理也，情者已发之理也，心者通贯动静，管摄性情之理也。来谕若曰"性者理之未发者也，情者理之已发者也，心者理之贯动静而该

① ［韩］田愚：《芦寒异同辨》，《艮斋先生文集前编》卷十三，《艮斋集》，《韩国文集丛刊》（第333册），第96页。

体用者也"，语意则同，而尊谕更似浑然。理到之言，忽在（闻）于气学扰攘之世，斯文之幸也，曷任叹仰。①

郑朔南与寒洲的共同主张，乃"心即理"与"理到"说。从这里，可以看出寒洲的心即理主张，其认为"性是未发之理，而情是已发之理"。又以心统性情，故心亦可以理言，心性情三者都以理言，都关涉到理。②

寒洲与郑朔南二人，似乎于此达成共识，同意"心即理"之说。且寒洲觉得朔南之说，更为浑然，浑沦亦重要，即于心中，体用、能所皆于其中，而不必再分何为理，何为气。"浑然"二字乃朱子之言，但朱子的意思是，性具于心中，除了"一性浑然，道义全具"之外，也要谈所谓的"粲然"，这时就不可笼统地把情与理合观，而是要分别其形上、形下。可见寒洲在此仅得朱子"浑然"之旨，而未得"粲然"之要。

至于"理到"二字乃退溪之语，点出了理的活动性，而不是只如栗谷所主张的"气机自尔"，这是寒洲与栗谷、艮斋二人之不同。这一点寒洲继承了退溪。

不过，艮斋却补充了一句："冷眼傍观，不觉一笑。"这是艮斋站在主气论的立场，对于寒洲"理到之言……为斯文之幸"云云，有所讥讽。艮斋认为，若论及"理到"之说，反而不幸。

艮斋抄出寒洲之言："芦门旨诀，深契鄙怀。"③此为寒洲答朔南之书，认为芦沙的见地与自家相近，不过，却被艮斋否定，艮斋言："不知太极自动静、不自动静。"艮斋的意思是，若在寒洲，理自活动，故太极自能动静，且进而能推动阴阳产生动静；但在芦沙，虽太极有主宰性，但还是要有气，才能使太极能动、能静；即前文所举，贵人出门，主宰虽在贵人（理），但还是得配合仆从、车马（气），才能有所发动、游走。这是艮斋所指出的芦、寒二家的差异。

至于艮斋则为"气发理乘、气机自尔"一脉，认为太极不活动，需借阴阳之气机才能活动，如人不动而依马而动，活动者是"气"，理是无为、不宰之宰。芦沙虽亦主张理依于气而动，但主宰者为理，理是有为。芦沙是反对艮斋说法的！以

---

① ［韩］李震相：《答郑厚允别纸》，《寒洲先生文集》卷十七，《寒洲集》，《韩国文集丛刊》（第317册），第387页。

② 然如此一来，便与艮斋或朱子有所不同。朱子不会认同"情为已发之理"，因为"情"是形而下，虽形上、形下彼此可以相通，但还是要二分其体、用，情与理之间还是要做出区分。

③ ［韩］李震相：《答郑厚允别纸》，《寒洲先生文集》卷十七，《寒洲集》，《韩国文集丛刊》（第317册），第387页。

上，比较了三家之不同。

又艮斋认为，在"明德、道心"这一点，其实芦、寒的主张已自不同，然二人之主理说则相近，但寒洲又比芦沙极端些，主张理能推动气而活动。至于朱子之学是否可称为"心即理"？其中的争论点，在于朱子视心为气之精爽，而芦沙则以为，精爽还是指心气的外表郛廓，不就其性来看；寒洲则认为，精爽是就理而言。至于艮斋，则认为心之精爽属气，[1]但不同于气质之气。[2]艮斋之所以抄出这些话，乃是说明，寒洲以为芦沙见解同于自己，实则芦沙与寒洲还是有很多主张不同，如"心之精爽"的诠释。

寒洲在答郑朔南的书信中，认为芦沙之语合于金秤，堪为标准。但在艮斋看来，寒洲虽赞同芦沙，却不知寒、芦彼此多有不同。那么为何寒洲要赞许芦沙呢？这是因为寒洲感念郑朔南之同于己见；究实而言，寒洲对于芦沙之旨诀并不完全明白！至于寒洲与郑朔南所主张的"心即理"说，艮斋视之为"偏伯之术"，偏者，则非正统，犹如霸道，非为王道。艮斋反对寒洲者，第一，心不能即理，第二，理不能活动。此艮斋与寒洲之不同。

四、结语及反思

关于以上艮斋《芦华异同辨》与《芦寒异同辨》二文，在此分为五点说明，以为总结。

第一，艮斋对于寒洲与华西两者之异同，未有专文论述。大致而言，此二派相近较多，例如，皆主张心即理、理活动，故艮斋未曾细言。另一方面，也是艮斋看

---

[1] 可参考杨祖汉老师："李栗谷肯定有'本然之气'之存在，本然之气是清明的，而善行是由于清气所发。栗谷云：'善者，清气之发也；恶者，浊气之发也。'这便给出了为善的超越根据，这是栗谷的特别见解，为后来的田艮斋所承继，艮斋提出了'气质体清'的说法。"杨祖汉：《序言》，《从当代儒学观点看韩国儒学的重要论争续编》，第15页。此言未发心体之气质，其本然之气清，故能见理。栗谷与艮斋都有此主张。

[2] "然其于分析心性，以性属理，以心属气，性为师，心为弟，判而为二物，而心气之学，又不与气质之气同，乃其本领之一也。"［韩］李丙焘：《韩国儒学史略》，第318页。此乃李丙焘对艮斋主张的描述，心气与气质之气不同。

到，华西、寒洲两派皆引芦沙以证成己说，而不知芦沙与己宗亦不全同，于是著作《芦华异同辨》与《芦寒异同辨》，以为辩破。对艮斋来说，华西与寒洲的"心即理"之说才是主要敌手，芦沙只是次要敌手。

第二，芦沙的见解可说介于艮斋与华、寒二派之间。华西与寒洲为"心即理"一脉；芦沙不主张"心即理"，然与华西、寒洲同属理活动一脉（主理，主宰权在理，不是气，理是有为）；而艮斋既不主张"心即理"，亦不认同理活动，活动者是气，理发气乘、气机自尔，理虽亦是主宰，但是无为。

第三，若以朱子为标准，则四人（艮斋、芦沙、华西、寒洲）之中，寒洲的主张较为激烈。寒洲认为，言理发即可，理一旦发，自然推动气发，谈主人即可，不必再谈奴仆。一旦理发，甚至不必再分四七、分理气，而重点在于理发、心即理。

第四，"心即理"之争辩，乃是艮斋所属朝鲜朝末期的重要论辩，属"朝鲜朝三大论辩"的第三项。艮斋于此，极力反对"心即理"，而有"性师心弟"之说，对于华西、寒洲一脉之援引芦沙以为权威，则予以斩断，认为华、寒二家并未真正理解到芦沙与自家（华、寒）的差异。

"理活动与否"，乃是"朝鲜朝三大论辩"的第一项，其中，退溪主张理活动，而栗谷则否。艮斋则是继承栗谷，而芦沙、华西、寒洲则近于退溪。

第五，四人之中，约可分为三派（华西与寒洲相近，可视为一派），而三派所言之"心"不尽相同，尽管都是对朱子学之"心"的诠释与承续：（1）寒洲与华西言"心即理"，心具体用，心是本心，心具备理这一面向。（2）艮斋视心是气之精爽，依于李柬、栗谷而来，未发心体，气质体清，即未发之心，其气较清，故能照理，而为纯善。（3）芦沙的心也是气之精爽，此精爽是表面、外表，即如郛廓也，是气，而不谈其清与否，芦沙不取栗谷之说，因其认为理会活动，而心之清否只是次要问题。

透过《芦华异同辨》与《芦寒异同辨》二文，可以看出艮斋对于各派学说的清楚掌握，而对自己的学说、主张亦相当坚持，大致继承于栗谷一脉；一方面，反对"心即理"，而主张"性师心弟"，另一方面，视"气发理乘"，活动者为气，而不是理。这是艮斋所坚守的栗谷路线，对朱子一系的理解亦甚准确。

第九章　田艮斋与柳重教之理学论辩

一、前言

韩国朝鲜朝朱子学之三大论辩，依于时代先后分别是：（1）四七论辩；
（2）湖洛论争，论战人性物性之同异、未发心体纯善或有善有恶；（3）朱子
学是否可诠释为"心即理"学等。三大论辩皆是围绕于朱子学而展开，算是对
于朱子正统诠释权之争战。本文将针对第三大论辩来做了解，争辩双方为栗谷
一系之田艮斋，以及华西学派之柳重教。

艮斋主张"性师心弟"，以性为主而心为辅，而与当时主张"心即理"说的华
西学派展开论辩，如《韩国儒学史略》作者李丙焘所评："艮斋之心本性、性师心
弟之法门，是实对抗于当时主心论（心即理之说）派而创之，此可谓主性论，而心
性一致，为修养之极致。"①如此，艮斋虽持守栗谷之学，而又能再创新局，自创
一派，用以对抗异议分子。

艮斋尝与李华西弟子——柳重教双方书信往返论辩多年，②如今可考者，
计有二十封，其中，重教写给艮斋者十一封，而艮斋写给重教者则有九封。
在艮斋写给重教之九封书信中，多会抄出重教之语而来论辩，因此，本文将
以此九封书信作为主要讨论对象，借此同时一窥二人观点，亦当辅以重教之
回书，以为更多的了解。又因为二人皆属朱子学，故本文亦将以朱子学作为
评判之标准。

---

① ［韩］李丙焘：《韩国儒学史略》，第318页。亦可参见杨祖汉："田艮斋对华西与寒洲二派
主张都有仔细的论辩，艮斋严格遵守李栗谷对朱子学的诠释，对华西、寒洲之说（心即理）大力
反对。"杨祖汉：《韩国朝鲜朝后期儒学的心论：以李华西中心》，《第四届国际汉学会议论文
集——东亚视域中的儒学传统的诠释》，（台湾）"中央研究院"2013年版，第296页。田艮斋
早已看出朱子主性的意思。
② "华西门人，多名士，其中最杰出者，乃重庵金平默、省斋柳重教、勉庵崔益铉三公，三公即
华门之三高足也。"［韩］李丙焘：《韩国儒学史略》，第302—303页。

二、艮斋予重教之九书

（一）第一书："心即理"之定义

一八六六年，重教尝写了封信给艮斋，内容主要谈论太极、理气、动静等问题。一八七二年（壬申年），艮斋有书予重教，内容亦多围绕于前述问题，同时提出对于自己主张之修正，以及坚持之处。[①]重点抄录如下：

> 盖理之无为，从其流行而观之，其动其静，一随气之所为矣。若自其本源而论之，能使是气有动有静者（然则有动有静，依旧是气也），必有理为之主宰。故周子曰："太极动而生阳，静而生阴"也。……然终不敢以虚灵知觉直谓之理，如来谕之云也，如此则本欲说理气帅役之别，而却又侵过界分，终归于认气为理之弊。[②]

艮斋思想近于洛派，关于其思想之传承，大致可溯自李栗谷，之后依序为宋时烈、金农岩，而后是近于李柬。[③]艮斋之业师为任全斋，任全斋出于洪梅山，梅山学出于朴近斋，近斋出于金渼湖，金氏则承于金农岩。[④]

第一书提到"理之无为"的命题，此近于栗谷的"气发理乘一途说"，理是不动者，动、静乃气之所为，理只是随着气而动静，本身无为，无为但能主宰，以此解释周子的"太极动生阳，静而生阴"，太极是理，理不生气，而是以妙运来主宰气，理气都是本有，然其有为之造作，皆是气之使然，气有动静，理则无动静。此乃顺着朱子《太极图说》之诠解，合于朱子，也合于栗谷。

---

① 自从朱子注解了周濂溪的《太极图说》后，后人皆以朱子能继承于周子，视朱子为"北宋五子"之集大成者，尽管朱子所注《太极图说》，乃以理气论为诠释架构。此处，重教与艮斋之间的论辩，亦是因于朱子学而引发，则关于"太极动而生阳，静而生阴"等说，亦将借朱子之注疏而来进行评判。

② ［韩］田愚：《与柳稚程》，《艮斋先生文集前编》卷二，《艮斋集》，《韩国文集丛刊》（第332册），第61页。

③ ［韩］崔英辰：《韩国朱子学的心说论争研究现况及展望》，朱人求、乐爱国编：《百年东亚朱子学》，第4页。

④ ［韩］李丙焘：《韩国儒学史略》，第302—303页。

然艮斋话锋一转，提到虚灵知觉不可谓理。在朱子《中庸章句序》谈人心、道心，言道："心之虚灵知觉，一而已矣。"[1]朱子以"虚灵知觉"来定义心，而心与性要有分别，本心之论可能流为佛家，至于本天者，以性即理，与本心论不同，[2]此乃艮斋之所以提出"性师心弟"之说。这里则是针对华西学派、柳重教之"心即理"说提出反驳。

然重教的"心即理"与阳明学的"心即理"不同。阳明学认为，天理就在吾本心显，若说理，吾心就是理；华西学派则不同于阳明，而是认为"心具理"，本心之中，气不碍事，能具此性，能显此理。

而艮斋主张"性师心弟"，理与气有帅、役之别，理为帅而气为役。"心"者，乃虚灵知觉，本身是气，只是性之郭廓，一种外围，而不是理；若只谈作为外围的心，而不论其内具之性，则心只是气，只是形下，不可言"心即理"。若言"心即理"，[3]则心等同于性，二者都是主帅而无仆役，都是老师而无弟子。

这里可以看出双方之争议点，而朱子学是否可言"心即理"呢？这还要看"心即理"一词该如何定义，此中之"即"字，究是"等同"抑或"不离"的意思？

（二）第二书：心是否具理？

1.重教的心、性之辨

重教亦有来书回答，此书未见于现存重教答艮斋十一封信之中，但为艮斋所抄而保存。重教云：

> 以心属气，理无为，为彼此异同之题目，则却恐有未相悉处。盖高明曰："心属气。"重教亦曰："心属气。"此所同也；高明曰："心属气而已矣。"重教则曰："心虽属气，而其本体骨子，乃理也，如所谓本心明德之类是也。"此其所以异也。高明曰："理无为。"重教亦曰："理无为。"此所同也；高明曰："理无为而已矣。"重教则曰："理虽无为，而实为有为之主，故凡气之所为，乃理之为也。"此其所以异也。盖虽不能尽同，而其不同

---

① 〔宋〕朱熹：《四书章句集注》，第14页。
② 伊川之言："释氏本心，圣人本天。"
③ "心即理"的"即"字，艮斋认为，绝不可解读为心等同于性理，"心"最多只是不离于"理"。

之实，则正在于此矣。①

重教指出，自己与艮斋之争辩点。二人皆曰心属气，心是气之灵、性之郛廓，能载具性；然艮斋视心只能是气，而重教则另有想法，认为心虽曰气，论究其体则为理，如道心、本心、明德等心，故心不只是气，而是具理之心。

观朱子对"明德"之定义，曰："明德者，人之所得乎天，而虚灵不昧，以具众理而应万事者也。但为气禀所拘，人欲所蔽，则有时而昏；然其本体之明，则有未尝息者。故学者当因其所发而遂明之，以复其初也。"②《朱子语类》亦载，有弟子问朱子：明德是心还是性？朱子则答得模棱两可，似心亦似性。

如关于朱子"明德"所解，"得于天"者，常指天命之性，"虚灵不昧"者，此指心；"具众理"者，指其"能具"，谓心能具理；"本体之明"者，似指性之为明；"复其初"者，可指心与性，复其本清之心则可见性，指涉中有心亦有性。可见朱子之诠释，亦含有指涉两边的意思，而这也是重教之所以认为，"明德之心"有其本体之意味，指心具性，心性都有。

再看朱子解《孟子·尽心上》，其中关于"心"的意思。朱子言："心者，人之神明，所以具众理而应万事者也。性则心之所具之理，而天又理之所从以出者也。人有是心，莫非全体，然不穷理，则有所蔽而无以尽乎此心之量。"③若将前三句比配于"明德"，则可知"明德"指的是心，是用以具众理而应万事者；且"人之神明"云云，朱子视神明为形下，是指心。而具众理者，只能以心具之吗？朱子又言，"人有是心则莫非全体"，此由体、用而言，心统性情，可为全体大用，而性是体，故心虽为气，却可以具性体。

又双方都主张"理无为"，然重教的意思，理除了无为之外，还是有为之主；凡气之所为，乃理之主宰。这里，艮斋继承栗谷的"气发理乘一途说"，坚守理之无为的一面；而重教则依于华西，认为理之无为，乃指无有形下之作为，但理具有发动气、主宰气的特质，这亦是一种作为，称为"形上之作为"，因此，不能只说理的无为一面，它还有形上主宰之作为；如曰不动之动者，虽未见其动，却是推

---

① ［韩］田愚：《答柳稚程》，《艮斋先生文集前编》卷二，《艮斋集》，《韩国文集丛刊》（第332册），第62页。此书信时间，乃一八七三年（癸酉）。重教未保留此书信，而艮斋保留。
② ［宋］朱熹：《四书章句集注》，第3页。
③ ［宋］朱熹：《四书章句集注》，第349页。

动之第一因。

又对重教此封来书，艮斋做了按语，曰："按省斋此论，骤看难辨破，要须察其立言本意，又须兼究上下文义，然后始见其误矣。盖心之本体，宜以性字当之，今却把灵觉具理应事者以当之，岂非认心为理之见乎。"①艮斋认为，重教之言四平八稳，难以击破，但还是有值得商榷之处。例如，心之本体者，该以性而不该以心当之；又重教认为本心、明德之心，可属理，然艮斋认为，明德者，是指具众理而应万物、作为载具之心，非指"性"；能具与所具应当分开，能者是心而所者是性。

双方之争议点，艮斋所言心，只是作为郭廓，犹如一只中空之盛具，不涉及内容，至于重教所言心，则不只作为盛具，还包括了内载之性理！

2.艮斋之反驳

艮斋对前述重教之论亦做出辩驳，言道："又自谓'某亦曰理无为。'此则尤未知其所以然也。盖无为云者，无思虑无知觉之谓也，今既以心为理，而又曰：理无为！则所谓心者，果无思虑无知觉底物事耶？"②艮斋试图指出重教之盲点，认为重教既主张心即理，又主张理无为，此二者恐有矛盾；因心若是理，而理又无为，则心应当也是无为，然心不可能无为。心若是无为，为何还要说心的功能是思虑知觉呢？

这里要提醒的是，重教与艮斋二人所言的"心即理"，意思并不同。艮斋的"心即理"，是阳明学意义下的"心即理"，吾心等同于天理；而重教的"心即理"，是指心不离于理，心若静时理能彰显，较近于"心具理"。

尽管重教一再强调自己不是阳明学，但艮斋仍然视其为阳明学，艮斋言："良知二字，前此不曾作天理看，故前书不问阳明所指而言良知是何物，而但问其以良知为天理，是如何？今读尊诲：'乃谓良知即是天理，而阳明所指而言良知者，却不是天理。'"③艮斋误将重教的"心即理"归于阳明学，所以书信中又举了罗整庵与阳明的论辩，其中，整庵视阳明的"心即理"只是认气

①　［韩］田愚：《答柳稚程》，《艮斋先生文集前编》卷二，《艮斋集》，《韩国文集丛刊》（第332册），第62页。此书信时间，乃一八七三年（癸酉）。
②　［韩］田愚：《答柳稚程》，《艮斋先生文集前编》卷二，《艮斋集》，《韩国文集丛刊》（第332册），第62页。此书信时间，乃一八七三年（癸酉）。
③　［韩］田愚：《答柳稚程》，《艮斋先生文集前编》卷二，《艮斋集》，《韩国文集丛刊》（第332册），第62页。此书信时间，乃一八七三年（癸酉）。

为理。

然而，重教之说不是阳明学，阳明是心学，而重教是理学，两者脉络不同；重教之"心"，大致近于心本具理，乃是朱子学脉络下能统性理之心！艮斋以阳明学来解读重教之"心即理"，似乎有点失焦。

（三）第三书：形上、形下不可相混

第三书包括三部分，分别是艮斋答重教来书之书信、艮斋答重教别纸（乙丑，1865）之书信，[①]以及艮斋再做补充、写给重教之别纸。这里仅就第一部分、艮斋之答书来做讨论，其重点如下：

> 尝读尊诲，每以心即理，而遂以心为性之主宰。然则所谓心者，既自是理也，则其发用敷施，虽不必本之于性，亦不患其不悖于理也耶？抑将以性为心之主宰，如愚之所闻者耶？……执事所录示答人书谓："谓神即是理，则理遂为作用之目，而子贼宗孽，不妨混行一涂矣。"据此则尊意亦非直以理为有作用之物矣。但其上文有曰："将神全作气，则理但为空寂之体，而礼乐征伐，不得自天子出矣。"此于鄙意却有所未安者；盖神虽属气，而其所根据而运用者，又莫非此理，则固未有无理之神，如此则礼乐征伐之本，何尝不自天子出耶？善乎罗整庵之言曰："非太极不神，然遂以太极为神则不可。"为之为言，莫之为而为者也……愚近偶思，天理云者，多是对人欲而为言。故凡气之循理者，亦名为天理，此无佗，以是与非分别得理欲故也。至若性理云者，非对人欲而言，却是将气字正作对，此又以能所而分。故凡有觉有为者，虽合乎道，亦不得谓之理也。……则其所知觉视听者，是理也，其能知觉视听者，是气也。[②]

此段重点有三，依序讨论如下：

---

① 此答复重教别纸之书信，艮斋所抄者，常有省略而难窥其貌，在此便略过不谈。
② ［韩］田愚：《答柳稚程》，《艮斋先生文集前编》卷二，《艮斋集》，《韩国文集丛刊》（第332册），第65页。此书信未标注时间，可能是一八七三年底或一八七四年初，因文中有"大雪封山"数字。

首先，对于重教所言之"心即理"，艮斋理解为"心乃全神是理"，若然，则心还需要性理之指导吗？心既有理，即不需性理指导，自己以自己的神识为准即可，然而，此则沦为认贼作父。

这里，艮斋所理解的重教"心即理"说，仍然近于阳明学之意义，因此总是引用整庵语而来辩驳。整庵大约与阳明同时期，二人亦有书信之往来，例如阳明的《传习录》，便收录有《答罗整庵少宰书》。整庵是朱子学，看到阳明的"心即理"说，便以朱子学的眼光而来批评阳明认气为理。然究实说来，阳明与整庵两者体系不同，一个是心学，是一个理学，双方之论辩难有交集。

至于重教与艮斋二人则都以朱子学为依归，双方既有一共同标准，辩论起来，应当较易判别是非好坏。不过，二人争执之起因，多半源于朱子学本身；朱子在创造体系时，常为了照顾全体而模棱两可，甚至会出现前后矛盾的情况，这也容易引发朱子后学的不同诠释而争辩起来。此处，艮斋一再质问重教：心若是理，还需要性的指导吗？若依艮斋之见，心必当接受性的指导！心若需依从于性，则不能说心早已是理。

其次，如重教原文："……谓神即是理，则理遂为作用之目，而子贼宗孽，不妨混行一涂矣。"艮斋以此质问：若然，重教既以神不可为理，则心岂可为性？

盖神者，属于形下，如言"作用是性"，朱子曾批评告子、佛家等之以作用为性，[①]误将形下之气的作用视为性。如今重教亦以"理"属无为，故不可以神或作用当之，否则即如置贼子与宗师同处，混同了形上与形下。重教此语说得得当，但为何神不可为理，而心却可以为性呢？如此一来，岂非矛盾？神若不可为理，则心亦不可为性才是！

而在重教"谓神即是理……"之前，还有段话："将神全作气，则理但为空寂之体，而礼乐征伐，不得自天子出矣。"神若全为气之所为，而理无份，则理只是空寂之体。此乃批评艮斋之论。

艮斋所宗主之理气论，乃栗谷之"气发理乘一途说"！理无为，只是随气之动静而动静，犹如人之骑马，动者是马，而人无为。重教前语即是针对艮斋而来，理若对于神之作用无份，便只是一空寂、不活动之体，如同周天子之无权，则举凡礼

---

① 朱子注《告子》之"生之谓性"，言道："生，指人物之所以知觉运动者而言。告子论性，前后四章，语虽不同，然其大指不外乎此，与近世佛氏所谓作用是性者略相似。"〔宋〕朱熹：《四书章句集注》，第326页。

乐征伐皆不由天子出，任凭诸侯之弄权；如同气之有力，而理却使不上力。

然而，艮斋所依之"气发理乘一途说"，仍是以理为主，倒不至于"征伐不自天子出"。动静者为气，而神属形下，乃气之所为，然施行运作之主宰者，却是根源于理，依理而行，理虽不动作，却具备主宰与根据之意义，此则不可说非自天子出。

对此，艮斋举整庵语以为证己。整庵认为，太极为理，太极发用而作用于气上，则表现为神，太极能造成神妙，但太极是形上，而神妙是形下，太极是神妙之背后根据，却不是动作者，动作者为气；太极不是神，太极是形上之理，而神是形下之妙用，两者不可等同，如同心与性不可等同。太极之无为，亦可用"莫之为而为"来形容；未见太极有动静，却是动静之所以然之理，犹如孟子所形容的天与命，虽未见其动作，却有其背后之功效。

最后，艮斋区分天理与性理二者之不同。艮斋认为，朱子言"天理"时，常是相对人欲而言，如云"存天理，去人欲"；至于言"性理"时，则是强调其形上面，而相对于气之形下面而言。有觉有为者，乃是形下，此形下性虽合道，却不可谓之道，如同朱子批评谢上蔡之"觉不可训仁"，因为道是形上，而"有觉有为"为形下之气的作用，两者不可相混。若用理气、能所（主客）做区分，则所知觉者是理，即知觉的对象为理，吾心之虚灵知觉，用以知此理、觉此理，而能知觉运动者，则为气，两者不该混同。

（四）第四书：理之主宰

1.动静随气？

艮斋第四书绝大部分是在答复重教的别纸，而此重教别纸谈的是之前艮斋写给重教的第一书。艮斋曾提到自己的文字择之不精，已进行修正，但却非修正义理；而重教检视后，还是认为艮斋有所不足，言道：

> 壬申六月书改本云："理之无为，从其流行而观之，其动其静，一随气之所为矣。若自其本源而论之，能使是气有动有静者，必有理为之主宰，妄谓对举动静，意始完足。"乃知向来云云，果出于遣辞时失检，而非本意之实然也。但"其动其静一随气之所为"一节，语益丁宁而益难领解矣；谩设一譬云，理之乘气，犹人之乘马，人在马上，其行其止，一随马之所为，则其能免

东走荒原西入人田乎，请更入思。①

　　重教对艮斋之修正文字表示欣慰，但却直言尚有需商榷处，如艮斋"其动其静一随气之所为"一语，如此，则人不是马之主人，不具备主宰能力，一任马之随意奔走，犹如理放任气而无所作为，此则非重教所能接受。

　　重教之论，近于退溪的理到说，主张理能活动，不接受艮斋所继承于栗谷的"气发理乘一途说"。中国明代，也有曹月川对朱子学提出相同批评，其言："朱子谓理之乘气，犹人之乘马，马之一出一入，而人亦与之一出一入。若然，则人为死人，而不足以为万物之灵，理为死理，而不足以为万物之原。"②重教之质疑与月川相近，都在争取人之主导权、理之主动权。

　　重教质问，马若无人指导，而乱闯田间，则破坏农作物，因此人的主宰权很是重要。不过，艮斋则做了眉批，解释道：自己所依栗谷的"气发理乘"说，并未放弃理的主宰权，眉批曰："愚书本有马之行止，人必为之主宰之意，今何不并举耶？然又须知得马之行止，时有不循涂辙之弊，方无透漏处。"③意思是，艮斋的书信中，已谈到马须为人所主宰，气要依理之指导始行。而重教怎可断章取义地只取一偏而来质问呢？

　　2.善恶如何可能？

　　重教的别纸上还提到另一问题："大凡圣贤说理说气，许多话头，要其归则欲人就心上体行之也。'其动其静一随气之所为'此十字，欲就吾心上亲切体行，则当如何用功耶？"④重教继续针对"其动其静一随气之所为"一语而来提出批判；

---

①［韩］田愚：《与柳稚程》，《艮斋先生文集前编》卷二，《艮斋集》，《韩国文集丛刊》（第332册），第72—73页。此书信时间，为一八七四年（甲戌），乃艮斋抄自重教之别纸，至于重教之别纸，亦可见于［韩］柳重教：《答田子明别纸一》，《省斋先生文集》卷十四，《省斋集》，《韩国文集丛刊》（第323册），第319页。文中提到的"壬申六月书改本云……"，壬申年，为一八七二年。

②〔清〕黄宗羲：《学正曹月川先生端》，《明儒学案》卷四十四，沈芝盈点校，第1155页。月川认为，此乃朱子门人记录有误，非朱子本意。

③［韩］田愚：《三家太极说辩》，《艮斋先生文集前编》卷四，《艮斋集》，《韩国文集丛刊》（第332册），第427页。此书信时间，为一八七四年（甲戌），乃艮斋抄自重教之别纸，至于重教之别纸，亦可见《省斋先生文集·重教答田愚第四书》，参见《韩国文集丛刊》（第323册），第317页。

④［韩］田愚：《与柳稚程》，《艮斋先生文集前编》卷二，《艮斋集》，《韩国文集丛刊》（第332册），第73页。此书信时间，为一八七四年（甲戌）。

若理的主动性、主体性消失，无可奈何，而一任气、气质之妄为，则学人该如何用功？一切既已为气质所决定，人没有自主权，无法有所实践与体证，只能随命运流转吗？不过，艮斋则反驳如下：

> 愚按：《语类》德明录云："气升降无时止息，理只附气，惟气有昏浊，理亦随而间隔。"尤庵答沈明仲书云："从流行处看，则理在气中，清浊善恶，随气之所成而已。"愚所谓从其流行而观之，其动其静一随气之所为者，与朱、宋语实相吻合。而但言动静不言昏浊，尤无可疑，而柳之辨诘如此，无乃未考乎二先生之训欤。①

艮斋引用朱子与尤庵之语作为权威而来回辩，他认为朱、宋二人都有"理随气所成"的意思。况且，艮斋之前的书信中，业已表明理本身所具备的主宰性，而非一味任气妄为而已。

此外，艮斋分析道，"一动一静随气之所乘"云云，说明的是动力之来源在于气，气有动力而能动能静，却非谈论气能否蔽理，也就是说，尚未涉及昏浊、善恶等道德层面，如艮斋信中写道："且此说，本但言道之流行自然之妙而已，实未尝遽及于恶一边也。"②然重教却以"心上用功"或马之误入歧途等而来提出质疑，有失允当。

因此，艮斋再做解释："主理而论气，则气之善者固是听命于理，而其恶者亦岂不出于理耶？（此言气为理之所宰）由气而言理，则理之恶者固亦见拘于气，而其善者岂不有借于气乎？（此言理随气之所为）。"③意思是，若以理为主而论气，气之善固然依于理，而气之恶又岂非依于理？由此可见理之主宰性；反过来说，若以气为主而论理，恶固然是由气所致，然善者又岂能离气而有？若无气，吾人即无法行善！因此，天地善恶虽不能离于动静自然，但须要两边照顾才算稳当，无法单凭于理或气任何一方。

---

① ［韩］田愚：《与柳稚程》，《艮斋先生文集前编》卷二，《艮斋集》，《韩国文集丛刊》（第332册），第73页。此书信时间，为一八七四年（甲戌）。艮斋注：辛亥（1911）追贴。
② ［韩］田愚：《与柳稚程》，《艮斋先生文集前编》卷二，《艮斋集》，《韩国文集丛刊》（第332册），第68页。此书信时间，为一八七四年（甲戌）。
③ ［韩］田愚：《与柳稚程》，《艮斋先生文集前编》卷二，《艮斋集》，《韩国文集丛刊》（第332册），第68页。此书信时间，为一八七四年（甲戌）。

艮斋此言，亦是本于"气发理乘"之旨趣，且两端照顾，避免偏颇；既回复了重教之质疑与误解，确立理之主宰性，而又不脱离栗谷的"气发理乘一途说"。

3.学者工夫

接着，艮斋反过来质问重教，重教既重视理之主动性，却又提出"心即理"，心若已是理，又岂需理来主宰？只要依心已是足够。艮斋言：

> 只为以心为理，而遂以为性之主宰，则其势自不得不然也。且以不知检心之故，而便疑其不足于为主，则其所谓理为气宰者，岂非有知觉有作用底物事耶？于是乎执事者，虽欲免认气为理之讥，不可得矣，虽自谓主理，而不免为本心之学矣。①

重教举张载"心能尽性，性不知检其心"之语，而来形容"心即理"学。然重教的"心即理"说，非属阳明学，而仍是朱子学的意思；较确切的说法，应当是"心具理"，以能尽心中之性理，而显示了心的主动性、人的重要性，以及性理的无为性。至于艮斋这里的理解则稍有偏差，认定重教所言之心已是有理，则为何还需依于性？

又艮斋解读重教的"性不知检其心"，乃是性无能力以检其心，则性不为心之主，而是心本身即为主，故曰心即理，而不曰性即理。然艮斋此言，亦是误解了重教，于是，艮斋批评重教认气为理，沦为释氏本心之学，②或如陆象山。艮斋这里的批评方式，一如罗整庵之批评阳明的认气为理，然事实上，重教之说，与阳明学并不相类。

艮斋又曰："且如盛论，则所谓神者，是行此所当然之理者耶？抑即是所当然之理耶？"③前书信提到重教视神为形下，艮斋认为，若如此，则心亦是形下，不当言是理。然"心即理"一词，到底该如何解释呢？是指心就是理，还是心具此理？重教当属后者，而艮斋却常以前者来做质问。

但艮斋于谈"神"之处，其设问重教：神即是理？还是指神为气，用以行此当

---

① ［韩］田愚：《答柳稚程》，《艮斋先生文集前编》卷二，《艮斋集》，《韩国文集丛刊》（第332册），第68页。此书信时间，为一八七四年（甲戌）。
② 程朱理学，以释氏"本心"，而儒者"本天"！
③ ［韩］田愚：《与柳稚程》，《艮斋先生文集前编》卷二，《艮斋集》，《韩国文集丛刊》（第332册），第70页。此书信时间，为一八七四年（甲戌）。

然之理呢？艮斋希望重教回答的是，神不是理，只能行此理；若如此，则心不是性，只能行此性，则不当言"心即理"。这里，要商榷的是，既然艮斋知道"心即理"的"即"字，不做"等同"解，那么就不该总以"等同"义而来质问重教。

最后艮斋回答重教别纸中的问题，即"气发理乘"之说，能不能谈本体、工夫之合一？其实，前文已述，"气发理乘"不是单指"理随气"，理本身尚具备主宰之义，如此，则艮斋之学者工夫为何呢？艮斋言：

> 学者，求道之事也。（心与理，未能合一也，须是志圣人之学，而自心自省，使其所欲莫非至理，则本体与功夫打成一片，而虽圣人无以复加矣。○圣凡之学，虽有心理一二之别，而其为本于理，则一而已矣。）①

朱子学为学者立工夫，要人下学而上达，而不为圣人立工夫。学者，学道也，而道广大，包括了为人处事、待人接物等。学者面对的问题，是心未能合理，心与理常为二途，若欲志于圣人，则当经常自心自省，求心之依理而行；如此，以至圣人境界，如孔子之七十从心所欲，凡有所欲莫非至理，所谓本体与功夫打成一片，二者合一。此乃艮斋"性师心弟"主张下的工夫论，亦不违背朱子学，并且回答了重教之疑。

（五）第五书：认气为德

第五书较短，大致两个重点：一者，艮斋批评重教的"认心为理"；二者，之前，重教尝批评艮斋"认气为德"，而艮斋在此做出答复。信曰：

> 来书谓愚之忧执事在"心有以理言"一句，执事之病不佞，在"认气为德"一句，此似说不着矣。"心有以理言"五字，本尤翁语也，然其意则与尊诲有毫厘千里之别矣。盖尝考之，《朱子大全》②吴伯丰问目：有"心为理"之语，而尤翁释之曰："以理对心，则心为气。（执事亦肯如此道否？）以心

对形，则心为理。"盖心虽是气（此句请子细看）而该贮此理，故或谓理，或谓气，而皆可通，惟观其所见如何耳？（见劄疑，又一说见《大全》辨柳樛疏）此何等宏裕含蓄之词耶！尤翁所谓心有以理言者，意盖如此，未审尊意亦果如此否乎？若尔，则愚何敢强生疑难乎！至于"认气为德"之云，亦似欠曲折，愚每谓心固有合理而言者，究其实则不可直谓之理也，明德固无对理而言者，论其主则不得不属之气分也。鄙意原来如此尔，而今曰"认气为德"，则无乃少疏矣乎？①

重教来书写道，艮斋之忧重教，在于"心有以理言"一句，而重教之忧艮斋，则在于"以气言德"一处。

先谈"心有以理言"；重教依其师李华西，而言"心即理"，然在艮斋，依于"性师心弟"原则，主张心不是理，心是气，只能具理、依理、合理。其实，艮斋甚尊宋时烈，但宋时烈更早便已提出："心有以理言"，而近于重教。然艮斋也强调，尤庵与重教之说"有毫厘千里之别"。

尤庵的意思是，若是理与心对，则心为气、为形下，理为形上，而心之形下用以载具形上之性；又若是心与形对，则心为官、为主宰，而心是气之灵，心较气而有灵，此时心相对于形而更近于理，心气之灵可以盛放此理。故尤庵说"心是理""心是气"皆无妨，旨在看其在何种脉络，而这与重教无论在何种情况下，都只能言"心即理"，两者不同。

再谈"认气为德"；在之前的书信中，重教认为，明德是心之虚灵知觉而具性理，故可言"心即理"。但艮斋予以否定，认为明德还是指心，明德之心能具众理而应万物，但其本身不是理，其为能具而非所具，能具者是心，能用以盛放理之所具。故明德指心，若明德为心，而心又是气，则明德是气，德是气。

但在朱子而言，德者，是仁义礼智，性之德为仁义礼智，此德者，道义全具，此是性理，岂可用气来做形容，气是形下，德是形上，不可混淆。此乃重教对艮斋之怀疑。而艮斋在此则回应："明德"二字，虽未指定对理或对形而言，然明德亦不同于德，若论明德之主，还是属气，并且建议从气以言明德。

此乃二人争论之处。若回到朱子，朱子对明德的解释，刚好介于心与性之间，

---

① ［韩］田愚：《与柳稚程》，《艮斋先生文集前编》卷二，《艮斋集》，《韩国文集丛刊》（第332册），第73页。此书信时间，为一八七四年（甲戌）。

一方面言心，另一方面又言心具性。而二人在此对朱子语做出不同诠释，这也是学习朱子之困难处。

（六）第六书：心、理、明德、诚

第六书相当长，也很重要，信中抄了重教来信的文字，[①]一段段地回答，此书亦为重教所留存。以下则仅就较重要者来做讨论。

1. 性为心宰

> （艮斋答：）初本作愚窃谓就造化上说，则心为性宰；从根柢上说，则性为心宰。然则从根柢上说者，当为极本穷源之主宰也，且心虽至神，而其源一出于性，岂敢谓与性并立。性虽无为，而其尊无与为对，何得言与心互用？此只以尊诲理为心主、心为性宰两句体贴看，其可通与不可通，庶不待多言而得之矣。[②]

重教倾向于尊心之论，尝言：理为心主、心为性宰。若以朱子为准，则重教此说似亦无误，如朱子所言"心统性情"[③]！朱子于《孟子集注》"恻隐之心，仁之端也"一处，疏注曰：恻隐是情，仁是性，仁发端于外则为恻隐之情，仁是形上，而恻隐是形下。但孟子原文为：恻隐是心，而不是情！于是朱子又引张子的"心统性情"一词，以证心与情之关联，则性为心之理、心的所以然之理。故重教此说亦不足为奇。

而艮斋亦分析道，在造化上，心为性宰，若在根柢上，则性为心宰。然此二者，究竟何者更为根本呢？艮斋认为，"性为心宰"还是最为根本。此如艮斋"性师心弟"之主张，尊性而贬心，自然不会认同重教的"心即理"说，毕竟朱子属于理学，而非心学。

---

① 此乃重教答艮斋的第五书《答田子明》，此书信时间为一八七四年（甲戌），六月。见［韩］柳重教：《答田子明别纸一》，《省斋先生文集》卷十四，《省斋集》，《韩国文集丛刊》（第323册），民族文化推进会2004年版，第319页。
② ［韩］田愚：《与柳稚程》，《艮斋先生文集前编》卷二，《艮斋集》，《韩国文集丛刊》（第332册），第70页。此书信时间，为一八七五年（乙亥）。
③ 此语出于张载，后来朱子经常引用。

2.儒者本于理

（艮斋答：）愚尝验之，心有所为本于性则正，不主于性则邪，未知本于性者为主耶？为之本者为主耶？且若有不主于性而能使心正者，则岂不真可敬仰，第恐无此理也。至于朱子之言，则其意盖以道体无为而人心有觉，故以心为性之主宰耳，固非认理为有知之物，而遂以为性之主宰，如执事之意也。且心为性宰，只是就流行处说，故及其答人问，又却云："心固是主宰底意，然所谓主宰者，即理也。"此又是就源头上说也。……向承面诲以为释氏本于心而止，吾儒又必本于理。①

艮斋认为，心之所以为心者，在于性；本于性则正，不本则邪。如朱子《中庸章句序》："心之虚灵知觉一而已矣，或生于形气之私，或原于性命之正。"②若为人心，乃因形气之私；若要得正，须依于性，故以性为心之主，而性师心弟。

艮斋再举朱子以为权威："心固是主宰意，所谓主宰者，理也。"③虽曰心统性情，心固有主宰之意，于平日工夫中，要使性发为情之心气能够沉淀，方得以镜明水止，而以见性；然心之所以为主宰者，理也，性理也，这才是真正之根源。

故艮斋反问重教：到底是"本于性者"为主，还是"为之本者"为主呢？前者指心（心本于性），后者指性（性为心之本），最后的答案是，当以性为主。倘若以心为本，则沦为释氏之本心说，如伊川言：释氏本心，圣人本天！而儒者所本之心，乃是"具理之心"，以理为本、以性为本，故不当言"心即理"。

3.心乃虚灵之性？

（重教言：）朱子心乃虚灵知觉之性之语，然有所指，政宜虚心细究，不可遽以吾意之所不便而弃外之也。④

（艮斋答：）心乃虚灵知觉之性，以先生平日定论观之，毕竟是可疑，故

---

① ［韩］田愚：《与柳稚程》，《艮斋先生文集前编》卷二，《艮斋集》，《韩国文集丛刊》（第332册），第74—75页。此书信时间，为一八七五年（乙亥）。

② 〔宋〕朱熹：《四书章句集注》，第14页。

③ 〔宋〕朱熹：《四书章句集注》，第14页。

④ 《答田子明》此书信时间为一八七四年（甲戌），六月。［韩］柳重教：《答田子明别纸一》，《省斋先生文集》卷十四，《省斋集》，《韩国文集丛刊》（第323册），第323页。

任鹿门亦尝疑其有脱误矣。今谓此语煞有所指，极欲闻其曲折，然似亦只是前日之论也。①

重教引朱子原文"心乃虚灵知觉之性"，若然，则言"心即理"又有何妨？笔者以为，朱子所言"心为虚灵之性"，可能是指本心、道心，即具性之心；由于朱子经常正面、反面都会论述，也就容易造成后学之莫衷一是。

艮斋则答道，朱子固有此语，可以证成重教之"心即理"一词，然却与朱子平时见解不合，应当多观察朱子文字之脉络与真正意涵，再来论断。

如前述，这也是研究朱子学之难处，故如韩元震尝言："然孔子生而知者也，故其言无初晚之可择；朱子学而知者也，故其言不能无初晚之异同。"②因着朱子言论之前后不一，故也就需要拟议一套有效研究朱子之方法学。

4.心、理不可浑沦

（艮斋答：）不论其本来色相，但以其为理之用，而亦谓之理，则奚独虚灵为然，满山青黄碧绿，亦无非是这太极。（《语类》义刚录）又统而言之，气禀之有恶，亦性之理也。（《大全·杂著》）故理气不可一向浑沦说而止也，如所谓性犹太极也，心犹阴阳也。所谓灵处，只是心不是理，（朱子语）所谓性，理也，心，气也。（栗谷语）所谓心自心理自理。（尤庵语）此类不一而足，彼皆不知心理无闲之妙，而徒为此分裂破碎之论耶，诚以理气之辨不明，则儒释之涂混也。③

重教扩大"理"字之定义，则"心即理"者，谓"心可以是理之发用"。然而，理是体，属形上，而心是用，属形下（不言"具理"时，心是气之灵），两者不相同，甚且，"理"与"理之用"也不相同。艮斋认为，不只"心"是理之用，而且理一旦发用到形下，则器物诸色相、山河大地等，都是形下，都是用的表现，即如

---

① ［韩］田愚：《答柳稚程》，《艮斋先生文集前编》卷二，《艮斋集》，《韩国文集丛刊》（第332册），第76页。此书信时间，为一八七五年（乙亥）。
② ［韩］韩元震：《朱书同异考序》，《南塘先生文集》卷三十一，《南塘集》，《韩国文集丛刊》（第201册），第163页。
③ ［韩］田愚：《答柳稚程》，《艮斋先生文集前编》卷二，《艮斋集》，《韩国文集丛刊》（第332册），第77页。

太极之理的发用、性发为情等，情亦是用，亦是形下；乃至气禀之恶，亦是太极之发用，虽此为间接之用，而不是直遂之发用，却都是用，否则太极之理便不具普遍性。

然重教的"心为理之发用"，将心亦视为理，则显得浑沦太过，违反了朱子学。接着艮斋举出朱子、栗谷等作为权威，区别心、理之分野，反问重教：难道他们都不知您重教所谓的心理无间之妙吗？——其实不然，虽就"理气不离"而言，而得言心、理无间，然就"理气不杂"而言，心、理则必须区分，否则将浑沦儒、佛于一途，以本心与本天之义两无差别，此必不为朱子学所许可。

5.即情言性

又重教来信曰："情与性固有分，而体用一源，故以情而言性处亦多，观于孟子之言可见。"[1]重教以为，性、情固有其分，然却是"体用一源"。此乃程子语，并且提醒，孟子即情言性之处亦多。

这里，如孟子的"乃若其情，可以为善，乃所谓善矣。"其中的"情"字，意为实情，即指"性"；到了朱子，因应自创之理气论，将"情"字改为情感之意，指恻隐等情，以情之发用于外之际为善，遂而逆推其内具备着善性之根据。如此，朱子与孟子原意相左。

本来，二人之辩论皆是围绕于朱子学来做斟酌，如今重教却突然搬出孟子以为论证，似乎有欠妥当，若能以朱子所诠《孟子》作为标准，应当较利于论辩之进行。

艮斋则回应如下，此为第六书之第八段：

> 孟子以情言性，而栗翁以情为气，何也？分合之不同也。执事若谓吾之以理言心，与神与情是合而言之者，若又分而言之，其说亦只与尔一般云尔，则愚之冥迷当一时洒然也。（朱子《答杨子顺书》曰："孟子论性而曰：'乃若其情，则可以为善。'正指其发处，以明其本体之有是耳，非直指四端为性也。"此一段正宜参看。）[2]

———————————

① 《答田子明》此书信时间为一八七四年（甲戌），六月。［韩］柳重教：《答田子明别纸一》，《省斋先生文集》卷十四，《省斋集》，《韩国文集丛刊》（第323册），第323页。

② ［韩］田愚：《答柳稚程》，《艮斋先生文集前编》卷二，《艮斋集》，《韩国文集丛刊》（第332册），第77页。

艮斋接受重教的说法，亦以孟子"即于情感而言性理"，此是把孟子与朱子结合。然孟子本意却是"即于实情而言性理"，与前说不同！艮斋与重教二人似乎皆未看出朱、孟之间的差异。

艮斋提问，孟子以情言性，而栗谷以情为气，何者正确呢？其实，二人都正确，只是孟子就其合而不离而言，栗谷则就其分而不杂而言。又举朱子答杨子顺书，认为孟子"乃若其情"一段，乃指其发处；以朱子所言的未发与已发、体与用，或形上与形下，都是枝枝相对、叶叶相当，故朱子之言"发用"，是指（发用后）之情，而非本源之性理（未发）。这里，艮斋举朱子书而来反驳重教，是因朱子之"以情言性"乃就合处言，然性与情之间还是不同。

6.明德是心？是性？

重教前信曰：

> 据重教所闻，则心一也，而有指理言者，明德是也，有指气言者，精爽是也。明德一于善而已矣，精爽之气，善与恶无向背。一于善者可恃，而善恶无向背者不可恃，可恃者守之不得不专，不可恃者察之不得不严，只如斯而已矣，若夫释氏所谓本心，则专以精爽之气为心，所以贰乎圣人之本天也。[1]

重教认为，心一也，无论人心、道心，都是虚灵知觉之一心，但有理、气之二面，理者，明德之心是也，心具众理而应万事，此心虽为形下，但有性理作为根据，又气者，则如精爽之气；理者，无不善，气者，则有善、恶。前者守之不得不专，后者察之则不得不严，前者近于朱子之道心，后者则是人心。若如佛学之本心者，只本于后者，精爽之气是也，未能即理；而吾儒之本天者，则本于心即理，本于明德之心，此心即理，属心又属天。此即重教坚守自家之"心即理"说。

而艮斋回答如下，此为第六书之第十段：

> 来教又谓："若言释氏之所本在明德，而圣人却本德外之天，则非所敢闻。"此固不可易之至论。但鄙意，每谓圣贤论心，固亦有包性而言者，又时有对性而言者，故先儒谓圣人本天，而不谓其本心也。至于《大学》之言明德，则虽亦以心为主，而其实包性而言者，故先儒讥释氏明心，而不谓其明明

---

[1] 《答田子明》此书信时间为一八七四年（甲戌），六月。［韩］柳重教：《答田子明别纸一》，《省斋先生文集》卷十四，《省斋集》，《韩国文集丛刊》（第323册），第323页。

德也。至于来教之云，则推其语意，却谓明德即是理，不必言其包性也。此与鄙意。有小不同者耳。[①]

艮斋与重教的论辩于此似渐有共识。本来艮斋批评重教之以心为理，明德是也，则"释氏本心"，难道亦是本于明德？而"圣人本天"，又岂是本于明德之外的天？重教回信，自己的主张绝不至此，因为其所认为的心有指理、有指气，"释氏本心"者，所本者，气也，而"圣人本天"，亦有本心之意，以心即理，故为天理，故言"本天"。又重教谓，既是"心即理"，明德之心具理，则天理不在明德外！这些都是重教的看法，其也使二人也渐能有所共识。

不过，二人还是有不同处。艮斋分析，圣人之论心，有"包性"与"对性"之分别，若对性而言，则心是气；若包性而言，心虽仍是气，但此心具性，乃心、性一滚，合而言之。又伊川为何要言"圣人本天"，而不言"圣人本心"呢？艮斋认为，因为此心若独立讲，只是性之郭廓，而不是性。至于艮斋与重教之不同处，重教认为，明德即是理，不必再就包性、对性来做区分，而艮斋则坚持，明德只是心，要与所包之性一齐托出，方才是理。二人所争者，在于明德是心还是性？于此尚未有共识。

7."心对形"与"心对理"

重教前信曰：

诚固即是实理，但所谓实理，以下文推之，似亦指人心本体言之。（下章曰："寂然不动者诚也，感而遂通者神也。"传云："本然而未发者，实理之体，善应而不测者，实理之用。"曰寂曰感，皆心之事也。其下又有诚精故明之语，而《传》以"清明在躬。志气如神"释之。）故妄谓云尔，然又未尝谓其截然是心而不是性也。[②]

重教认为，朱子所释《中庸》之"诚"，固然是为实理、天理，如《中庸》："诚者，天之道也。"然此理难道绝不及于心？其实，应当及心！又引周子《通

① ［韩］田愚：《答柳稚程》，《艮斋先生文集前编》卷二，《艮斋集》，《韩国文集丛刊》（第332册），第77页。此书信时间，为一八七五年（乙亥）。

② 《答田子明》此书信时间为一八七四年（甲戌），六月。［韩］柳重教：《答田子明别纸一》，《省斋先生文集》卷十四，《省斋集》，《韩国文集丛刊》（第323册），第323页。

书》及朱子之注作为引证，如《通书·圣第四》："寂然不动者，诚也；感而遂通者，神也；动而未形、有无之间者，几也。诚精故明，神应故妙，几微故幽。"而朱子注曰："本然而未发者，实理之体；善应而不测者，实理之用。动静体用之间，介然有顷之际，则实理发见之端，而众事吉凶之兆也……清明在躬，志气如神，精而明也；不疾而速，不行而至，应而妙也；理虽已萌，事则未著，微而幽也。"①

艮斋与重教于此所争辩的是，《中庸》之"诚"亦是天理乎？艮斋以为理所当然，而重教则谓，固是天理，却亦不离心；因其中所言"寂然不动，感而遂通"者，寂、感都指心上而言，心才有寂、感，而理无为，不谈寂感。且朱子注曰："清明在躬，志气如神。"这些也都不离心、气而言，故"诚"之一字，朱子释以"太极之理"，然此太极之理乃是不离于心。重教亦是重申"心即理"说。

至于艮斋则回应如下，此为第六书之第十二段：

> 诚无为，朱子以为天命之性，则恐难作心字脚注也，来书亦以为实理，而又曰："所谓实理者，指人心本体而言。"又曰："未尝谓其截然是心而不是性。"信如此说，是实理、实心都无分别，心、性两字亦可以互换说耶？《动静》《理性命》两章云云，此恐是古人昭陵之说也。使昔日之教，但就二章以太极、二五分而属之，则愚何敢有佗论！第彼时直以心为太极，而遂举此两章神字、灵字以实之，此安得不以理、气之辨奉质耶？至于彰微之说，则非愚之杜撰，乃朱子之说也。《语类》端蒙录云："彰微只是说理。"先生于《通书》既以灵字当太极，而于此又以彰微谓之理，则岂不知本章分属之义，而乃尔乎？盖就一章而统言太极、二五之所属，则灵当为太极，所谓以心对形，则形为气而心为理者是也。若又以灵与彰微相对而分言，则彰微又当为理，所谓以理对心，则理为理而心为气者。②

二人争论"诚"字该属理抑或属气？而以朱子所注《太极图说》及《通书》作为评判标准。《通书》言："诚无为，几善恶。"朱子视"诚"无为，如同"理"

---

① 〔宋〕周敦颐：《通书》，《周敦颐集》，陈克明点校，第67页。
② 〔韩〕田愚：《答柳稚程》，《艮斋先生文集前编》卷二，《艮斋集》，《韩国文集丛刊》（第332册），第77—78页。此书信时间，为一八七五年（乙亥）。

之无为、无造作、无计度；此为天命之性，性即理，不可以心当之。而重教也同意"诚"是实理，然除实理之外，还是心之本体；而艮斋则反驳，若依重教之说，则实理、实心之间岂不毫无分别，而可互相代换？然在朱子，本心、本天不会相同，心、性也不会相同，彼此之间不可随意代换。

艮斋又言，若能依于理、气分属太极与二五（阴阳与五行），则双方争论可息矣，然重教以心为太极，太极为诚，诚字又不离寂感，遂以心实之，则心可以是理，又是灵、是神，而太极亦与灵、神相通；艮斋认为重教此举，是混淆了形上与形下。

而重教又举《通书》第二十二章回辩，该章名《理性命章》，分三部分，第一部分为"理"，原文提到"厥彰厥微，匪灵弗莹"，而朱子注曰："此言理也，阳明阴晦，非人心太极之至灵，孰能明之。"①对于这段，重教与艮斋二人之解读不同。艮斋认为，此是《理性命章》谈"理"的部分，如朱子所注："此言理也。"另外如《朱子语类》亦如此认为。而重教的见解是，彰微者，非人心不可，以理无为，又因朱子后文之注"非人心太极之至灵，孰能明之。"亦似与"人心"密切相关。

总之，重教认定"心即理"，而艮斋则谓，此心乃用以明理，"心之虚灵"并不是理，却可明理。二人解读不同。若依笔者拙见，艮斋对此朱子之诠释，较重教来得更为精确。且艮斋又区分了"心对形"与"心对理"；若是心对形，则形为气，心为理，这时以"灵为太极"则可；又若心对理，则心为气，理为太极，这时以"灵为太极"则不可。亦是说，朱子的语意需要活看，要能审查其上下脉络而来推敲，方不致引发误解。

（七）第七书："理之本体"

第七书目前只留下别纸，别纸中抄了四段重教来信而进行回辩，其中以第三段较为重要，仅以此段来做讨论。先看重教来信，言曰：

> 重教昨年四月书，论有为无为一段，首既言"心是理之流行而存主于吾身者"。则其下句所云"理之本体"，乃推本说此心所出之源，非指心中所具之性也。盖非谓性不可以理之本体名，特此句所指而言理之本体者不在是耳。程

---

① 〔宋〕周敦颐：《通书》，《周敦颐集》，陈克明点校，第32页。

子言："心也，性也，天也，一理也。自理而言，谓之天；自禀受而言，谓之性；自存诸人而言，谓之心。"观此训，则曰心曰性，与鄙说所指而言理之本体者，皆可见矣。①

此书为重教答艮斋之第九书（共十一书），而重教谈论的是之前写给艮斋的第四书内容，时间为一八七四年四月。其言：心是理之流行而存主于吾身，以心为官宰，用以发号施令身体之各部位，亦是理之流行的所在之处。此外，又有"理之本体"一词，但此理之本体，非指心中所具之性，而是指"心推本于天"。

要注意的是，重教何以能言心之推本于天，而不在性呢？其依据概是源于程子："心、性、天，一理也。"朱子引程子言："心也、性也、天也，一理也。自理而言谓之天，自禀受而言谓之性，自存诸人而言谓之心。"②意思是，心、性、天是同一道理，或另可解为"心以理为本"，性与天皆以理为本的意思。依此，重教视心与性皆本于理，即其所谓"理之本体"，此本体谈的是天理而不是性，因为性也依此本体。重教便以程子这句话，而认定理之本体并不是性，心之即理，乃即于理之本体，其并不是性。

而艮斋则不以为然，反驳道：

理之本体四字，来教以为非指心中所具之性，乃是推本说此心所出之源，此心所出之源，是指在天之理而言耶？则在吾人分上，只有有为之理，（此四字，即执事所以论心之说也。）而都无无为之理矣，其不然也必矣。若是指在人之理而言耶？则于性外、心外，又有此一团物事矣，未知其名云何？只这些子，便是紧要所在处，似当明白下语，不可便放过也。

来书所引"心也性也天也一理也"一段，似可为心属理之证。然尝记《语类》论近思一之十九条，而曰："此一段，名虽不同，只是一理。"（《语类》说止此。）"如其体则谓之易，其用则谓之神"两句，若如尊意，固当以理看，至如浩然之气，亦当与"其理则谓之道，命于人则谓之性"之类，一例作理字看，而都无分别耶？恐无此理也。然则所谓一理云者，无乃性是理，心

---

① 《与田子明别纸》此书信时间为一八七五年（乙亥）。［韩］柳重教：《与田子明别纸》，《省斋先生文集》卷十四，《省斋集》，《韩国文集丛刊》（第323册），第327页。
② 〔宋〕朱熹：《四书章句集注》，第349页。

具是性，而天又理之所从出，故统同浑合说一理欤。^①

　　重教引程子"理之本体"，欲以证明心依天理，而此天理非性。但这是程子之语，而非朱子之语；朱子虽承继于程子，但其更为细致，且有所改良，纵使重教能合于程子，但也未必能合于朱子。更何况，重教亦不同于程子，因程子明言"性即理"！

　　而艮斋主张则甚近于程朱。这里，他反问重教：此"理之本体"是"在天之理"，还是"在人之理"？若是在天之理，而人无份，则在人之理不能无为，只是有为，但人道真是如此吗？应当是人道亦可无为，方才是真，那么人道之无为又是什么呢？艮斋意思是，"理之本体"若指"在人之理"，而重教又说此"在人之理"不是性，那么则有二理，一为性，一为性外的"在人之理"，难道朱子有两个"在人之理"？此处重教把性与理分开，错误甚大。

　　艮斋又分析程子"心、性、天，一理也"一句，例如，程子常言"其体则谓之易，其用则谓之神"等，若依重教，则"易"与"神"都可解为理，如同"心即理"；又如朱子解"浩然之气"而有言："其理则谓之道，命于人则谓之性。"则此气亦是理，理与气之间没有分别吗？应当是，"浩然之气"之所以能盛大浩然，系因为背后的所以然之理，即善养道义而来，此"然（气）"与"所以然（道义）"不应混为一谈。

　　而程子"心、性、天，一理也"的真正意思，艮斋认为，乃此一理，即指性或性理，心能具此性理，而天又是由理之所从出。艮斋此解，甚合于朱子，而重教之说反有滞碍；因重教之"心，一理也"，指的是天理本体而无关于性，如此，既有性之本，亦有理之本，岂不成了二本论！

（八）第八书：心源于天？

　　第八书之重点，乃艮斋对前书中重教所谓"心之源在于天理，而不在性"一段，再做批评，其言：

---

① ［韩］田愚：《答柳稚程别纸》，《艮斋先生文集前编》卷二，《艮斋集》，《韩国文集丛刊》（第332册），第79页。此书信时间为一八七六年（丙子）。

执事于性为心宰之说，既尝深斥之矣，今于理体心源之难，自不得以性字当之。盖才以性言时，便见从前许多年所争诸说，一齐破败，更不可收拾补缀，因此都不顾从初因甚话头说到此处，而乃复尽力为此牵强无交涉之论也。反而求之，则隐微之间，得无有不自满之意耶！就如其说，便是合下无为之理，却只在天而不在于人也，然则向来云云，亦何足以避理有作用之名，而清脱于异学之涂乎？且以人心所以思虑知觉之理，谓之不出于性，而具于天者，未论其有据与无据，只请执事反之于心，遇事接物时，求其所以应之者，将掉了心中所具之性，却去上面，求其理于苍苍之中，使牵拽入身来否？恐决不然也！若曰所谓天者，只在方寸之中，殊不知此正圣人之所谓性也，况孟子既将天与性分而言之，则其所谓天者，实不指在人之理而言也，且此以人言，故犹有假天以为转身之路，若直就天字上说，天之造化发育，犹人之思虑知觉，其将谓造化发育之理不在于天，而天之上面，别有一物具得此理者乎？此似说不去矣。大抵朱子之训，则谓性为心之源，而执事之意，却谓性非心之源。①

重教反对性为心宰，因而认定理体心源不是性，而是天理之本体。如此一来，将与重教之前书信所论，产生诸多矛盾，而且也违反了朱子。依于艮斋，性就是心源，性即理，怎么可能在性之上，尚有另一个心源呢？

艮斋提醒，重教若坚持心源是理而不是性的说法，将导致后续论理之难以收拾，例如，此无为之理只在天而不在人，如前第七书所言，则性将不是最为根源的，而归于有为层次，而"理"也将有所作用。然而，依于朱子，理是无为、无造作、无作用者，一如栗谷所主张的"气发理乘一途说"。再者，重教若坚持"心即理"，心若已是理，只要依于心即可，何须再依性？而且，这也成了释氏本心之学。

艮斋也质问，重教之说是否有朱子学作为根据？重教之前引程子"心性天，一理也"来替自己辩护，而艮斋在第七书业已将其否定；重教说法看来不仅违反朱子，也违反程子。更甚者，学者若依重教之说而来应事接物，则会造成舍近求远之困顿，舍掉自心所具之性而不理会，却去追求渺远之苍天。这类似朱子曾反对谢上蔡的才洒扫便即于精义入神，而不用心于下学。重教此说，似乎露出破绽。

---

① ［韩］田愚：《答柳稚程别纸》，《艮斋先生文集前编》卷二，《艮斋集》，《韩国文集丛刊》（第332册），第81页。

艮斋自问，若阁下回答，所谓天者，只在方寸之间！则此方寸之天，岂不正是圣人所言之性！方寸之天即是性，重教对此若不认同，则心中岂有二理、岂有二性？如以孟子为准，其所言天与性，并不等同，要须尽心知性，才能知天！心、性与天，是三个概念，性与天不同，若心源的天不在方寸中，天乃无为，而重教又将面对"性属有为"之谬论。

又重教之"心即理"，其心源虽是天，但落在人，人心之思虑即如天之造化，而依孟子之性、天分开原则，则天之造化落于人，还不是真正的天，还有天外之天？这都是重教"心即理"说的理论困难，而"心源是天，不是性"之论点，也违反朱子太多。艮斋对比提出解决方案，建议重教回到朱子，以性为心源而非天为心源，如此则不会造成两个源头，而无法收拾。

（九）第九书："义外"之弊

第九书虽长，但问候与讨论时事者居多，真正论理处甚少，在此仅举一处来做讨论。艮斋言：

> 来书举李先生语云："学问当主理而不当主气，淫邪当严防而不当小忽。"继之又谓愚："所见与此相反，故斥李先生。"是直以愚为异端之学、淫邪之党也。然异端邪说，亦或有所受者。窃以先师之意推之，所谓学问之当主理者，谓必以性为心之本源，（此意，朱子于《中庸序》文，言之明矣。年前来书，论理之本体，为心之源之义也，终不肯以性字当之，此则决与朱子异矣。当时草一书颇尽底里，欲以拜呈，适因祭文事，不果送，至今以为恨，然今既为凶邪矣，岂敢复以此相往复，只得守吾太玄而死也。）而不敢指心为理，遂认作极本穷源之主宰也。（执事昔与愚书，论心性主宰，以心为极本穷源之主宰，而以老洲性为心宰之说为非矣。）如此则外袭主理之名，而内实陷于本心之学，佛氏所谓应观法界性，一切惟心造者。[①]

重教曾在信中提到李华西语："学问当主理而不当主气，淫邪当严防而不当小

---

① ［韩］田愚：《答柳稺程别纸》，《艮斋先生文集前编》卷二，《艮斋集》，《韩国文集丛刊》（第332册），第85—86页。此书信时间为一八七八年（戊寅）。

忽。"又视艮斋学问不同于李华西此语，以艮斋主气而不主理，于淫邪又不能严防，而艮斋在此则提出辩解。

艮斋强调，自己也是一种主理之说，然此主理不是退溪的"理发、理到说"，而是近于栗谷主张，且以性为心源，至于重教的"心即理"，反而不主理，而为主心；又以主理之性为心源，此在《中庸章句序》也曾提及，朱子云："必使道心常为一身之主，而人心每听命焉。"①道心者，乃心之知觉于性命之正，而不听于形气之私，性命之正者，正是"性即理"。如此，朱子的《中庸章句序》讲得很明白，系以人心听从于性理，此性、性理是为心源。若以性为心源，艮斋便可称其亦是主理派。

至于重教之"主理"，却是一种"心即理"，此理是天理本体，而不是性；虽说着"主理"，却又脱落了性、性理，如此之"主理"只是徒有其表，而近于告子之学，有外袭之病。孟子于《浩然章》反对告子，评其不知义，以其"义外"也，如告子言："彼长而我长之。"其义理标准来自外在，而非仁义内在！如今重教以心之根源为理之本体，而不是性，则有"义外"之倾向。

此外，不只有"义外"之弊，于其内在亦有弊端；以其内在以心为主，而不主性，则此本心之学是否近于阳明心学？或是归于佛家的本心之论呢？佛之本心者，如"唯识学"、"华严宗"之"万法唯心造"、"心如工画师，造种种五蕴"等皆然。亦是说，重教视艮斋为异端，而艮斋亦视重教是异端，所谓"异端"，指的是不能合于朱子学。若依笔者拙见，艮斋较能得于朱子，而重教较远些。

三、结语与反思

艮斋与重教上来之争辩，实亦不离于韩国儒学史上几个重大争议，包括朱子学是否也可言"心即理"？活动者是否以气为主，而这时的理是否还有作用？"气发理乘一途说"是否正确？等等。此外，因着前面争辩，从而衍生出的其他问题，如"明德"是心，还是性？"诚"字是否可指为心？虽言"儒者本天"，是否亦可言"儒者本心"？而"心性天，一理也"，心之根源来自天理，而此天理是否为性？对于此种种问题，双方于书信中不断论辩，看谁较能合于朱子？

---

① 〔宋〕朱熹：《四书章句集注》，第14页。

　　而双方彼此似都存在着误解。例如，艮斋常将重教的"心即理"，等同于阳明学的"心即理"，此实有欠妥当。问题症结，在于"心即理"之"即"字，应当解为"等同、即是"，还是"不离、涵具"？双方皆有朱子文献作为论证，但何者才是朱子本意呢？朱子为建构庞大体系，言语上不得不多方照顾，却也容易导致正说、反说似乎都对的局面，因而引发了后人之疑猜与争辩。

　　艮斋所坚守之朱子精神，即所谓"性师心弟"，故也就必须面对如李华西、李寒洲等人的"心即理"说，此"心即理"容易以心为主，然朱子分明是理学，不是心学，"心"字在《孟子》一书，亦皆非正面意涵，如"格君心之非""我欲正人心""出入无时，莫知其乡，此心之谓欤？"……这里，"心"字非如"仁义之心""恻隐之心"等一样的正面，故朱子解"心"只是"虚灵知觉"。而重教之"心即理"说，似乎偏于"心性不离"，而忽略了"心性不杂"。

　　又重教举出程子的"心性天，一理也"，认为心与性，皆以理为宗，故可言"心即理"，然此理却又不是性，此则过份诠释程子之说，亦不合于朱子。因程子亦主张"性即理"，重教视心之本体为天理而不为性，可说是最大败笔了！如艮斋所言：心之本体不是心，而是天理，此天理即是性、性理。如此，甚是得当！

　　至于朱子所言的"心统性情"，此中，是以心为主，还是以性为主呢？应当是，心虽统其性而发为情，然于统领之际，还是依从于性、以性为主，而非以心为主，心若不及于性，则心只是郛廓，缺乏内容，故心要以性命之正为主，而使人心听命。

　　那么，"明德"到底是心还是性呢？若依朱子所释之《孟子·尽心》，则明德是心，还是"心具性"呢？艮斋认为，明德只是心而不及于性。这也遭到重教的批评，视艮斋乃"认气为德"，因明德只是心而不及理。此二人之争论实难分出胜负，因朱子所注"明德"，心、性两边皆照顾，不易得出大家同意的公论。

　　话说回来，若真欲分出孰是孰非，终究还是得回到朱子学。朱子所言心性，有其不离之一面，故心合理，抑或心具理，二者难以分辨；亦有其不杂之一面，一个是形上，而另一个为形下。重教偏好"心、理为一"这一面，而艮斋提醒尚有不杂之一面。虽重教的"心即理"当是"心具理"的意思，有合于朱子之处，然为了申论此"心即理"之一贯（心常不合理，但本具理，这也是朱子的意思），他有时候将朱子的语意，诠释太过，也常为艮斋所指正。

　　基本上，艮斋的论辩，可说较准，但重教之说，亦非无意义。重教指出朱子所言"明德"的面向，心可以具理，心与性之间尽管有些差异，却仍可相合，道心、明德之心、统性情之心等，皆不离理，此亦是对朱子心论的再发挥。

在孟子，心、性之意义原本就接近（心是善，然亦有不善心说），甚至是即心而言性。不过到了朱子，为了避开佛氏之本心论，于是设计出心、性之不离却也不杂之说；重教注意到这点，首先，是孟子的"即心言性"倾向，再者，则是朱子之迁曲，虽为避免沾染佛氏异论，而言不离不杂，但亦甚看重"心"，虽不及于性的地位，但在朱子体系中亦是举足轻重，故而重教标举"心即理"说。

又重教因着其师华西之主理说，从而接上退溪的重理、理之主宰一脉，然性无为，有为者在心，理之活动要以心来显其动静，故心之即理，乃以心而显理之活动性，此乃重教所强调者，但其也不愿走上阳明心学之路数，此所以有功于发扬朱子学者。

第十章　论寒洲与艮斋之辨难综述

一、前言

李寒洲的心性论有一特殊见解，主张"心即理"说，此一名称易于与阳明学之"心即理"混淆，故其极力澄清；此外，寒洲也反对"心即气"之说，[①]其所言心乃具备主宰性，若心只是气，则为形下，不可能具备主宰之义。寒洲此论系承自退溪"理发说"而来，以心依于理，因此具备主宰性，故曰"心即理"，究其意涵，则是朱子学意义下的"心即理"，谓心本具理、本有理的意思。

而田艮斋则对寒洲的"心即理"说有所疑虑；其以朱子学为据，认为朱子所言之"心"是气而非理，虽此气乃虚灵明觉之气，而非粗气，但终究属气，不可直言心是理。倘若直言"心即理"，则与阳明之心性论有何差异？此则混淆了形上与形下，犹如混淆了泥与水。

再者，朱子之强调心是气，乃是为了区别于释氏；如伊川所言："释氏本心，圣人本天。"[②]若以心为理，则释氏所本者即为心，亦为理、天理，此即与儒家圣人等同，而儒、释二家有何区别？

艮斋在此所批评寒洲之手法，为朱子学派之一贯作风，即先区分出二界，如所谓的理气论、心性上的性情二分，或理气的二元区分等，并且认定对方只谈及一边，有所偏颇，而有不备；若欲完备，当是"即理即气"而和盘托出。[③]因此，艮斋视寒洲之"心即理"属于阳明心学，而非正宗之程朱理学，以其心只是气，所认之理只是昭昭灵灵之气，尚未到理！

本文所择定之研究文献，分别是寒洲的《心即理说》与艮斋的《李氏心即理说

---

① 寒洲自视隶属于朱子学派，对外，反对阳明学之"心即理"，对内，则坚持朱子之心性论应为"心即理"，以"心即理"说才是正统，至于"心即气"说则违反了朱子。

② 此语出自伊川，而朱子经常引用，将其奉为圭臬。

③ 朱子把告子、荀子、扬雄、释氏、陆象山等，一概视为气论一派，以彼辈仅论及气质之性，终究不及"性即理"处，未能真正识性，偏于形下一边；传说，象山去世时，朱子只叹息一句："死了一个告子！"当是把象山视如"以气为性"之徒。此外，朱子之释孟子，亦评曰："孟子终是不备！"认为孟子只论及性善之性，而疏漏了气质之性，此亦偏于性理一边，不够完备。而直到伊川出现，才是既论性亦论气，方才完备，如二程言："论性不论气不备，论气不论性不明。"〔宋〕程颢、〔宋〕程颐：《河南程氏遗书》卷六，《二程集》，王孝鱼点校，第81页。

条辨》，亦当辅以二人之其他相关著作。对于艮斋之问难，寒洲虽无法答辩，^①然本文亦将以朱子学作为判准，试图对前述二文做出回应与衡定。二文皆偶有引用先秦儒学、孔孟之语等，以二人皆自视为朱子学，故本文亦将以朱子所释之孔、孟来做评判标准，尽管朱子之体系未必合于孔孟之学。

二、寒洲之《心即理》

寒洲"心即理"之思想特色，^②概可从三方面谈起，包括（1）反对"心即气"；（2）反对阳明学之"心即理"；（3）依于朱子学，把心还原至"本心"，再以"心本具理"方式，而把心逼近于"理"，即以"理"作为"心"之背后理据。

以下，将分两段来做讨论，第一段谈（1）与（3），讨论寒洲之反对"心即气"而赞同"心即理"；第二段则谈（2），讨论寒洲对阳明学的反对。

（一）朱子主张"心即理"，而非"心即气"

寒洲《心即理说》一文，开头先对"心即气"说提出批评，言道："古今人论心，莫善于心即理，莫不善于心即气，夫心即气之说，实出于近世儒贤，而世之从

① 艮斋《李氏心即理说条辨》之写作时间为一九一一年（辛亥），而寒洲则早已逝世于一八八五年，无法为文回辨。参见［韩］田愚：《李氏心即理说条辨》，《艮斋先生文集前编》卷十三，《艮斋集》，《韩国文集丛刊》（第333册），第88—95页。

② "夫玉天下之至宝，而世有认石为玉者。荆山之玉，蕴于石中，惟卞和知其为玉，抱而献于王；王召玉工示之，曰：'石也。'此见其外之石，而不知其中之玉者也。在朝之人，稍知玉石之别者，亦以为石，而独向之认石而为玉者，曰：'此玉也。'此岂真知玉者哉？其谓之玉者，即与谓之石者，无以异也。"［韩］李震相：《心即理说》，《寒洲先生文集》卷三十二，《寒洲集》，《韩国文集丛刊》（第318册），第141页。在此，寒洲以玉石为喻，而举出三种学派，其中，以石喻气，以玉喻理。（1）第一派，指玉工一类，认卞石为石，即认心为气者，此乃批评栗谷之流。（2）第二派，见一切石皆为玉，若见卞石，亦认是玉，然此是偶中，非真能知玉，此批评阳明学之"心即理"者；阳明亦宣称"心即理"，然其实只是见到心气这一部分，仍是徘徊于石头之侧边，非真能知玉。（3）第三派，即如卞和，亦指寒洲本人，乃真能辨别玉、石之实者，玉、石之间，重点在玉而不在石，如所谓心，重点亦在理而不在心。寒洲以此表示，自己的"心即理"说，才是朱子学之正统义理。

事此学者多从之。"①这里提到的"心即气"近世儒论，应是针对栗谷而言，②此艮斋已曾指出。③而据寒洲《心字考证后说》："阳明以精神言心，而心即理之说行焉；整庵以道心为性，而心即气之说昉焉。"④可见寒洲亟欲回到朱子学，而批评阳明与整庵之学。至于栗谷的重气思想，则是受到整庵主气论之影响。⑤

如此，寒洲要发扬"心即理"，便要站在退溪的"理发说"，以主理精神而来反对"心即气"。而这里所言"心即理"之"即"字，并不代表"是"或"等同"的意思，也就是说，寒洲知道"心不是理、心不等同于理"，但为了强调心之主宰性、心之不离于性，因而倡言"心即理"，"即"字只是"不离"的意思。

依于朱子，心只是虚灵明觉、⑥气之灵者，心只是气！那么，为何寒洲要反对"心即气"之说呢？在此寒洲引用若干古人之论述，而来证成己意，其言：

---

① ［韩］李震相：《心即理说》，《寒洲先生文集》卷三十二，《寒洲集》，《韩国文集丛刊》（第318册），第141页。寒洲认为，栗谷、整庵等人所倡"心即气"说未能合于朱子学。此艮斋辩之详矣，如举朱子之以碗为心、以郭郭为心等，都是以心为气。
② 栗谷学有"气机自尔"的意思，因此也被称为主气派，如其言："阴阳动静，机自尔也，非有使之者也。"［韩］李珥：《答成浩原》，《栗谷先生全书》卷十，《栗谷全书》，《韩国文集丛刊》（第44册），第211页。
③ "近世儒贤暗指栗、尤以下诸贤。"［韩］田愚：《李氏心即理说条辨》，《艮斋先生文集前编》卷十三，《艮斋集》，《韩国文集丛刊》（第333册），第89页。此指李栗谷、宋尤庵。如栗谷尝言："心是气也。"［韩］李珥：《答成浩原》，《栗谷先生全书》卷十，《栗谷全书》，《韩国文集丛刊》（第44册），第212页。
④ ［韩］李震相：《心字考证后说》，《寒洲先生文集》卷三十三，《寒洲集》，《韩国文集丛刊》（第318册），第176页。又何以整庵要以道心为性，而从此开启"心即气"之说呢？整庵为了避免"道心"之说恐有过于偏重于心，而与阳明学、禅学合流之嫌，故改为强调"道心为性"，而不为心。整庵此举，虽欲强调"道心为性"之部分，然"人心为情"之说，却也随之盛行起来。不过，话说回来，整庵之以人心为气，亦有朱子学之根据！此艮斋曾有详细说明。又整庵尝言："人心，'感而遂通'者也，至变之用不可测。"是以"至变"形容人心，又有言："至精者，性也，至变者，情也。"〔明〕罗钦顺：《困知记》，阎韬点校，第2页。即谓"人心"同于"至变"，"至变"同于"情"，而"情"是"气"，故"人心"是"气"。
⑤ "自夫子之赞《易》，始以穷理为言。理果何物也哉？盖通天地，亘古今，无非一气而已。气本一也，而一动一静，一往一来，一阖一辟，一升一降，循环无已。积微而著，由著复微，为四时之温凉寒暑，为万物之生长收藏，为斯民之日用彝伦，为人事之成败得失。千条万绪，纷纭胶轕而卒不可乱，有莫知其所以然而然，是即所谓理也。初非别有一物，依于气而立，附于气以行也。"〔明〕罗钦顺：《困知记》，阎韬点校，第5—6页。此显示整庵之重气思想。
⑥ 朱子《中庸章句序》："心之虚灵知觉，一而已矣。"〔宋〕朱熹：《中庸章句序》，《四书章句集注》，第14页。可见心为气之灵。且"昭昭灵灵"一词，禅学亦有言，故此灵为气，不为理，否则朱子学与禅家无别。

> 夫心一而已矣，而谓之人心者，心之从气者也。谓之道心者，心之从理者也。人心易见，道心难明①，精以察之，一以守之，则本心之正，在理不在气也明矣。孔子之从心所欲不逾矩，心即理也（自注：体即道，用即义），苟其气也，安能从之而不逾矩乎？②

寒洲举了《尚书》"人心惟危，道心惟微，惟精惟一，允执厥中"一段，③认为心其实只有一个，④却被说成人心与道心之区别，个中原因，在于其所知觉之根据能否依于理？若能依于理，则得其正，而为道心；若不依理而依于形气，则为危殆之人心；故人心之所以得正与否，根本原因在于理，而不在于气。

可见寒洲所言之心，是指本心（心本具理），而非后天为形气之私所影响之人心。寒洲又举孔子"从心所欲不逾矩"之语，用以证成己意；心若是气，何以能不逾矩呢？"气"怎有如此之功效？寒洲的意思，当是否定心即气说，不过，若以《论语》为本而来解读此段，却未必能合于寒洲意思。⑤

而寒洲所言之"心"，是指本心——即从心所欲之心、道心。这时的心不离于理而有主宰性，若不依于理，则心不能有所主宰。寒洲推论，心的背后根据如果只是气，便不可能如此神明！若是依于艮斋，心为气之灵者，自能神，若能再与理合而为一，即不离于理，则能更神、更具主宰性。

寒洲的"心即理"，是"心不离理"，而非"心是理"，强调"本心"意涵、

---

① 道心难明，乃是注"道心惟微"。
② ［韩］李震相：《心即理说》，《寒洲先生文集》卷三十二，《寒洲集》，《韩国文集丛刊》（第318册），第141页。
③ 此《尚书》为伪尚书，清代学者已曾指出。然寒洲与艮斋都忠于朱子学派，而朱子于《中庸章句序》里，特别提到人心与道心之区分，故二人（寒洲与艮斋）皆不视此为伪尚书。话说回来，笔者以为，纵使清人之考据无误，此尚书确实为伪，却不影响这段话之真理或崇高地位。
④ 朱子《中庸章句序》："心之虚灵知觉，一而已矣，而以为有人心、道心之异者，则以其或生于形气之私，或原于性命之正，而所以为知觉者不同，是以或危殆而不安，或微妙而难见耳。"〔宋〕朱熹：《四书章句集注》，第14页。从这里可以看出，朱子系以知觉言心，心当为气，而无疑矣！因知觉乃痛痒、形下之事，故朱子反对谢上蔡的"以觉训仁"，觉是心是气之层次，尚不到仁之性理层次。
⑤ 艮斋对《论语》此段即有不同诠释，并借以反对寒洲。艮斋以为，"不逾矩"之"矩"字，是指客观之性理；则反推得知，心当是气，以其须要依从于理。而朱子注："随其心之所欲，而自不过于法度，安而行之，不勉而中也。"〔宋〕朱熹：《四书章句集注》，第54页。朱子此注非常中性，寒洲或艮斋的解法似皆适用。若欲进一步厘清，尚须《朱子语类》等其他文献而来证成。

心之背后根据，心与理不离。然若问，心既然是理，则人心是否为理呢？寒洲大概会答：人心亦本有理，而为人欲所遮盖，遂依于气，而显不出理。

寒洲所强调的是，心与理"不离"之一面，若是关于心与理"不杂"之一面，即心是什么、理是什么，寒洲则无多说明；就此而言，寒洲所论亦不够周全，偏重于"不离"，而不谈"不杂"。而所言"心即理"之"即"字，则指"不离"，而非论断词，并非指心等同于理，或能以理而论断心。①

（二）反对阳明之"心即理"

寒洲之"心即理"，乃是朱子学立场下之论述，自然不同于阳明学之"心即理"；寒洲自比卞和氏之择善固执，看穿和氏璧乃真为美玉，即此心，并且找出心之主宰处——背后之所以然，所谓理也！至于那些将一切石都说成玉的人，如象山、阳明及其后学等，则非真能识玉。

故寒洲言："若所谓心即理，乃阳明辈猖狂自恣者之说，为吾学者莫不斥之为乱道，今乃一切反之，何也？"②意思是，面对阳明学之"心即理"，学者当予反对，而寒洲或朱子学的"心即理"则为真理，不应反对，然当今学者却因畏惧与阳明或释氏本心之学相混，而一概反对"心即理"说，这又是为何呢？

寒洲以为，依于朱子学，心之所以具备主宰性，即在于心是本心，此心能依于理、不离于理，而不依于气，故朱子学亦当该言"心即理"，结果吾儒反而去说"心即气"，不敢说"心即理"，这岂非因噎废食！若说"心即气"，意思是"心以气为本"，则心如何能得神妙？因此寒洲反对"心即气"，并进而反对阳明之"心即理"说。

至于阳明之"心即理"为何有误呢？这里，寒洲依于朱子进行二分的方式，把阳明心学贬为本气之学，即等同于释氏之学，以释氏本心，而阳明亦本心，故阳明所本之心，只到释氏之程度而已；也因释氏之理只是空理，而无实理，故释氏只及本心，而谈不上本天、本然之性理等。寒洲又举退溪为证，而来反对阳明，其言：

---

① 若试以西洋古典逻辑来对"即"字做一说明，则艮斋所以为的"即"字，与寒洲不同。寒洲乃取其"不离"之义，而艮斋则取其"是"之义；即"A是B"，此主谓式命题，乃A概念与B概念之间，只能是包含或不包含的关系。
② ［韩］李震相：《心即理说》，《寒洲先生文集》卷三十二，《寒洲集》，《韩国文集丛刊》（第318册），第141页。

故李（退溪）先生辨之曰："阳明不知民彝物则、真至之理，即吾心本具之理，顾乃欲事事物物搅入本心衮说。"既不知民彝物则、真至之理，是不以四德五常之理谓之心也。所谓理者，果何理也？即向所谓阴阳精气流行凝聚之物而已，此岂非心即气之谓乎！然则其不以阴阳精气流行凝聚之物谓之心、谓之理，而真能以仁义礼智忠孝敬慈之实谓之心、谓之理，则退陶亦当首肯之矣。①

寒洲视退溪为朱子学权威，依此权威而反对阳明心学。阳明之"心即理"，乃即物而正吾心之良知，以本心即是天理，天理自足，不假外求。然退溪认为，阳明非真能认知于天理，依于朱子，天理为客观之理，既内在于吾心，也在事物之中，以理一分殊故，天地万物都分受有同一天理，在人为性，在物为理；天理一方面内具于吾心，心是器具，用以盛理，另一方面，此理亦在吾心之外。故朱子要人格物穷理，内、外都要穷格，所谓"合内外之道"。不过，这也被阳明、象山批评为义外之学。②

寒洲举出，阳明非真能识于天理者，只是将一切石皆认为玉，其所见之玉，事实上只是石头；即阳明所谓的理，其实只是气而已！只"心即理"一句偶中，在一阵胡乱猜测之中而误中"和氏璧为玉"，实则非真能懂得和氏璧，非真能懂得客观仁义之理、心即理等义。寒洲又举阳明的一段话而予批评。阳明言：

良知一也，以其妙用而谓之神，以其流行而谓之气，以其凝聚而谓之精，安可以形象方所求哉？真阴之精，即真阳之气之母；真阳之气，即真阴之精之父。阴根阳，阳根阴，非有二也。③

---

① ［韩］李震相：《心即理说》，《寒洲先生文集》卷三十二，《寒洲集》，《韩国文集丛刊》（第318册），第142页。
② 参见陈荣捷编著：《王阳明传习录详注集评》，第281页。其言："先生与甘泉先生论格物之说，甘泉持旧说，先生曰：是求之于外了。"意思是，甘泉论"格物"采朱子学之方式，既格内也要格外，而阳明认为如此则为义外。
③ ［韩］李震相：《心即理说》，《寒洲先生文集》卷三十二，《寒洲集》，《韩国文集丛刊》（第318册），第142页。亦可参见陈荣捷编著：《王阳明传习录详注集评》，第154条，第216页。乃阳明答陆原静："来书云：'元神，元气，元精必各有寄藏发生之处，又有真阴之精，真阳之气'，云云。""夫良知一也，以其妙用而言谓之神，以其流行而言谓之气，以其凝聚而言谓之精，安可形象方所求哉？真阴之精，即真阳之气之母；真阳之气，即真阴之精之父。阴根阳，阳根阴，亦非有二也。苟吾良知之说明，则凡若此类，皆可以不言而喻，不然，则如来书所云，三关、七返、九还之属，尚有无穷可疑者也。"

阳明此段，本为《传习录中》回答陆原静的话；然寒洲站在朱子学角度而把理、气二分，以理为形而上，以气为形而下。此种区分，自然与阳明学义理不符。阳明学为后出，并且还针对朱子学易于支离、二分的缺失而给予缝补，因此，当阳明学言"心即理"时，此心乃不离具体之气，理、气混一；良知、天理等语词，在阳明学，皆是即理而即气者。如此，又怎会有朱子或寒洲那般地二元论调呢！

而寒洲却以朱子学之角度来批判阳明，无法理解阳明学之本心良知义，看到阳明谈阴阳，便把阳明学贬为气学，同等于释氏、告子、荀、杨等人之主张，要如朱子学之言："太极理也，阴阳气也"，阴阳背后之所以然，才是理！"心即理"一词，绝对是真理，只是阳明所言"心即理"，与朱子所识本心之本具天理意思不同；阳明之理，只是阴阳，只是表面之理，非真能识于理者。①

若阳明能修改其以阴阳为理之论述，则退溪亦不敢批评阳明，因"心即理"者，乃是真理。如前述，寒洲所言"心即理"，是从朱子学角度切入，实指"心本具理"之义，此与阳明学可说南辕北辙。②寒洲这里引退溪语而为权威，认为退溪也能认同朱子学义之"心即理"。

寒洲喜以退溪作为权威。在韩国，朱子学大致可分两大派系，一为栗谷的"气机自尔"，此可视为主气派；③另一派，则以退溪为代表，退溪虽也不反对气发，但根本论点是理亦能发，可说为"理气互发"，因是相对栗谷来看，故把退溪形容为主理派。到了寒洲，更是主理论的再发展，理发之力道更强，因此也被说成极端之主理派；④其以阳明之"心即理"只是认气为理，非真能识理而为主理者，若阳明亦以心能依从于仁义礼智，使得心具备主宰性，此主宰性乃从理而来，则为理发，则能同于退溪。

以上，大致为寒洲"心即理"说之要点，而后起之田艮斋则以"心即气"之观点，条列寒洲原文而逐一回辩，下文试做讨论。

---

① 意思是，阳明若能改以仁义礼智，而不以阴阳之气来说心的话，则阳明所倡议之"心即理"同样要须肯定。即李寒洲认为，阳明有些地方并不以气质说心，而以仁义来说，这些地方，退溪也会肯认，但基本上阳明却仍是以气质而言心的。
② 阳明之"心即理"意思，与寒洲所言不同，阳明的心，乃良知本心，具备普遍性，即此心而为天理，心即性而即天，是道德的根据！而朱子学的心，乃心统性情之气心，心最多是气之灵，于心气平静之时，镜明水止，与理同在，能显理、能知觉理，却非即是理。
③ ［韩］裴宗镐编：《韩国儒学资料集成》（上），第302页。
④ ［韩］田愚：《李氏心即理说条辨》，《艮斋先生文集前编》卷十三，《艮斋集》，《韩国文集丛刊》（第333册），第88—95页。

三、艮斋之《心即理说条辨》

关于艮斋之《心即理说条辨》，在此扼要节为三部分来做讨论：（1）以朱子学为基准，论艮斋与寒洲何人较近朱子所言之心？（2）艮斋视寒洲之"心即理"说只是阳明学，此评论是否合理？（3）艮斋于理、气二分之中，再将气区分为粗气与精气，如此是否更合于朱子学之区分？以下依序讨论。

（一）艮斋之"心即气"更合于朱子

朱子提出理、气不离不杂之论，心是气，则心与理是乃不离不杂。而寒洲亦非不知心是气，但特就心与理不离之处而发挥，其言"心即理"，乃心本具理——心之所以然是理的意思，强调心之神妙处应在理而不在气。

不过，寒洲特偏于心与理二者不离之一面，遂也忽略了心与理尚有不杂之另一面，因此，艮斋之问难，便针对这点而来进行。艮斋言：

> 尝见世儒误读此语，直将心理两字，糊涂合作一物看，窃以为乖却本指也，如《论语集注》言："道外无身，身外无道。"《大全》《答吕子约》书言："非身外别有一物，而谓之理。"《杂学辨》言："道外无物，物外无道。"《语类》贺孙录云："不是于形器外别有所谓理者。"岂皆道形无辨之谓乎？特言其不离耳，盖圣贤之言活，读者最要得活法。①

寒洲举朱子之语："心固是主宰底，而所谓主宰者即此理也。"以此论证朱夫子的确言及"心即理"。然艮斋不以为然，认为寒洲所举版本有误，原来的版本应是："问者问：天地之心，天地之理，理是道理，心是主宰底意否？"而朱子回答是："心固是主宰底意，然而所谓主宰者即此理也，不是心外别有个理，理外别有个心。"艮斋认为，朱子只是微许之意，既说"固是"又说"底意"，还有"然而"以为转折，此是要人反思，不要以为心便能主宰，心之所以能够主宰，是因为

---

① ［韩］田愚：《李氏心即理说条辨》，《艮斋先生文集前编》卷十三，《艮斋集》，《韩国文集丛刊》（第333册），第91页。

背后的所以然之理，而非其本身即能主宰。

艮斋此说，寒洲亦当肯认，只是寒洲撷取"心之主宰性在于背后之理"这点，而直言"心即理"，艮斋则不予认同；强调"心之主宰性在于背后之理"云云，只是在说心不离理，心并非即是理，心与理尚有不杂之一面，二者不可浑沦，心并非大本，心只是气之灵，终究不是性或理。

艮斋解释，朱子所论心与理二者，乃是"不离不杂"，既说不离，也说不杂，若如寒洲只说"不离"，则只是讲到朱子意思的一半，岂能周全？例如，朱子言"道外无身，身外无道"，道是形而上，身是形而下，道不是身，身不是道，但道却不离身，身亦不离道。依此，朱子确实有"心即理"的意思，然此中之"即"字，只是"不离"，而非"等同、即是"之论断语，心终究不是理，心只是气之灵者，乃属于气。此艮斋所欲补充寒洲之处。

寒洲又言："心是性情之统名。"艮斋则辩曰：

> 心者，性情之统名，本蔡西山语，而朱子无所可否，李氏却谓先生首肯之（见《与人书》），吾惧夫流俗诮儒者，亦有矫诬之习也。其下云云，亦近杞人之忧，盖朱子既取谷种、郭郭之说，又自有碗水之喻、属火之说，又以其体则谓之易，为心，而目之为形而下者，是皆以心为气之论也，未闻大本达道亦皆归气而沦于空寂也。李氏谓以心为气，则理为死物，此亦误矣。昔上蔡杂佛而以仁为活物，则朱子不取，而曰说得有病痛；其答陆氏书，亦以认得灵昭作用底为太极者，归之禅学，今李氏之见，与谢、陆无别，此难以自附于朱门矣。（《夜气章》《语类》云："心不是死物，须把作活物看，不尔则是释氏坐禅"；又曰："心是个走作底，今若以理为走作底活物，则其论理亦已甚矣。"）①

寒洲以"心者，性情之统名"一句，而来证成自己的"心即理"义，然艮斋反驳道：这句话是朱子弟子蔡西山的话，朱子未曾给予肯定或否定，因此，这只能说是蔡西山的意思，而非朱子的意思。

朱子尝取张载的"心统性情"，在性发为情时，涵养心气，若能涵养得宜，则

---

① ［韩］田愚：《李氏心即理说条辨》，《艮斋先生文集前编》卷十三，《艮斋集》，《韩国文集丛刊》（第333册），第94页。

发而中节，而为四端之情。然朱子的"心统性情"与"心者，性情之统名"二句，意思是否相同呢？①艮斋以为不同！寒洲的"心者，性情之统名"，乃是套在"心无体，以性为体"下而发言，说实了，心不能自为主宰，之所以能神明不测，在于背后有一性理为主。而这只是说明心之主宰的根据在于性，或心不离性，并不代表心就是性，其实，心者，只是气。

总之，寒洲只是偏取朱子理与气不离之一面，至于不杂之一面，如心是什么、性是什么……心、性彼此则有所不同；如朱子尝举喻，以心为谷种、仁者生之性、生之理，或取邵子之心义，以心是性之郛郭、用以盛性之器具等。可见朱子之言"心即理"，乃就道器之不离而言，若是谈到心是什么、性是什么……之际，则心只是形下，气之灵者，而性是形上，两者不可相杂。艮斋又找到朱子曾经用以碗盛水而作为心之比喻，因此心只是碗、一种器具；而心又属火，只是阴阳五行之一环，终究属气。

寒洲又言："而以心为气，则大本达道，皆归于气，而理为死物，沦于空寂矣。"②寒洲的意思是，心之所以神妙不测，是在于背后之性理，现在若把背后的理讲成是气的话，则大本达道都是气，有气便足以作用，理成死物，无需作用，归于空寂之论。艮斋则反驳，纵心是气，亦非死物，如朱子以心为操存舍亡，其最为不测而难把捉，若要把捉而使之不动，则为告子、释氏之辈，故心不为死物。

心不为死物，而理便是死物吗？③依于朱子学，理者，乃无造作、无计度，不可以拟人化而来形容，倘若把理认做是"走作底活物"，如同心的功能一般，此则形容得过分了。这里，艮斋取朱子所评谢上蔡"以觉训仁"为例，若把仁说成活物，则未能合于朱子，因为仁只是性理，不活动，能活动的，是气、是心。至于觉为知觉痛痒，乃心、气所能比配，却非为理所比配者，故朱子不取"以觉训仁"；

---

① 艮斋意思，"心统性情"一句，心是器具，随其有性理与否，而能主宰其发而为善情或恶情。至于"心者，性情之统名"一句，则为论断，把心等同于情、性之合，已含有形上层面，乃艮斋所不能接受。

② ［韩］李震相：《心即理说》，《寒洲先生文集》卷三十二，《寒洲集》，《韩国文集丛刊》（第318册），第142页。

③ 明代朱子学派的曹端，认为朱子文献中有"人骑马"以喻理、气关系之记载，乃朱子弟子之抄录有误，理之乘气，若如人之骑马，人只是随马而有一出一入，人无有主宰、动静，则人岂非成为死物！这里，曹端的意思是，理自有主宰性，如人并非死人，当具备驾驭之主宰能力。以上可参见〔清〕黄宗羲：《明儒学案》卷四十四，沈善洪主编：《黄宗羲全集》（第8册），第355页。

仁是性理，不该讲成如心之功能一般。

（二）艮斋批寒洲为陆王心学

朱子学派批评对手的一贯手法，即以理、气二分之路数，指责对方只说到理或气的层次，而忽略了要需理、气兼备，方才完整；如批评告子、释氏、心学等，都只讲到气而不及理。①又如寒洲，亦说阳明之"心即理"，只是认气为理，实则非真识理。现在艮斋，也以同样方式而来批评寒洲如同阳明心学。②

艮斋依于程朱，认定"释氏本心，圣人本天"！天者，天理也，天理在人为性，因性即理，故圣人之最终标准在于客观天理，此天理既在吾人心外，亦在吾人心中，此即朱子所谓"合内外之道"。可见，性为大本达道，乃最终之客观根据，其并不在心。基于此，艮斋把寒洲偏重于心的做法，曲解为阳明心学，因寒洲所本者为心，又说"心即理"，心岂不成为最终标准！见艮斋言：

> 可知圣人心中刻刻有个天则在……不是即心是道（此四字是佛、禅、陆、王论心语，李氏亦只是此见），此本天、本心之别也，李氏于此等界分不甚明晰，往往将心与理笼统说做一物，如朱子之所讥何也？③

①如朱子之批评象山为禅；禅学讲求作用见性，即于挑水、砍材之中而见缘起性空、诸法真理，是在气上之作用不执而见性空，此空理不是天理、实理，这又等同于告子的"生之谓性"，而告子系"论气不论性，不明"。而象山亦如禅学叫人不多读书，并且倡议"吾心即宇宙"，朱子以为，象山只是认气作理，非真见理，故与禅学一般。且朱子对张载的批评也是如此；如其本于程子之精神，认为"清虚一大"并不足以形容太虚，因为这只是认气为理，盖"理"者，实则超越了清与浊，怎可以形下而来形容形上？可见朱子的批评方式，便是把告子、象山、禅学、张子等，皆视为言气一派，倘朱子见到阳明心学，亦必如此评断。
②艮斋亦尝分析朱、陆之不同，其言："朱子答陆氏书，讥其认得昭昭灵灵，能作用底，便谓太极，此是佗认心为理之一大公案也。陆氏又尝见詹某下楼，心澄莹，曰：此理已显！又其真相之不能掩处。盖既指灵昭澄莹以为理，而不察气禀之偏，不究性命之理，故卒至于率意妄行，而便谓至理矣。"　［韩］田愚：《李氏心即理说条辨》，《艮斋先生文集前编》卷十三，《艮斋集》，《韩国文集丛刊》（第333册），第92页。艮斋指出，朱、陆之不同，在于对心的看法不同，因此朱子视象山为气学者。
③［韩］田愚：《李氏心即理说条辨》，《艮斋先生文集前编》卷十三，《艮斋集》，《韩国文集丛刊》（第333册），第89页。

艮斋强调，本心与本天二者有别；本天者，乃程朱之学，而本心者，则如佛家、禅学、陆王，所谓的"即心为道"。不过，禅宗的"即心为道"，用意在于明心见性，学人当需破除妄执迷情，彻见诸法性空，回归自心自性，亲证真理，而禅家之真理，自不与阳明同。

艮斋在此，却把释氏与阳明等同于"即心是道"一语，并以此批评寒洲亦为心气之论，等同释氏、陆王等！其实，朱子学亦常说"心与理一"，然此"一"不代表"心即理"，而是要人"心合于理"，心只是气。

艮斋此处评论甚有疑碍。如以程朱"释氏本心，圣人本天"作为判准，则寒洲亦可倡言，自家之论并不违反伊川于本心、本天之判准。寒洲亦批评阳明、释氏等只是认气为理，非为真理，故属本心之学。而寒洲的本心之说，系由朱子学切入，其大本在于天理、性理，"心即理"是指本心具理、心与理分不开，故寒洲亦可说："阳明本心，寒洲本天！"寒洲并不避谈阳明，不会害怕受到混淆。

（三）理、精气、粗气三分而心属精气

艮斋始终不同意寒洲之"心即理"说，两人所攻防、守护的论点亦不同；艮斋总是关注于"心之定义"，而寒洲则是由"心之神妙"切入，并试图找出其神妙的理由或根据。艮斋强调，从定义或分类上，心终究只是气，而不是理；然寒洲则一直探问，若心只是气而非理，则何以能成为大本达道、如此神妙？

对此，艮斋答道，心虽属气，然气有精、粗之别，而心之气则为虚灵精妙之气，而非粗气。艮斋索性提出理、精气、粗气之三分，用以回答寒洲，并且指出寒洲的缺失，认为寒洲只有理、气之二分，在气这边，一概视为形而下、粗者，此则有所不足，容易产生谬误。艮斋言：

> 今指虚灵神明涵理而体道者，为不可直谓之理，奈何？不下而属于气分，则所谓气者，非粗恶庞杂之物，乃是气之一原与理无间底，然则恶可分精粗而概谓之石乎？但石一而已矣，气则有几多般样，观《语类》贺孙录，论心神魂魄，皆以为气，而辨别得有精有粗处可见，此又不可不知也。[1]

---

[1] ［韩］田愚：《李氏心即理说条辨》，《艮斋先生文集前编》卷十三，《艮斋集》，《韩国文集丛刊》（第333册），第89页。

　　心具有虚灵之功能，却为何不可直谓之理呢？因为心只是气之层次，虽属精气，但终究不到理的层次；又心之属气之精者，甚至几近于理，能与理无间，但还不是理，故曰不离、不杂！若然，则寒洲之前"以石为气、以玉为理"的譬喻，就不够周全，因为气还需再分粗与细者，如石，亦当有精石与粗石之分。又艮斋言：

　　　　盖既误认气之灵觉为理，故才见人说气字，便指为粗迹，此正与朱子所讥老，佛却不说着气（此见吾儒不讳气字）。以为外此，然后为道者，同一证候也。[1]

　　艮斋认为，寒洲错在只是简单地理、气二分，而将心之气之精者直接归于理，然后看到别人说"气"，就鄙斥为粗迹；寒洲若能把气再做精、粗之分，而重新归类，则可以免于犯错，不致将美丽的石头误为美玉。

　　这刚好与朱子所批评的佛老一样，明明是气学，明明是缘起性空，只有气机鼓荡，却又不认为自己是气。如禅宗所言之"即心为道"，其所为道者，只是心气所构成，仍然属气，而不证成为实理。

　　佛老之辈明明是气论者，却又避讳言气，而真正朱子学的儒家，则不用惧怕言气，亦可直说心是气，以其背后尚有理。至于禅学只是以心之精者而为道，凡是外于粗气者便皆是道，但在朱子学，心之精者还是气，只是属于精气而非粗气。

　　艮斋在此以理、粗气、精气之三分，而来证成朱子学本来有此义理，则寒洲的"心即理"便守不住，因为心只到精气，还不到理。不过，寒洲未必臣服艮斋此说，毕竟从一开始，寒洲的"心即理"便是"心以理为本"的意思，与气之精、粗云云，并无相干。

（四）理学之特色

　　以上，大致是艮斋对寒洲"心即理"说的驳斥。在此，试做一提问：即寒洲所云的前辈们，如整庵、栗谷，甚至如艮斋所说，包括朱子学等，为何皆是"以心为

---

[1]　［韩］田愚：《李氏心即理说条辨》，《艮斋先生文集前编》卷十三，《艮斋集》，《韩国文集丛刊》（第333册），第94页。

气"（气之灵、气之精者亦为气）呢？

　　笔者以为，是因为儒家认为大本在于天理，而不在心，若在心，则将不啻肯认了阳明心学、禅学等。如程朱之被称为"理学"，其中，客观之道，理之谓也！若依于心，反为主观之义成心，客观之理便守不住；①所谓客观之道理，乃真理如斯，非心所能造作变现。亦可看出程朱理学重在理，而关于心的定义，与阳明、佛家等不同，亦以此而与阳明、佛家区隔。盖禅宗明心，而朱子明理。

　　那么，寒洲为何又要说"心即理"才是正宗朱学，亦不避谈阳明之"心即理"？如前述，寒洲之"心即理"本是承于朱子而来，意思指"本心具理"，纵是气心也具理，只是为物欲所昏滞罢了，心与理实不离——特指心之灵妙有其背后依据，即是"理"之主宰而使其灵妙，亦可称为道心、本心。故所言之"心即理"，与阳明意义不同，"即"字不做"等同"解。至于整庵、艮斋的心，则是气，指心不到性理层次，有其主观性。如此，可以看出艮斋之辨难寒洲却难有交集之处。

　　此外，是否可以再追溯至先秦儒学，用以评判寒洲与艮斋二人谁是谁非呢？笔者以为，可能亦是徒劳无功，因为朱子学是否真能承继于孔孟，尚悬而未决。

四、结语

　　综上讨论，可知艮斋再三强调，心只是气之灵，不是理，反对寒洲的"心即理"，辩论重点在于界定"心"是什么？然寒洲的"心即理"，其实是指"心不离于背后之理"，"即"字指"不离"而非"等同"，纵是人心、气心，本亦具理，只是为人欲所杂、情欲所混而做成人心，不能成就为本心、道心，尽管如此，此人心总是有理之具在。故艮斋对寒洲之辨难，似乎难有交集。

　　若从何人较能继承朱子来看，则艮斋对于朱子"理、气不离不杂"之论，较有

---

① "服牛乘马，皆因其性而为之，胡不乘牛而服马等，则非所以尽诚而失其本矣。"〔宋〕程颢、〔宋〕程颐：《河南程氏遗书》卷十一，《二程集》，王孝鱼点校，第127页。程明道曾有"服牛乘马"之喻，即何以服牛乘马，而不曰乘牛服马？此乃理势之不能，牛之用在于耕田，而马则为供人骑乘，若颠倒过来，则于行事有所窒碍，理势之不可。以此回到吾心，则吾心亦只是顺理，理的重要性高于心，而与阳明心学的心乃为本心，完全不同。

完整呈现，较为中肯，而寒洲只得部分，也较为偏激，然二者皆不离于朱子学。因此，艮斋将寒洲判为阳明心学，则恐非必要。

至于寒洲之论，亦有其渊源。盖为继承李退溪之"理气互发"，特别是理发部分之阐释，[①]进而提出"心即理"之主张；此非阳明之"心即理"义，而是朱子架构之下的"心即理"，以本心具有性理，因此具备主宰性，继而疏通于"理发"之论，而不同于栗谷"气机自尔"之重气倾向。[②]

总之，寒洲的"心即理"，重点在于心是本心，心本具理，心不能离于理，依此而反对前人之"心即气"，以及阳明的本心良知说。艮斋则以理、粗气、精气之三分，而批评寒洲误把精气认作理，此则同于陆王心学、禅学；并且提醒，依于朱子学，除有"理气不离"之一面，尚有"理气不杂"之另一面要须留意！关于心之定义，艮斋认为其终究是气，并有较中肯之陈述，此为寒洲所不及。

---

① 参见［韩］田愚：《李氏心即理说条辨》，《艮斋先生文集前编》卷十三，《艮斋集》，《韩国文集丛刊》（第333册），第88—95页。编者认为，寒洲乃退溪主理派之极端化。
② 主理、主气之争，是朱子后学的重要争论，类似西方哲学中的"存在先于本质，抑或本质先于存在"？若重气者，近于存在先于本质，而重理者，则近于本质先于存在。

第十一章　论寒洲《心即理说》、艮斋《李氏心即理说条辨》之辨难（第一至十条）

一、前言

　　田艮斋属韩国朝鲜李朝儒学之殿军，以朱子学为宗。李朝的朱子学大家有二：一是主理的退溪，另一是主气的栗谷；而艮斋之学较倾向于栗谷，寒洲则较宗于退溪。

　　艮斋所处时代，曾有华西与寒洲两个学派提出"心即理"说，艮斋对此则以"性师心弟"回应。华西与寒洲学派同属朱子学，所云"心即理"并非阳明学之属，而是近于朱子之"心具理"，不过强调心之大本在于"理"，不应是"气"。

　　关于艮斋与寒洲的论辩，笔者曾有文章发表；[1]这次再做细论，采取逐字逐句分析的方式而来做一检视。本文将先对寒洲《心即理说》简略评述，而后进到艮斋《李氏心即理说条辨》一文，更做深入探讨。由于寒洲与艮斋都属朱子学，所以本文亦将以朱子学为准，来进行分析与评判，同时对二人之思想特色做出说明。

二、寒洲之《心即理说》

　　寒洲《心即理说》一文，中心思想有二：（1）以朱子学意义之"心即理"（"心具理"），反驳栗谷、整庵之"心即气"说；[2]（2）批评阳明心学之"心

---

① 《艮斋学派与寒洲学派思想异同及其特征——田艮斋"心是气"与李寒洲"心即理"的差异比较为中心》，发表于《艮斋学论丛》第10辑，第113—160页。

② 参见杨祖汉教授："又据寒洲的《心字考证后说》，他认为心即气之说，是明儒罗整庵先提出的。"杨祖汉：《从当代儒学观点看韩国儒学的重要论争续编》，第424页。整庵是否为第一位提出"心即气"的学者？恐怕不得而知，但整庵之主张"心是气"确实有其根据，其言："释氏之'明心见性'，与吾儒之'尽心知性'，相似而实不同。盖虚灵知觉，心之妙也；精微纯一，性之真也。释氏之学，大抵有见于心，无见于性，故其为教，始则欲人尽离诸相，而求其所谓空，空即虚也；既则欲其即相、即空，而契其所谓觉，即知觉也；觉性既得，则空相洞彻，神用无方，神则灵也。凡释氏之言性，穷其本末，要不出此三者，然此三者皆心之妙，而岂性之谓哉！"〔明〕罗钦顺：《困知记》，阎韬点校，第2页。整庵认为，佛氏有见于心，而不及性，心者，虚灵知觉，只为形下之气。又笔者以为，整庵的说法并无背离朱子。

即理"。

寒洲以"和氏璧"为例，解释"心即气"与"心即理"等说，文曰：

> 荆山之玉，蕴于石中，惟卞和知其为玉，抱而献于王。王召玉工示之，曰："石也。"此见其外之石，而不知其中之玉者也。在朝之人，稍知玉石之别者，亦皆以为石。而独向之认石而为玉者曰："此玉也。"此岂真知玉者哉！其谓之玉者，即与谓之石者，无以异也。[①]

首先，一般人在面对和氏璧之时，大多无法辨别出真是美玉，而以石头视之，此指"心即气"论者，其中，和氏璧指心，石头指气，而美玉指理。

再者，又有另一种人，则是将一切石皆认作玉，此指阳明心学之"心即理"。由于阳明的"心"，不是朱子"体、用合一"或"心统性情"的心，这样的心只有形下作用；其中，心指的是石头，而玉指理，即阳明把所有石头皆认作玉，而将和氏璧说是美玉，亦只是偶然，阳明学之辈，非真能识玉。

寒洲以为，阳明只是禅学，其认气为理、认石为玉，一如"释氏本心"之辈。[②]而寒洲所提出的"心即理"，绝非如阳明心学，而是朱子学之意涵，真能承继朱子思想者。

关于寒洲"心即理"说之正解，其言："心是虚灵明觉，明觉中有实理，是为和氏璧，如石中有玉，心统于性情，而为全体大用之心。"[③]此全体大用之心，由于一般人尚缺乏格物之工夫，故也就未能开发出美玉，此时亦不可即石而言玉、即心而言理。亦是说，纵使为璧玉，亦尚非美玉，还须工夫之琢磨，才能呈现出美玉。如寒洲言：

---

① ［韩］李震相：《心即理说》，《寒洲先生文集》卷三十二，《寒洲集》，《韩国文集丛刊》（第318册），第141页。

② "若夫禅家之说，则认气为理，而谓心即理。彼所谓理者，即吾之所谓气也。象山以阴阳为道，以精神为心；朱子讥之曰：象山之学，只在不知有气禀之杂，把许多粗恶底气，都做心之妙理，率意妄行，便谓无非至理；又曰：释氏弃了道心，却取人心之危者而作用之。然则象山之所谓心者，气而已，而所谓理者，非真理也。阳明之学，原于象山，而其言曰：吾心之良知，即所谓天理，致吾心良知于事事物物则皆得其理矣。" ［韩］李震相：《心即理说》，《寒洲先生文集》卷三十二，《寒洲集》，《韩国文集丛刊》（第318册），第141页。寒洲提到，阳明的心只是形下，而不是朱子的统性情体用之心，又阳明之认气为理，也有偏差。

③ 朱子《大学章句》："吾心之全体大用无不明。"〔宋〕朱熹：《四书章句集注》，第7页。

虽然心为气禀所拘，而不若圣人之光明纯粹，则不可恃本心之同，而不求所以明之也。固当于吾心合理气处，扩其理而制其气，然后真心之纯乎天理者，可得以见矣。苟不到圣人之心，浑然天理（圣人之心，乃天地之心，而人之本心也）处，则"心即理"三字，未可以遽言之也。①

一般人未做工夫以复其初，不可遽言"心即理"，虽有玉在石中，若不做格物工夫，则不成美玉。至于圣人，以其心能具理，能完全依理而行，则可言"心即理"。

寒洲的意思亦是顺于朱子而来。如朱子注《论语》"七十从心所欲"处，依于胡氏而言：②

圣人之教亦多术，然其要使人不失其本心而已。欲得此心者，惟志乎圣人所示之学，循其序而进焉。至于一疵不存、万理明尽之后，则其日用之间，本心莹然，随所意欲，莫非至理。盖心即体，欲即用，体即道，用即义，声为律而身为度矣。③

"声为律而身为度"，本是程子用来盛赞曾子之易箦而能不失礼，喻指曾子之一举一动皆如天行，能为吾人行为之准则。同样地，朱子亦引胡氏而来赞叹孔子"七十从心所欲"之境界。④

这里强调，圣人之教，其中要旨，在于使人不失本心。"本心"一词，当是由孟子而来，在此应指朱子学意义下的"心即理"，意思是，心能合理、依理而行，心之所向便是欲，而欲者，中性之欲，若能合理，则莫非至理。

又言"心即体"者，依于朱子，乃以心之所以然的性理为体，则心之体、用、性、情等，能够全合于性，此中，心发为意，意有意欲，为心之发用。若是"本

---

① ［韩］李震相：《心即理说》，《寒洲先生文集》卷三十二，《寒洲集》，《韩国文集丛刊》（第318册），第143页。
② 指胡安国（1074—1138）、胡寅（1098—1156）与胡宏（1105—1161）父子三人。
③ 〔宋〕朱熹：《四书章句集注》，第55页。
④ 胡氏乃程子一系，朱子本来也想拜入胡宏门下，可惜朱子来到的时候，胡宏已逝。张南轩为胡宏之大弟子，于是朱子再找张南轩讨论程氏所传。这里的"心即理"，是朱子学的"心具理"（不是阳明的"心即理"），乃指其心完全合乎法则，能依天理而行。也因胡氏与朱子皆传程子理学，因此笔者在此以理学意义之"心即理"来做诠释，而不采阳明心学之"心即理"意涵。

心"，则能合于形上之道，发用也能合宜，即所谓"声为律而身为度矣"！

这段引文出自朱子《论语集注》，因此笔者取朱子之"心具理""本心义"来做说明。寒洲的"心即理"说与此甚相近。不过，寒洲的"心即理"说，只能合于朱子论心之部分，如朱子所言"本心即理"，此是不分解（综合）地说。而朱子学尚有分解的一面，也就是把心、性、情等，区分为三，这时心是郛廓，近于盛性之器，此时，心只是气；若再把心之器与心之内容物（性）相加，即心与性相加，才可言"心即理"。

三、艮斋之《李氏心即理说条辨》（第一至十条）

艮斋此文甚长，共有二十六条，为避免遗漏大义，将采逐一细解；又在此将仅解前十条，后十六条则待另文讨论。

寒洲言："心即气之说实出于近世儒贤。"艮斋条辩如下，开为二段，第一段：

> 程子曰："心如谷种，生之性是仁。"邵子曰："心者，性之郛郭。"（朱子于此二说，皆深取之）上蔡曰："释氏所谓性，乃吾儒所谓心。"（朱子以此，为剖析精微）朱子曰："释氏磨擦得此心极精细，便认做性，殊不知此正圣人之所谓心。"（戊午以后僴录）又曰："神是气之至妙处。"（辛亥以后。贺孙录"以后"二字，并包先生末年。而李氏答李肃明书，却只云辛亥录。李氏集中，此等处极多，殆近于舞文弄法之术，可怪也）勉斋曰："神有知觉能运用。"（以知觉运用，为性、为理，异学之说，吾儒不然也）孔子曰："操则存，舍则亡，出入无时，莫知其乡者，惟心之谓与。"（心是气分上物事，故有是言也）朱子曰："存者，此心之存也；亡者，此心之亡也，非操舍存亡之外，别有心之本体也。"（心果是理，而理亦可以操舍存亡论乎）①

---

① ［韩］田愚：《李氏心即理说条辨》，《艮斋先生文集前编》卷十三，《艮斋集》，《韩国文集丛刊》（第333册），第88页。

寒洲既宗于朱子，艮斋便引朱子来做申辩。艮斋举例，"心即气"说早在程朱已有，不是近世儒贤才来提出。

这里被寒洲批评的近世儒贤，当指栗谷、尤庵。寒洲也曾在另一文章中批评过罗整庵，栗谷则欣赏整庵，两人皆属理学中重气思想者，所以，寒洲所云"心即气"一派，应为整庵、栗谷等。而艮斋申辩，"心即气"说乃是继程朱以来之正脉，非始自整庵、栗谷等。

艮斋举例，程子尝言："心为谷种"，而"性"才是仁。这里，心、性对言，心之谷种不是仁，形上才是仁。又邵子言："心者，性之郭郭。"指心用以盛性，心的本身不是性，心之所以然之理才是性。

又举上蔡："释氏所谓性，乃吾儒所谓心。"认为释氏言性，是为空性，其实只到儒家虚灵知觉之心的形下层次。朱子也认为，释氏言心极为精细，而将此心误认为性，亦是只到心的层次而不及性，朱子曾以此批评释氏与象山学。

上来诸例，皆是本着程子"释氏本心，儒者本天"之定义、区别而来，皆是心、性对言，且以心不及于性；心若不及于性，则不可言"心即理"。心只是形下，性为形上，两者不同，正确说法应当为"心即气"才是。

朱子又言："神是气之至妙处。"朱子视神为形下，然形下之气有分精、粗，心与神都是气之精者，心为人道，神为天道，两者可相互比配，却都是形下。朱子女婿黄勉斋亦言："神有知觉，能运用。"若将此语与朱子"心是气之灵、虚灵知觉者"来做比配，则可知神与心皆为形下之精细、精灵之气。

又艮斋引《孟子》中孔子的话："操则存，舍则亡，出入无时，莫知其乡者，惟心之谓与。"操、存、舍、亡等形容，皆指心，因为"理"者无能计度，无法以对待概念来做形容。又引朱子之疏解，认为心是形下，所以有操与不操、存与亡的区别，若心是理，则形上之理绝无法以对待之形下之气等概念来做形容。艮斋在此举了甚多程朱之说，而来反驳寒洲"心即气之说实出于近世儒贤"之论断。

第二段：

> 程子曰："心要在腔子里。"（朱子论此有"驰骛飞扬，以徇物欲于外"之语，此果可以理看乎？）又曰："只外面有些罅隙便走了。"（所谓理者，亦如此慧黠否。）孟子曰："理义之悦我心，犹刍豢之悦我口。"（口与刍豢，非一物；则心与理义，独无辨乎？）朱子曰："知觉，正是气之虚灵处。"（答林德久书。以下段《中庸序》云观之，明是晚年定论也）"灵处只是心，不是性，性只是理。"（陈北溪庚戌，己未所闻。而李氏答月川儒生

书，却归之中年，其自为说，则乃曰："心之灵，非性而何？"极可怪也）又曰："其体则谓之易，在人则心也，言体则亦是形而下者。"（易在人则心，李氏尝谓："易是实理。"而愚别有所论，见下）又曰："只有性是一定，情与心与才，便合着气了。"凡圣贤之论心，如此者极多。而李氏乃谓出于近世儒贤之说（近世儒贤，暗指栗、尤以下诸贤），其意未可知也？如非尽涂天下后世之耳目，使之一切无所见无所闻，则其说恐难行也。①

程子认为，心要在腔子里！然一旦有些缝隙，便为外物所诱，心则驰散，不能再在腔子里了，若是理，则不会失落。理在朱子的定义中，是无计度、无造作、无情意者，理要依气而行。而艮斋持守栗谷之"气发理乘一途说"，理自不会走，所以朱子这里所谈的都是心，且此心不是理。

又寒洲《答月川儒生书》里认为："心之灵，非性而何。"此指"心即理"，而艮斋反对，如北溪所记："灵处只是心不是性，性只是理。"朱子早年学禅，曾视得昭昭灵灵之说，可见"灵"指的是形下之气，因为朱子以为，释氏谈不到形上之理。

寒洲解朱子"其体则谓之易，易在人则心"时，视此"易"即是实理，而能合于自说的"心即理"，但艮斋此段所引朱子之言："言体则亦是形而下者。"指"易"是形而下之阴阳变易，而不是朱子的体用义之实理之说。

艮斋反辩寒洲的引证，资料更为丰富、更具权威，指出心是气，而反驳寒洲的"心即理"，且"心即气"不始于整庵、栗谷、尤庵等人，而是程朱已有。

寒洲言："以心为气，玉工之谓之石也。"而艮斋辩曰：

> 使近世儒贤，指气质精神为心，则当曰以石为玉也。今指虚灵神明涵理而体道者，为不可直谓之理，奈何不下而属于气分，则所谓气者，非粗恶龙杂之物，乃是气之一原，与理无闲底。然则恶可不分精粗，而概谓之石乎？但石一而已矣，气则有几多般样。观《语类》贺孙录，论心神魂魄，皆以为气，而辨别得有精有粗处可见，此又不可不知也。②

---

① ［韩］田愚：《李氏心即理说条辨》，《艮斋先生文集前编》卷十三，《艮斋集》，《韩国文集丛刊》（第333册），第88—89页。
② ［韩］田愚：《李氏心即理说条辨》，《艮斋先生文集前编》卷十三，《艮斋集》，《韩国文集丛刊》（第333册），第89页。

艮斋认为，气有多种，有精有粗，而心之气是为灵气，不是一般粗气。而寒洲用和氏璧做比喻亦不十分恰当；和氏之玉石用以喻心，但石头总是同一石头，难以分别出优、劣，气则可分精、粗，心之气是为精气，不是粗恶之气。

这里，艮斋否定心为形上之说法，心应属形下，而形下又有精、粗之分，心是形下中，气之精者。

也就是说，所讨论的心可分为三种：一者，形上；二者，精气；三者，粗气。而寒洲把它牵引到形上之理，艮斋则将其归到形下之精气。

寒洲言："道心者，心之从理者。"艮斋辨曰：

> 曰心之从理，则心之非理，明矣，若理则何可言从理？且心即是理，则道心谓之道理，心之从理，谓之理之从理，皆不词矣。[1]

寒洲言："道心者，心之从理。"而艮斋辩道，正由寒洲此言，可知"心"定非是"理"。此乃寒洲与艮斋二人共同所遵守的朱子学心、性二分之原则，而艮斋又更强调两者之间的区别，问道：若言"心即理"，则道心即是道理，道既已是理，为何还要从理？这是说不通的。不过，话说回来，寒洲所主张的"心即理"，并不是把心等同于理，"即"字不是等同的意思，把"心等同于理"乃阳明的做法。

寒洲言："孔子之从心所欲不逾矩，心即理也（体即道，用即义），苟其气也，安能从之而不逾矩乎？"艮斋批评如下：

> 心果是理也，从心已是循理，循理而再有不逾矩，则理外复有理，头上又有头乎？吾圣人门中，无此议论，无此法门。大抵心虽神妙活化，然毕竟是气分上物事。故虽孔子，也不敢便道"从心"，须是操存得此心极精细，然后方敢言"从心"，然又必指矩为归宿处。故吕氏曰："说个不逾矩，可知圣人心中刻刻有个天则在。"（圣人之心，未尝自圣。心学家之心，动辄自圣。）不是即心是道（此四字是佛、禅、陆、王论心语，李氏亦只是此见），此本天、本心之别也。李氏于此等界分，不甚明晰，往往将心与理，笼统说做一物，如

---

① ［韩］田愚：《李氏心即理说条辨》，《艮斋先生文集前编》卷十三，《艮斋集》，《韩国文集丛刊》（第333册），第89页。

朱子之所讥何也？所引"体即道，用即义"，亦谓其所存所发，与理无闲云尔，非谓圣人分上，更无心矩、能所之分也。①

寒洲此条之言，是从朱子注释《论语》"七十从心所欲不逾矩"而来，此乃朱子引胡氏之言，所谓的"体即道，用即义"，即孔子任何一举一动的发用，都能合于义、合于道，但这是指心能合理、心能依理而行，而非指心是理。

艮斋辩道，若心已是理，则"从心所欲不逾矩"的"不逾矩"三字，便成多余，因为"心即理"，从心必定合理，不必再言"不逾矩"。

于是艮斋把寒洲的"心即理"说视为陆王学，或如禅家。朱子视告子之说近于禅家的"作用是性"，如同即心为道，在作用之不执着处，只有作用，而没有背后的作用者，如此以证性空，以形下之知觉为性，而不及于形上之性理。

不过，艮斋将寒洲"心即理"说视如阳明心学，此则恐怕失焦。其实，在寒洲《心即理说》一文中，亦强调对于阳明"心即理"之反对，认为阳明只是恰好将石误认为玉，阳明所言之心，不是朱子统于性情之心，而是阴阳气化之心，此只即于石头，而不是美玉，心仍是气。寒洲之论，仍是衍生自朱子学义理。

寒洲言："孟子七篇，许多心字，并未有一言指作气，而忧气之不能存心，患气之反动其心。"艮斋批曰：

> 孟子仁义之心，最是主理说者，然指心之本于仁义者言，非直把心为仁义也。（陈北溪论仁义之心云："仁义即性之实理，而心则包具者也。"）于此一义合，则无所不合矣。如不信，更以《礼记》程书仁义之气证之，是亦气可为理之据耶？夜气之不能存心，血气之反动其心，此等气字，与心即气之气，然有精粗之辨。李氏于此，每不能别白之，无乃未察欤！②

寒洲以孟子之说证成己意，然而孟子与朱子已是不同，孟子未必有朱子的理气论架构，若双方皆用朱子释《孟子》的理学作为标准，才可能有共识。

当然，艮斋所辩护者，乃朱子"心具理"下的孟学，虽心中有仁义之理，但心

---

① ［韩］田愚：《李氏心即理说条辨》，《艮斋先生文集前编》卷十三，《艮斋集》，《韩国文集丛刊》（第333册），第89页。

② ［韩］田愚：《李氏心即理说条辨》，《艮斋先生文集前编》卷十三，《艮斋集》，《韩国文集丛刊》（第333册），第89页。

确是形下，仁义是形上，心是用以具理，而本身不是理。心是"能具"，而仁义是"所具"，故心还是气，而不是理。

至于寒洲的看法则是：当孟子言"君子以仁存心，以礼存心"（《孟子·离娄下》）时，难道是以气存心？非也！而是以仁、礼等形上之理存于心。心的根据何在？此即在于性理！此乃艮斋与寒洲对"心即理"的"即"字定义不同所致；艮斋视"即"为论断语，而寒洲谈心与性的不离不杂，"即"字指的是：不能相离。

寒洲举孟子用以证己，如孟子曰："今夫蹶者趋者，是气也，而反动其心。"（《孟子·公孙丑上》）气会反动其心，所以若言心即气，则将反动其心，而是要说"心即理"，才不会反动其心，才能达到孟子的不动心境界。

然而，孟子这段话的意思是，若能养气，心方能随之有所养，若气之暴，则心亦为之暴，心、气要须交相养，才能不动心。这里，气之暴造成心之暴云云，是指心受到扰动？还是心之性理受到遮蔽呢？答案当为后者。不过，艮斋的义理也能顾及于此，所以寒洲举孟子说法并不能为自己加分。

而艮斋则举北溪之言。其实北溪说法既合于朱子，也合于艮斋，乃是一种"心具理"模式，心为郛郭，而性是所具之理，心、性当分开而言。艮斋又引程子以反驳寒洲，其原文如下：

> 又问："'夜气'如何？"曰："此只是言休息时气清耳，至平旦之气，未与事接，亦清。只如小儿读书，早晨便记得也。"又问："孔子言血气，如何？"曰："此只是大凡言血气，如《礼记》说'南方之强'是也。南方人柔弱，所谓强者，是义理之强，君子居之；北方人强悍，所谓强者，是血气之强，故小人居之。凡人血气，须要理义胜之。"[1]

艮斋引此段是要说明以心配气，而心是血气、夜气、平旦之气，仍是形下，不是形上。人要以理义胜过血气，要以性为师，而指引心。但心之气是为清明之气、虚灵知觉之气，与粗气并不同。艮斋引此是为证成，心还是一种灵明的形下之气，并不是理，而是精气。

寒洲言："程子心性一理。"艮斋批曰：

---

① ［韩］金砥行：《二程全书付签》，《密庵先生文集》卷十一，《密庵集》，《韩国文集丛刊》（第83册），第437页。

心性一理，犹言君臣一体、父子一体，宜于一中，看得有二也。大凡心性，也有分说时，也有合说时。合说时，非独心性一理，如道器形理，皆未尝有二物也；分说时，心、仁有谷种、生性之谕；心性有如碗盛水之譬。（《语类》《大学或问》僩录，李氏尝有所论，而失其本指，愚有辨说别见）圣人、释氏，有本天、本心之别；人心、道体，有有觉、无为之辨，是恶可偏执一说而尽废其余哉！[①]

寒洲引程子之说，认为"心性一理"。此说出于朱子《孟子集注·尽心上》第一篇，朱子引程子注曰："程子曰：'心也、性也、天也，一理也。自理而言谓之天，自禀受而言谓之性，自存诸人而言谓之心。'"[②]而在《二程集》中，则是伯温问于孟子的心、性、天，也是就孟子"尽心知性知天"此一脉络而发。寒洲引此用以证成心性一理，则心即性、即理。

然而，这样的证据实在薄弱，因为程子也说"万物一理"，那么是否就可证成心即理、山水即理？答案应是否定。以山水固有理，但山水本身是气，其背后的所以然才是理，而心亦然。

艮斋此段所做答辩，可谓面面俱到，甚合于朱子。艮斋言，朱子谈论心性时，有时合说，有时分说，合说时，不只心性一理，万物都是一理！而合说亦不碍分说，如程子也说"心为谷种"、仁是生之性，这是分说；而朱子的心、性分说则有"碗水之喻"，其中，能具者是心，所具者是性。朱子又以本心与本天而来区分佛、儒，这也是心、性分说；且心与性还有"心有觉"与"性无为"之分。

相较下，艮斋的分说、合说，可谓面面俱到，较得于朱子学全貌，而寒洲则执在合说一面，心、性不分，未能妥善涵括朱子学。

寒洲言："程子心即性也，性即理也。"艮斋批曰：

"心即性"，言其二者之无闲也，"性即理"，指其一物而无二也。大抵程子"心即性"有两处，一则论心无限量而有是语云："天下无性外之物，若云有限量，除是性外有物始得。"一则论尽心、知性，而曰："知之至则心即

---

① ［韩］田愚：《李氏心即理说条辨》，《艮斋先生文集前编》卷十三，《艮斋集》，《韩国文集丛刊》（第333册），第90页。
② 〔宋〕朱熹：《四书章句集注》，第349页。

性。"既曰知之至则心即性，则知未至则不可曰心即性也。（《语类》泳录。问："此心不在道理上穷究，则心自心、理自理。今日明日，积累既多，自然贯通，则心即理，理即心。"先生曰："是如此。"此当与程子语参究。）是皆非将性训心，曷可孤行此句以乱谷种、生性之分，心、理会一之指乎？（程子曰："理与心一，而人不能会之为一。若性与理，何待言与之为一，又何可言会之为一乎。"）昔某子学禅，而称以闻于伊川曰："心即性，性即天，天即性，性即心。"朱子谓此语无伦理，此见《大全》七十卷末矣。[①]

艮斋释说，程子言"心即性"，是指二者之不离，而言"性即理"，则指物之理即是物之性。程子不常论及"心即性"，若有，也多有其特定脉络，所以不可脱离脉络而断章取义；其中一处，是当"知之至"之际，则"心即性"。此近于朱子《格致补传》所言：一旦豁然贯通，心之全体大用无不明，以此心道义全具，能全依性理而行。不只程子言"心即性"，《朱子语类》亦有类似话语，然是就心能全依性理而行之际，并非定义心就是性。

程子也言"心与理一"，而艮斋以为：这是指要先知理、穷理，而后心方可合会于理；至于性与理，则不待合会，本自为一。这里的"一"字，如"心与理一"，是指将心与理二者合会为一，是合会之后的"一"；若是性、理之一，则是不待合会而本自为"一"，性、理本自等同。

寒洲对朱子甚为敬重，艮斋即举朱子之语而来回辩寒洲。《朱子文集》记载，有人听到伊川说到"心即性，性即心"，而为朱子否定，谓此说毫无伦次；因为朱子认定"性即理"，并且是形上层次之等同，至于"心即理"，则是就心与理之不离而言，如同理与气、形上与形下彼此之不离。关于"即"字，需要定义清楚，有时是"不离"，有时是"等同"，两种意思不同，不能如寒洲之含混。

寒洲言："心之盛性。"艮斋辩曰：

此说太拘滞也，程、邵"谷种""郭郭"语见上。朱子论心性之别曰："如以碗盛水。"然谓碗便是水则不可，此正为李氏下顶门一针也。又论明德，而曰："性是理，心是盛贮该载底。"此类极多。岂可曰性则吾儒之性，

---

① ［韩］田愚：《李氏心即理说条辨》，《艮斋先生文集前编》卷十三，《艮斋集》，《韩国文集丛刊》（第332册），第90页。

而心则医家之心乎？（《语类》论心统性情云："心是神明之舍，为一身之主宰，此亦以舍字，故指为医家之心乎？"）①

"心之盛性"出于寒洲《心即理说》一文，原文为："性外无心，心外无性。若心之以盛性言者，心之舍也。医家之所谓心，而非吾之所谓心也。"②寒洲以为，"心之盛性"是医家主张，不是理学家之主张。不过，这种说法能合于朱子吗？

大致上，艮斋所举朱子之说，都是以心为能舍，而性为所舍，能、所之间有所区别，亦必须如形下、形上之区别，此艮斋能得朱子之意。

寒洲言："心为太极。"艮斋辩文甚长，开为二段，第一段：

> 道为太极，心为太极，俱是《启蒙》所载，而何为单拈一句？岂方论心即理故欤？抑以性不足为太极而然欤？（李氏尝曰："《语类》性犹太极，借谕之辞，非的指之辞。"又曰："性不可独当太极。"此说极怪骇。朱子甲寅冬，答陈器之书云："性是太极浑然之体。"丁未，癸丑，答张洽"太极莫是性"之问，曰："然，仍有动中太极，静中太极语。"辛亥以后，叶贺孙所闻曰："太极是性，阴阳是心。"丙辰以后，董铢所闻曰："性是太极之全体。"此类何尝是借谕而非的指乎？李集中似此处极多，不暇悉辨。）夫道为太极，直指道之当体而言；心为太极，并举心之所涵而言。恐未足为心理之的据也。（如言"形色天性"。孔子太极，岂当执言迷指乎？）又其所引一动一静、未发已发之理两句，是朱子答吴晦叔书，论易有太极语，初非为心当属理而发。今此云云。有若朱子以此两句，当心为太极者然？吾未知李氏之心，果是太极而有此纷纭牵引，苟且称贷，以为立己见，眩人眼之术耶？③

寒洲举朱子《易学启蒙》所言"心为太极"，用以证成自己的"心即理"。然

---

① ［韩］田愚：《李氏心即理说条辨》，《艮斋先生文集前编》卷十三，《艮斋集》，《韩国文集丛刊》（第332册），第90页。

② ［韩］李震相：《心即理说》，《寒洲先生文集》卷三十二，《寒洲集》，《韩国文集丛刊》（第318册），第141页。

③ ［韩］田愚：《李氏心即理说条辨》，《艮斋先生文集前编》卷十三，《艮斋集》，《韩国文集丛刊》（第333册），第90—91页。

依于艮斋，如果抽离原文脉络，而独言"心为太极"，这是不能服人的。且朱子言"心为太极"之处甚少，反而是"性是太极"讲得较多；依于朱子，太极只是理，是为本然之妙，而阴阳为所乘之机；太极是形上，所以一定要以"性"来比配。

不过，寒洲以合说方式而谓"心为太极"，把能据之心与所据之理合言，此亦不为过，只是为了彰显"心为太极"而反对"性为太极"，则欠妥当，不合于朱子。又寒洲言，"性不可独当太极"，而"性犹太极"乃是借论而非的指之辞……。这些说法为艮斋所反对，认为"性为太极"便是借论而非的指之辞！性与心是人道论的说法，若为天道论，则被说成理与气，或说太极与阴阳。这在朱子学中是相当明确的主张。

寒洲"性非太极"说法，已是违反朱子，就这一点而言，寒洲明显居于下风，而且比"心即理"的论调还要错谬，"心即理"未必不可谈，如解为"心中有理"即可。

又艮斋举孟子之"形色天性"，此说近于寒洲的"心即理"，但若以朱子学来看，形色为形下，而所以然之理是天性，此如同心是形下而理是形上；心相即于理，犹如形色即于天性，又如朱子解"一阴一阳之谓道"，认为阴阳为形下，而道为形上。这些都是分解式的说法，亦不碍于寒洲综合式的说法，如"心即理"是一种综说，但脉络眉目需要清楚，不是以心等同于理。就此而言，艮斋较为全面，综说、分说都有。

第二段：

> 昔象山提唱先立其大，阳明假借良知，而并非孟子本指。则吕晚邨讥之以指鹿为马，使其见李氏此说，未知又以为如何也。附《答吴晦叔书》曰："夫易，变易也，兼一动一静、已发未发而言之也。"按以上，专言易字。"太极者，性情之妙也，乃一动一静、未发已发之理也。"按以上，专言太极。"故曰易有太极，言即其动静阖辟而皆有是理也。言太极，若以易字专指已发为言，是又以心为已发之说也，此固未当，程先生言之明矣。"细读此书，先生之意，以易为心，以太极为性情之理，何尝并太极为心，如李氏之说乎？今录之，使观者，知彼见理既错，而又驱之牵合。几于手分现化之术也。①

---

① ［韩］田愚：《李氏心即理说条辨》，《艮斋先生文集前编》卷十三，《艮斋集》，《韩国文集丛刊》（第333册），第91页。

　　艮斋又举朱子与程子之言，用以反驳"心为太极"。其认为，朱子视"易"乃"变易"，兼于动静、已发未发之变，至于太极，则为理、为性；而程子则是以"易"为心，并非以"太极"为心，因为太极是理，不是心。在早期，程子还有"凡言心皆为已发"的说法，不过后来已做改正，心有已发与未发、体与用之分，心用以统性情！

　　在艮斋看来，程子、朱子都不至于犯这样的错，即视"心为太极"，而寒洲未能顾及前后脉络，而单举朱子《易学启蒙》一句"心为太极"，就想用来证"心即理"，并不具备说服力。

　　寒洲言："心固是主宰底，而所谓主宰者，即此理也。"艮斋回辩如下，开为三段，第一段：

　　　　此《语类》夔孙录也。原文底下有意字，意下有然字，此字作是字，而今皆窜易，使本指变幻而读者眩督，何也？此非惟驱率前言，以从己意，又是伤其形体而不恤者也。愚尝有《读夔孙录》一篇，今附见于此，请看者有所订正焉。问：天地之心（专言心则以元亨利贞言，亦无不可。今与理字对说，不可复谓之理。先生所谓天地之心，不可道是不灵。所谓其体则谓之易，是天地之心者是也），天地之理（统而言之，太极是也；分而言之，元亨利贞是也）理是道理，心是主宰底意否（如此则看得理字，没主宰底，却将主宰，专归之心，恐成语疵？）曰："心固是主宰底意。"（此微许之辞也。如心理家之见，宜以为心即是主宰之理，如此则多少简径，而乃曰"固是"，又曰"底意"，何也？是宜洗心思之）①

　　寒洲言："心固是主宰底，而所谓主宰者，即此理也。"而艮斋检视此语出于《朱子语类》，其中文字改易不少。以下抄出《语类》原文：

　　　　问："天地之心，天地之理，理是道理，心是主宰底意否？"曰："心固是主宰底意，然所谓主宰者，即是理也，不是心外别有个理，理外别有个心。"又问："此'心'字与'帝'字相似否？"曰："'人'字似'天'

---

① ［韩］田愚：《李氏心即理说条辨》，《艮斋先生文集前编》卷十三，《艮斋集》，《韩国文集丛刊》（第333册），第91页。

字，‘心’字似‘帝’字。”①

艮斋曾作《读燹孙录》一篇；便是对这段文字所做的疏解；为了回辩寒洲，艮斋更将《读燹孙录》附录于《条辨》之后。

艮斋认为，寒洲犯了两个错误：第一，寒洲所引内容，已是改动了《朱子语类》原文而不自知；第二，若依《语类》原文，则寒洲的解释并未合于朱子。

而朱子原意应当如下：问者有四句话，第一句“天地之心”，艮斋认为，天地之心为易、为元亨利贞，然问者以“天地之心”与“天地之理”对，故艮斋对认为“天地之心”暂不比配于太极，而应以太极比配于“天地之理”。“天地之理”是问者的第二句，至于三、四句，“理是道理，心是主宰底意否？”问者的言下之意，好像是说“理”是无计度、无造作，而无主宰，主宰都归于心。而艮斋认为这不是朱子的意思，只是问者的意思；且把主宰全归于心亦非正确，主宰若全归于心，则恰好合于寒洲“心即理”的论调。

对此朱子的回答则有五句。第一句“心固是主宰底意”，艮斋特别强调两概念：“固是”“底意”；所谓“固是”，乃用以转折语义，例如：“固然如此，但……”意思是，“心固然有主宰义，但是，真实的主宰在理，而不在心！”但寒洲却要主张心有主宰，心就可以是理了。其实，“心有主宰”云云，并非义理全貌。

而“底意”二字，艮斋以为，是指心固然有主宰这一层的“意思”；如朱子也说，“心统性情”，心也有主宰义，但心的真正主宰在“性”，性为形上，其主宰是“不宰之宰”！此是栗谷所主张，而艮斋所遵守者。心也主宰，性也主宰，但真正主宰在性。

第二段（抄出朱子回答问者的第二、三、四、五句，并疏释）：

> 然所谓主宰者，即是理也（言若论极本之主宰，所谓理者，乃可以当之。盖天地之心，即下文所谓似帝字者，这个心以二五之气，化生人物，固是主宰底意，然此心之所以为主宰者，以其本于太极之理，而为之用，故必着然字，以转却上句语脉，乃以主宰即是理者断之也。“即是理”理字，是问者对心之理，非后儒和心之理，宜精以察之）。不是心外别有个理，理外别有个心（上

---

① 〔宋〕黎靖德编：《朱子语类》卷一，王星贤点校，第4页。

文既以心与理分言，而又恐问者太析开看，故复以此告之。尝见世儒误读此语，直将心理两字，糊涂合作一物看。窃以为乖却本指也，如《论语集注》言："道外无身，身外无道。"《大全·答吕子约书》①言："非身外别有一物，而谓之理。"《杂学辨》言："道外无物，物外无道。"《语类》贺孙录云："不是于形器之外，别有所谓理者，岂皆道形无辨之谓乎？特言其不离耳。"盖圣贤之言活，读者最要得活法）。②

朱子回答问者的第二、三句，说道："然所谓主宰者，即是理也。"心固然是主宰，然真正主宰在性、在理。

艮斋诠释，心所以能主宰，根源在于性、理，心是依于性、理而能有主宰。心既是形下，何以能主宰（……为帝）？其乃是依于太极之理而能如此！第二句的第一个字"然"为转折语，意谓：心固然能主宰，但主宰之根据在于理，理与心对，理为依据，才是重要。而且，这是"对心之理"，而不是"和心之理"，也就不应如寒洲所释的"心即理"，因为"心即理"是"和心之理"，故朱子则是把心与理对，而为"对心之理"。

而寒洲以《朱子语类》一段用以证己，但艮斋认为，《语类》这一段的理，是心性分言的理、理气分言的理，心与理二者，以何为首呢？当以理为首，故性为师，心为弟，主从关系要分清楚。

至于朱子回答问者的第四、五句："不是心外别有个理，理外别有个心。"艮斋言，朱子回答的前三句是分说，把心与性理分说，而又怕学者误认，于是在第四、五句则采合说，表现朱子义理之四平八稳；理气之间当是不离不杂，一方面，强调心与理的不同，是为二物；另一方面，还要强调此二物的不得切割。

艮斋末后补了一句：读书要能活读！这是暗批寒洲无法活读朱子，而执着于"心即理"一词，不知朱子完整说法应为"不离不杂"，且在讲述上有合言、有分言的不同。

第三段（朱子回答后，问者再问，艮齐诠释）：

---

① 《大全》指《朱子文集》。
② ［韩］田愚：《李氏心即理说条辨》，《艮斋先生文集前编》卷十三，《艮斋集》，《韩国文集丛刊》（第333册），第91页。

问：此心字，与帝字相似否（何不问此心字直是太极否？亦宜慎思之）
曰："人字似天字，心字似帝字。"（天帝与人心相似，人心有觉，道体无
为，则天帝有知，太极无为也。或疑朱子谓帝是理为主，则帝非理欤？曰：
"理为主三字，便有斟酌。"若是性与太极，何待言理为主乎？窃谓似此分
解，庶几得先生本指。前此诸家，往往硬将此录，说从自己意见上去。有如先
生所讥贩私盐担私货者，讨得官员一封书，方敢过场务，偷免税钱者矣。）①

问者又问："心"字与"帝"字相似否？朱子答："心字似帝，人字似天。"
本来在问者与答者对谈中，并无一"人"字，而朱子回答中却出现"人"字，似乎
突兀，其实不然。朱子是把天帝与人心做一比配，天帝有掌管、主宰的意思，而人
心作为心官亦有掌管的意思，心官掌五官百骸，而心亦统性情。

朱子的意思，心与帝有些相似，都有主宰义。但回到上一问，朱子强调，心之
所以能为主宰，是在性、理，重在理而不在心；岂如寒洲所言"心是主宰，主宰者
即此理也"，甚且从而推出"心即理"？如上文，艮斋批寒洲所抄版本与原文有
误，故其无法真能了解朱子意思。

寒洲一看到心有主宰云云，马上认定朱子亦言"心即理"，艮斋以为，就像私
贩之讨官员书而得免税，寒洲现在也想借朱子之文而得"心即理"，但寒洲之举仍
属失误，没有凭据。此外，天帝之所以相似于人心，以人心有觉、天帝有知，两者
概属有为，而非道体，道体则是无为。

也有人质疑艮斋此说，因为《朱子语类》载："帝是理为主。（淳）"②这句
话有诠释空间，第一，帝就是理。艮斋却不如此诠释；第二，帝为心，而以理为
主。若以帝为理、为主，则可往寒洲的"心即理"方向走，但朱子类似的讲法毕竟
少数，大抵只是综合说法。如要理解朱子话头，则需要合说、分说齐看，才能较全
面得其原貌。这一点，艮斋做得较寒洲而言更好。

从以上可以看出，朝鲜一朝韩儒之间的论辩，常是为了争取朱子学之正统传承
地位，而艮斋对于朱子的理解较为全面，寒洲在此则显得薄弱。

---

① ［韩］田愚：《李氏心即理说条辨》，《艮斋先生文集前编》卷十三，《艮斋集》，《韩国文
集丛刊》（第333册），第91页。
② 〔宋〕黎靖德编：《朱子语类》卷一，王星贤点校，第5页。

四、结语：寒洲与艮斋之同异

本章比较李寒洲《心即理说》与田艮斋的回辩《李氏心即理说条辨》二文，二人所争者乃是朱子学的内部争议，争议何说才是朱子学正统，也因二人皆视朱子学为儒家正统，担心生心害政，故要辩个明白。

二人既皆以朱子为宗，所以如艮斋之批评寒洲的"心即理"只是阳明心学，则是不恰当，因寒洲仍属朱子义理之"心即理"，寒洲亦同样批评陆王心学。且"心即理"一词，亦非阳明所能独言，若放在朱子义理之下，此时的"心即理"，则是"本心具众理"，是心以理为根据的意思。两人对朱子"理气不离"之一面都甚为强调，且同样都反对阳明学。

至于二人的不同，则在于寒洲偏重于朱子学"理气不离"之一面，重其综说，而将心与理合说；至于心与理之不杂、有其分解之另一面，则相当薄弱，此也成为艮斋所补充或攻击的地方。因此，相对而言，艮斋较能得于朱子学之全面，李氏只得部分。

再者，艮斋所主张的"心即气"一词，此是定义语；而寒洲的"心即理"，则不是定义语，而是根据语，指心根源于理、不离于理。如果"心即理"或"心即气"的"即"字是定义语，则艮斋之视心为气，其说较准；若"心即理"的"即"是"以何为根据"的意思，则寒洲的"心即理"亦能合于朱子！

由于朱子的话头有时是分析语，有时是综合语；若分析语，心不是性，性师而心弟；若综合语，心中有性，即心言性，性在心中，心能具众理而应万事！艮斋确实较能两面兼顾，较合于朱子，而寒洲的"心即理"亦非是错，只是偏重一边，然亦有其创新之意义，他将朱子学"心统性情"之体用义进行阐发，有助于朱子学义理之发展。

最后，关于双方学说的特色。寒洲宗于退溪的理发之说，强调心有主宰、能发，理亦能主宰而能发。艮斋则是面对当时寒洲、华西学派的"心即理"说，而做出针砭，主张"性师心弟"，以性为主而心为辅；并且宗于栗谷的"气发理乘一途"与"心即气"主张，心是气，且为精气，而有气质体清之说。总之，艮斋一方面既能继承栗谷、朱子，守住朱子学的渐教、坚苦之说，人不是天，心不马上是理；另一方面，也开展了自己"性师心弟"之观点！

第十二章　论艮斋《李氏心即理说条辨》之辨难（第十一至二十六条）

一、前言

前文已陆续针对寒洲之《心即理说》，以及艮斋对寒洲主张之驳斥，也就是《李氏心即理说条辨》一文，大致做过梳理与分析，其中，更条列出《李氏心即理说条辨》之第一至十条而来逐一疏解，本文则接续前文，针对所余十六条辨文予以讨论。

艮斋所作《李氏心即理说条辨》，顾名思义，即是针对李氏之说而逐一条列出其疑难之文，而后再来进行回辨。双方之争论点，主要在于"心即理"或"心即气"。寒洲主张前者，而艮斋主张后者。

寒洲之"心即理"说，相当耐人寻味！它是在朱子学"心性情三分"而"心统性情"之下，以理为形上、以气为形下之二分架构，此与阳明心学之"心即理"已不相同，姑且称之为朱子学义理之"心即理"。

那么，朱子学之下是否可以成立"心即理"说呢？或问，朱子学之"心即理"，可以在什么脉络下成立？朱子学究竟是尊心，还是尊性？朱子学若是尊性，为何心还能统御性情？心若能统性，为何不称朱子学为心学，而是称为理学？……这些疑点，皆可在艮斋与寒洲之论辩中获得初步解答。

此双方对朱子之文献都相当纯熟，并皆自许为朱子学之正统，所纠结、辨难之问题亦多围绕着朱子学展开，本文亦将以朱子学为标准，试判何人较合于朱子？

二、艮斋之《李氏心即理说条辨》（第十一至二十六条）

以下，直接进入《李氏心即理说条辨》之第十一条辨文，并逐一展开后十六条辨文之疏解。

（十一）寒洲言："又论养心，以认之为气有存亡，而欲其致养于气为非。心即理三字，实是千圣相传之的诀也，但卞和以玉之在石者。单谓之玉，而见刖于楚，向使卞和告之曰此乃玉石也，则岂至于刖也。"①

寒洲言道，朱子尝有养心说、养心论，内容提道："养心以认之为气有存亡，而欲其致养于气为非。"故养心不是养气，而是养理，故曰心即理，且此乃千圣所传之要诀。艮斋则辨难如下：

> 朱子《大全》《语类》无所谓养心说，而今曰云云，可异也。但孟子牛山章小注，载朱子说云："其存其亡，皆以心言之。"说者谓"气有存亡而欲致养于气"，误矣。李说似出于此，而变作养心说，岂传写有误欤！然据此以为心即理三字千圣相传之的诀，则恐未然也。《孟子集注》云："良心即仁义之心。"《大全·答苏晋叟书》正论此句云："心之仁义是性。"可见仁义之心非性，而心之仁义乃是性也。朱子论成仁云："以遂其良心之所安，良心非理，而所安乃理也。"如直把良心为理，决与朱子异矣。当时说者，因心气无分而误。今日李氏，因心理无分而误，盖胥失之矣。大抵心字，但可谓之与理无闲，不可直抬起作道体。观《集注》"此心常存""无适而非仁义"两句，心与仁义到底是有辨。先儒纵有以理言良心处，此则当离合看，但可谓之比性较粗，不可拽下来做夜气。心是操则存、舍则亡，而有得失者也；气乃搅便浊，静便清，而无功夫者也，二者不容无辨。②

艮斋说：《朱子文集》与《朱子语类》皆无此说，然有文义相近者，乃《朱子文集·答敬夫孟子说疑义》，内容如下：

> 夜气不足以存。（解云：夜气之所息能有几，安可得而存乎？）按此句之义，非谓夜气之不存也。凡言存亡者，皆指心而言耳，观上下文可见。（云"仁义之心"，又云"放其良心"，又云"操则存，舍则亡，惟心之谓与"，正有"存亡"二字，意尤明白）……则虽有日夜之所息者，亦至微薄而不足以存其仁义之良心矣，非谓夜气有存亡也。若以气言，则此章文意首尾衡决，殊

---

① ［韩］李震相：《心即理说》，《寒洲先生文集》卷三十二，《寒洲集》，《韩国文集丛刊》（第318册），第142页。
② ［韩］田愚：《李氏心即理说条辨》，《艮斋先生文集前编》卷十三，《艮斋集》，《韩国文集丛刊》（第333册），第91—92页。

无血脉意味矣，程子亦曰："夜气之所存者，良知良能也。"①

艮斋依于朱子之说，认为孟子原文提道："夜气不足以存。"然孟子原文却未明言所存为何？张栻推论是"存夜气"，而朱子不以为然，认为是"存良心"，并举程子之语，明确指出所存者，乃"良知良能"。引文提到"仁义之心""放其良心""惟心之谓"等，皆是指心，而非指夜气，然如今寒洲变其原文，而将养心视为养气，以便证成自家之心即理说，此乃传写之误。

艮斋又举朱子之《孟子集注》，提道："良心即仁义之心。"而仁义之心仍是心，并非是性，故不可言"心即理"；又依朱子之"心之仁义是性"，从而推论出：仁义之心不是性，心中之仁义才是性！故朱子之学可称为"性即理"，却不能称为"心即理"。

艮斋又举朱子语，不知出处为何，然有相近者，文曰："问：'无求生以害仁，有杀身以成仁一章，思之，死生是大关节，要之，工夫却不全在那一节上。学者须是于日用之间，不问事之大小，皆欲即于义理之安……'曰：'然。'"这里提到，要安于义理、安于仁。依于朱子，仁是爱之理、心之德，②而不是心，这是一种"心具理"之系统，而非"心即是理、心等于理"；所尊者，在于性，而非心。

在艮斋所抄出语，提到：遂其良心之所安，而良心非理，以心是能而理是所。依于朱子，心是虚灵知觉（能觉），用以知觉对象（所觉）——理，艮斋即以此来批评寒洲。并且认为，关于朱子所注孟子《夜气》一章，有人以夜气为良心，这是错误看法！心虽是气，然心之气乃属精气，与气之为粗者，不可等同而视。而寒洲把心与理二者等同，更是谬误；盖心者，若是分解来说，只是盛具，属于形下，纵使说为精气，也仍是气，而理却属形上。心是有为，性理则是无为，二者不可等同。

因此，艮斋主张，心既然是精气，且理气不离，则可曰：心与理无间断！却不可将心抬为道体，以心之精气毕竟是形下，不可抬为形上。又以《集注》"此心常存""无适而非仁义"等语而来推断，存心者，乃存于心之所以然之理；而所以然

---

① 〔宋〕朱熹：《答敬夫孟子说疑义》，朱杰人、严佐之、刘永翔主编：《朱子全书》（第21册），第1352—1353页。

② 〔宋〕朱熹：《四书章句集注》，第48页。

之理是仁义，非以心为仁义。朱子若是以理言心，乃就仁义之理不能离于心而言，此其所谓"不离"。至于"不杂"部分，乃心是气之灵，心是能而理是所，两者不同。

故朱子所言之心，较于性为粗，心虽是精气，却还不至于无声、无臭之性理层次；而心也不可视为夜气，因为夜气是粗气，心则是精气。心是操存舍亡，则有得失，有放心，亦可求返放心。至于气，乃无功夫者，工夫在心，而非在气，亦不在性，性只是理，属于无为。

（十二）寒洲言："退陶李先生论心曰：'统性情合理气。'而中图单指理，下图兼指气。夫所谓合理气，即此乃玉石之说，而单指理者，明其所用之在玉，兼指气者，示其所包之实石也。然而卞和之献，以玉而不以石，论心者主理而不主气。先生尝曰：'心之未发，气未用事，惟理而已，安有恶乎？'此乃的指心体之论，吾所谓莫善于心即理者此也。若夫禅家之说，则认气为理，而谓心即理，彼所谓理者，即吾之所谓气也。"①

寒洲引退溪语而为论证；谓退溪所言之心，乃统性情，而合理气，此与己说相合。退溪是依着北溪之说，而视心为理与气合；而寒洲所谓的合于理气，如其喻例，理者，玉也，气者，石也，而如和氏璧则为理气合、玉石合。和氏璧虽为玉石合，但重点在玉，如同心虽为理气合，而重点在理，故可言心即理。这也与禅家不同，此处所言禅家，包括了阳明心学、佛家等"释氏本心"之类，这些学说只是误以石为玉，所言"心即理"的心，只是形下之心，而非理气合之心。艮斋则辨难如下：

"统性情、合理气"两句，宜子细理会。窃详退翁立文之意，"统"似是统合义，恐非上统下、尊统卑，如近儒之见也。今以圣贤言行考之，曰"以礼制心"、曰"心不逾矩"、曰"得善服膺"、曰"尊德性"、曰"圣人本天"、曰"钦承仁义"、曰"心原性命"之类，无非性为心主，心承性体之意也。若单据统百万军之谕，以为心上性下之断案，则《语类·大雅录》历言天

---

① ［韩］李震相：《心即理说》，《寒洲先生文集》卷三十二，《寒洲集》，《韩国文集丛刊》（第318册），第142页。

命性情，而曰心"统前后而为言"，①此将为以人心而压制天命，俯视帝则。《尊德性铭》曰："惟义与仁，惟帝之则。"岂非悖慢之甚乎！故卓录："以统为兼也。"如必以心统性情，为心上于性情，则亦将据人管天地（详见《人能弘道章》《语类·植录》），以为人尊于天地乎？一字不明，其害至此，可不慎诸。"合理气"气字，恐是指虚灵精英者言，未可直以粗浊渣滓当之。此以"合性与知觉有心之名"推之可见，如曰退翁畔弃张子，而自立宗旨，吾不信也。下文"心之未发，气不用事"，此气字始以气质言；至于"惟理而已，安得有恶"之云，只是明性善之理而已，曷尝有心即理之意来？李氏乃以为己说之的证，吾不知世之儒者，果皆有听受而无疑难否也。②

艮斋较宗于栗谷，偏好"气发理乘一途"之说，寒洲则较宗于退溪，主张理本身具备活动性。但退溪也以朱子为宗，在心统性情之议题上，艮斋亦不信退溪能证成寒洲之说而背离朱子。

于是艮斋列举先贤之说以为论证——此先贤亦同属朱子理学一系。如"心不逾矩"，其中之矩，指的是性理，心以性理为尊；又如"圣人本天"，所本者，天理也……这些都是朱子从明道、伊川继承而来的理学，主张要依客观性理而行，如服牛乘马，而非服马乘牛。又此客观之天理，不为尧存，亦不为桀亡。

朱子提出"心统性情"，对于其中的"统"字，艮斋与寒洲有不同诠释。寒洲以为，"统"者，如君王之统领百万大军，故以心为主，而性情为辅；然艮斋反驳，若以心为首领，而朱子尝言："在天为命，禀于人为性，既发为情。……唯心乃虚明洞彻，统前后而为言耳。"此是在说"心统御天、命、性、情"吗？那么，心的地位岂不高于天命、帝则？此帝即是仁义，心能高于仁义吗？此说显然不合于朱子，因此，主张采取《朱子语类》卓录之说，视"统"为"兼"！

其实，"心统性情"的"统"字，在朱子文献里曾有各种讲法。如《知言疑

---

① 《朱子语类》原文："在天为命，禀于人为性，既发为情。此其脉理甚实，仍更分明易晓。唯心乃虚明洞彻，统前后而为言耳。据性上说，'寂然不动'处是心，亦得；据性上说，'感而遂通'处是心，亦得。故孟子说'尽其心者，知其性也'，文义可见。性则具仁义礼智之端，实而易察。知此实理，则心无不尽，尽亦只是尽晓耳。如云尽晓得此心者，由知其性也。"〔宋〕黎靖德编：《朱子语类》卷五，王星贤点校，第87页。
② ［韩］田愚：《李氏心即理说条辨》，《艮斋先生文集前编》卷十三，《艮斋集》，《韩国文集丛刊》（第333册），第92页。

义》中，张栻认为，应当改为"心主性情"，而朱子表示赞成；主者，主宰之义，此近于寒洲之说。而艮斋将"心统性情"解为"心兼性情"，亦是有其根据。若是将其放在朱子学之大脉络下，心能够统御性，而性又为心之主，那么，心与性到底何者才是尊主呢？以理学家来说，仍以性为主，心始终顺任于客观之理，心用以具理、穷理，依理而行。

艮斋更担忧，若真是"心统性情"，以心高于性理，则成为人管天、人高于天，此恐流于个人主义之危险境地。且在朱子学，心具有主观义，会随着各人气质之不齐而有不同，不过，性则具备客观义，能为恒定之道德理则。说到底，应当还是尊性而贬心，心不应凌驾于性。

而退溪之"心为理气合"，系从北溪而来；艮斋以为，理气合之心，此心为气，乃指虚灵精英之气，即心虽不到形上之理的层次，亦绝非形下粗气之层次，而为虚灵知觉；切不可如阳明学、禅学之本心说，视心只是形下之粗气。

那么，该如何理解"理气合"一词？艮斋认为，心是精气，而为虚灵精英，用以聚合理与气；而寒洲认为，心内有理有气，如同和氏璧之有玉有石，而重点在玉——和氏璧为一块美玉。因此，心者，首重于理，再进一步说：心即是理！

艮斋举张子"合性与知觉有心之名"来做解释，然此说仍是"理气合"，无法判定谁胜谁负。艮斋又反问，难道退溪背叛于张子？其实，退溪与朱子虽都是理学，但理学之下，仍然存在着各种不同诠释，退溪之理具有活动性，朱子则否。而张载属于气学，与退溪、朱子本来不同！只是朱子堪为集大成者，编辑了《近思录》，让人以为朱子亦得绍继于张子。

朱子主要承继于程子，只是在体系建构之中，也采用了张子"心统性情""由太虚有天之名……合性与知觉有心之名"等说，艮斋厘清：这是综摄而言之心，即将心与心之内容等综合而言；心为虚觉知觉之精气，而性为其所以然之理。

寒洲以退溪之"心之未发，气不用事，惟理而已，安得有恶"，用来证成自己的心即理说。然艮斋反驳：心之未发，气质不用事，乃唯理是从，故无恶；如此说法亦不具备心即理的意义，反而近于"心顺理"：心不为气质所杂，而唯理是从。前引退溪之语实未能作为寒洲"心即理"说之明证。

（十三）寒洲言："象山以阴阳为道，以精神为心。朱子讥之曰：'象山之学，只在不知有气禀之杂，把许多粗恶底气，都做心之妙理，率意妄行，便谓无非至理。'又曰：'释氏弃了道心，却取人心之危者而作用之。然则象山之所谓心者气而已，而所谓理者非真理也。'"①

寒洲谓，心为理气合，犹如和氏璧，在未开发出美玉之前，乃是石与玉之结合。而象山同于释氏之"本心说"，其言心，只是气，属于形下，只是石头，却把石误认为玉，而并非和氏璧。可见寒洲批评两种说法：一者，心学家，如陆王、佛家等；二者，将朱子学错解而以心为气者，"心"应为理气合，而非只是气。而艮斋辨难如下：

> 朱子答陆氏书，讥其："认得昭昭灵灵能作用底，便谓太极。"此是佗认心为理之一大公案也。陆氏又尝见詹某下楼心澄莹，曰此理已显，是又其真相之不能掩处。盖既指灵昭澄莹以为理，而不察气禀之偏，不究性命之理，故卒至于率意妄行，而便谓至理矣。李氏谓彼所谓心者气，而所谓理者非真理，此正刺着佗痛处。但自家亦常指灵觉神识以为理，不肯认此性为太极而尊之，是其所见，果与陆氏判然不同否？请世之君子下一转语看。②

艮斋同意寒洲对于释氏、象山之批评。一如"释氏本心，圣人本天"之说，圣人所本者，天理、性理也；而佛教以昭昭灵灵为心，便以为是太极，象山亦主张心即理。然艮斋话锋一转，批评寒洲之"心即理"主张，亦是认石为玉。

艮斋之批评，寒洲必不服；其心乃统于性情之心，此与佛氏之昭昭灵灵，或是象山形下之气心，并不相同。但在艮斋看来，若真要守住朱子精神，当为"性师、心弟"，以性为尊，而非以心为尊。

　　（十四）寒洲言："阳明之学，原于象山，而其言曰：'吾心之良知，即所谓天理，致吾心良知于事事物物则皆得其理矣。'又曰：'良知一也，以其妙用而谓之神，以其流行而谓之气，以其凝聚而谓之精，安可以形象方所求哉！真阴之精，即真阳之气之母；真阳之气，即真阴之精之父。阴根阳、阳根阴，非有二也。'又曰：'心者理也，天下岂有心外之事、心外之理乎。夫吾

---

① ［韩］李震相：《心即理说》，《寒洲先生文集》卷三十二，《寒洲集》，《韩国文集丛刊》（第318册），第142页。
② ［韩］田愚：《李氏心即理说条辨》，《艮斋先生文集前编》卷十三，《艮斋集》，《韩国文集丛刊》（第333册），第92页。

心之天理，即太极之全体。'而今以真阴真阳流行凝聚者当之，则遗了太极而反以阴阳为本体矣。天下事物，莫不有自然之理，而一切扫除，只欲于吾心上认取，则所谓理者亦甚猥杂，而非其洁净之全体矣。"①

寒洲坚守于朱子脉络下之"心即理"说，而反对象山、阳明以来的"心即理"，认为陆王之"心即理"是以阴阳为本，却遗失了太极之形上。故寒洲之"心即理"，不会同于阳明心学，寒洲之说乃是玉石之相合、理气之相合，至于阳明则是认石为玉，其所言心，不是和氏璧，只是石头。艮斋辨难如下：

《传习录》曰："心之本体，即天理也。"此句，以性当之是矣。但恐王氏不如此道，非独王氏为然，李氏亦不肯点头也。天理之昭明灵觉，所谓良知也，此是王氏错见之源也。吾见李集诸说，与此不同者几希。而今于王氏，据其近上一等说话，即上所举一段是也，乃执其阴阳凝聚，而斥为猥杂，使王氏复起，必笑之曰：你何为用吾之精而攻吾之粗也。愚有一说云，使陆、王以气之虚灵知觉为心，而能时时刻刻视上面性字为本源，不敢不奉而守之，则理学单传，不过如此。朱、李二先生，何苦辟之如彼之严，只为其心自认为理，而不复以性为归宿，所以流于口谈心理而身陷气学也。朱子论公心归宿，见《语类·中庸第九章大雅录》；杨慈湖论心是圣，不必更求归宿，②

阳明尝言，心之本体即为天理！此艮斋可以认同，依理学家，心之本体便是性，而性即为天理！③但艮斋也清楚，阳明必不如自己如此诠释，包括寒洲，也与自己不同论调。艮斋以为，阳明之误在于以天理之昭明灵觉为良知，故良知可以为天理，然艮斋厘清，良知可以是昭明灵觉，却非是天理，良知可以用来知天理、具天理，然良知本身不是天理，良知只是能具而非所具。

艮斋读完《寒洲集》之后，认定此书与阳明学差异无几，亦是视寒洲归于阳明学，即以心为石头，何以能为和氏璧呢？而寒洲之批评阳明，在艮斋而言，只不过

① ［韩］李震相：《心即理说》，《寒洲先生文集》卷三十二，《寒洲集》，《韩国文集丛刊》（第318册），第142页。
② ［韩］田愚：《李氏心即理说条辨》，《艮斋先生文集前编》卷十三，《艮斋集》，《韩国文集丛刊》（第333册），第92—93页。
③ 阳明的"心之本体"，是指心本身就是本体，而不是说心的背后还有个本体。

是以心学之精者（指寒洲），而攻心学之粗者（指阳明）罢了！二人都将心误认为理。这里，依笔者拙见，寒洲仍是朱子学立场下之心学，不知为何艮斋未能看出这点，而始终将寒洲归于阳明心学，寒洲若知，亦必定不会服气。

　　艮斋认为，如果陆、王以虚灵为心，而心用以盛性、用以知性，此性在心上，性为形上，心为形下精气，则朱子与退溪何必摒弃不确之说？实际上，陆、王之心，并非用以守性，而是认心为性，不知理、气应该区别；又心若即是理，则有顿悟之可能，何必如朱子一般地涵养用敬、格物力行？说到底，陆王之学只是将心误认为理，虽畅谈于理，却身陷气学，其心只是形下之心，而达不到理，流于"释氏本心"之论。如朱子论"公心"之归宿：

　　　　徐又曰："只以至公之心为大本，却将平日学问积累，便是格物。如此不辍，终须自有到处。"曰："这个如何当得大本！若使如此容易，天下圣贤煞多。只公心不为不善，此只做得个稍稍贤于人之人而已。圣贤事业，大有事在，须是要得此至公之心有归宿之地，事至物来，应之不错方是。"[1]

　　徐孟宝认为，公心可以作为大本！然朱子依于《中庸》，主张应以"中"为大本，且唯能以性当之，心则不能；一般人若能将私心化为公心，只是贤于一般人而已，距离圣贤们之"天地位、万物育"之境界，尚有一段距离；心要求其归宿，一如人臣之止于忠、人子之止于孝，此忠孝者，即是性理。

　　艮斋除引朱子此段用以论证外，又批评象山之弟子杨慈湖；慈湖主张，心之精神谓之圣，不必再求归宿。而罗钦顺则批评慈湖此说，认为其是断章取义。罗氏云：

　　　　"心之精神是谓圣。"此言出于《孔丛子》，初若可疑，及考其全文首尾，亦颇明白。……子思问于孔子曰："物有形类，事有真伪，必审之，奚由？"子曰："由乎心。心之精神是谓圣，推数究理，不以物疑，周其所察，圣人病诸。"[2]

---

① 〔宋〕黎靖德编：《朱子语类》卷六十三，王星贤点校，第1529页。
② 〔明〕罗钦顺：《困知记》，阎韬点校，第107页。

罗氏之批评慈湖，其精神同于艮斋。其举《孔丛子》之原文脉络，得知有推数究理，即非以心之精神为圣，而是待心之穷理才能致圣。

艮斋除了批评象山、阳明、慈湖之外，在此又把寒洲之"心即理"等同于心学家，并做出批评。然寒洲毕竟属于朱子学之"心即理"，与陆王学说并不相同。

　　（十五）寒洲言："故李先生辨之曰：'阳明不知民彝物则真至之理，即吾心本具之理，顾乃欲事事物物揽入本心衮说。'既不知民彝物则真至之理，是不以四德五常之理谓之心也。所谓理者，果何理也？即向所谓阴阳精气流行凝聚之物而已，此岂非心即气之谓乎？然则其不以阴阳精气流行凝聚之物，谓之心谓之理。"①

寒洲再引退溪语以为论证。退溪尝批阳明只知心而不知理，不知物则民彝，而死守本心，此心只是气，而无理；若说是理，此理为何？其实也尚未达到朱子的物则之理，而只是阴阳之物的聚散而已，亦是形下，只是阳明不承认罢了。艮斋则辨难如下：

　　退溪先生所谓民彝物则真至之理，即吾心本具之理。此理字非指性体言，而另将心字为理，如近世心理家之见乎？只此一处无异论，佗余皆将释冰矣。②

艮斋大致同意寒洲所引退溪之文，但反问：退溪的民彝物则，难道不是指性体吗？其实，其当指性体，故曰"性即理"！既然如此，为何寒洲还要以心代性，而曰"心即理"呢？为何不曰"心具理"呢？

　　（十六）寒洲言："而真能以仁义礼智忠孝敬慈之实，谓之心谓之理，则退陶亦当首肯之矣。"③

①　［韩］李震相：《心即理说》，《寒洲先生文集》卷三十二，《寒洲集》，《韩国文集丛刊》（第318册），第142页。
②　［韩］田愚：《李氏心即理说条辨》，《艮斋先生文集前编》卷十三，《艮斋集》，《韩国文集丛刊》（第333册），第93页。
③　［韩］李震相：《心即理说》，《寒洲先生文集》卷三十二，《寒洲集》，《韩国文集丛刊》（第318册），第142页。

吾心所具者，若为客观之理，则退溪亦首肯之，此曰"心即理"。然艮斋不以为然，辨难如下：

> 仁义礼智忠敬孝慈之实，是性之实理，而为心之所本，非即是心也。今若糊涂说谓之心、谓之理，则是心性无分也。退翁于此，必有辨析之教，不应遽首肯之矣。①

性理乃心之所本，与心不离，此艮斋可以承认，但还须强调性理与心之不杂，心亦不是性、不是理，性理与心必定处于不同层次。如今寒洲却强欲糊涂一滚，是不知朱子学也。艮斋认为，退溪亦不致于如此糊涂，心虽不离性，但却亦非是性，寒洲"心即理"之"即"字，应当再做斟酌。

> （十七）寒洲言："是以《传习录·止善条》'忠孝的理，只在此心。心无私欲，即是天理'之说，则先生只辨其工夫功效之衮说而止，则心即理三字，果可以出于彼而判舍之也哉。夫谓心即气者之所以为不善，何也？"②

寒洲谓，"心即理"应是朱子学之至理名言！"心即理"三字不应因为阳明说过，便将它舍弃于朱子学之外，这样可能造成更多问题。至于阳明的"心即理"，其"心"只是气心，如释氏"本心"之学。艮斋则辨难如下：

> 王氏认心为理，故尝言："仁，人心也。心体本弘毅，不弘不毅者，私欲蔽之耳。"陆三渔曰："仁是理，弘毅是所以体此理。"岂全无别？又言："心无私欲，即是天理。"此是佗错见真赃处，而李氏特把无欲是理之云，以为心即理三字不可判舍之证，此是二家合掌之一大公案也。若乃吾儒议论，则不但曰胜私欲，而必着复于礼，然后乃曰事皆天理。不但曰心无私，而又必曰有其德；不但曰心无私，而又必曰事当理。此乃为本天之学，与彼之做无本菩萨者判然别矣。朱子曰：佛、老不可谓之有私欲，只是佗元无这礼，空荡荡

---

① ［韩］田愚：《李氏心即理说条辨》，《艮斋先生文集前编》卷十三，《艮斋集》，《韩国文集丛刊》（第333册），第93页。
② ［韩］李震相：《心即理说》，《寒洲先生文集》卷三十二，《寒洲集》，《韩国文集丛刊》（第318册），第142页。

地，是见得这理，元不是当克己了，无归着处。今王、李认无私为理，安有归着处？此是心性源头学问主脑，而有此乖舛，自余笺统合说牵引揍着处虽多，只缘本领不是，一齐溃裂也。徐孟宝以至公之心为大本，此与王、李之见正相符。天理外，无大本，大本外，无天理，而朱子不许曰："这个如何当得大本？"见《语类·中庸第九章大雅录》。今试问：李氏这个，如何当不得大本？幸而应之曰：果当不得，即须自疑旧见，而改读《大全》《语类》，如晦翁之序中和旧说可矣。如曰心之无私，如何不是天理、如何不是大本？请自认与朱子异，如王氏之告罗整庵，亦可矣。①

艮斋引阳明语"心无私蔽便是天理""仁，人心也"；阳明此说得自孟子，孟子系从心善以证性善，亦无体用之说。阳明可诠释孟子，朱子亦可诠释孟子；如今艮斋与寒洲皆以朱子为宗，则仁者，人心也！在朱子而言，却非视仁为心，而是以仁为此心所具之理，是为心之德、爱之理。

然依笔者拙见，朱子学把阳明视如"释氏本心"，亦有不妥；阳明所言之心，并无区分形上与形下，而程朱所视释氏之"本心"，因阙于理，故只为气，属于形下。两者并不相同。

艮斋话峰一转改批寒洲，认为若以无欲是理，即如阳明，则寒洲与阳明所言之"心即理"，是乃同归一系！②艮斋接着便以朱子所诠"克己复礼"之说为本，而来一并批评阳明与寒洲。依于朱子，若只是克去己私，尚不是天理，而是既要克己，还要复礼；礼者，乃天理之节文，能令天理显现。若只是克己，近于无本菩萨（以理为本）、释氏本心之说，而非儒者本天之说。

至于儒者之本天者，既去私欲，天理亦不可不显，而必有归处，归于理。如朱子强调，克己而为无私心，尚不是大本，大本是中，乃是天命之性；一旦克己，只达至公之心，此之外还须再复于礼，才是大本！

艮斋又举朱子《中和旧说序》，其中提道："意者乾坤易简之理，人心所同然者。"③心之所同然者，乃心所具之理；至于各人之心则主观性强，不如"理"之普

---

① 〔韩〕田愚：《李氏心即理说条辨》，《艮斋先生文集前编》卷十三，《艮斋集》，《韩国文集丛刊》（第333册），第93页。
② 其实，寒洲亦不断批评阳明之认石为玉。
③ 〔宋〕朱熹：《晦庵先生朱文公文集》卷七十五，朱杰人、严佐之、刘永翔主编：《朱子全书》（第24册），第3634—3635页。

遍、客观。又罗整庵曾与阳明论辩，整庵是站在朱子学角度，认为大本是理而非心，视阳明同为释氏本心之学。依此，艮斋亦视寒洲之心即理说，同于释氏本心、同于阳明。

（十八）寒洲言："心为一身之主宰，而以主宰属之气，则天理听命于形气，而许多粗恶，盘据于灵台矣。"[1]

寒洲认为，心官统领一切百体，而为主宰；心若为主宰却只是气，则天理将听命于心、气，此时，只有气心而无性理，以致胜理沦为气禀之杂，而使谬误、粗恶产生。此是反对"心即气"说。而艮斋辨难如下：

心为一身之主宰，须要细勘。使所谓心者，虽一霎时叛性而自用，则四肢百体，将群起而争雄矣，如何做得主？必也用敬尊性，乃可以管摄一身矣。虽后圣复起，应赐印可矣！如以主宰之名，即指"心为理"，则鬼神浩气，朱子尝以主宰言（见《语类》鬼神门扬录、孟子门夔孙录），是亦一切唤做理欤！夫心与鬼神与浩气之为主宰，或以钦承仁义，或以靠着实理，或以配义与道，而为之用尔，何敢屈天理而使之听命于己耶！且主宰之属气，又何尝以形气当之？而李氏乃曰天理听命于形气，岂非大家粗率乎！盖既误认气之灵觉为理，故才见人说气字，便指为粗迹。此正与朱子所讥："老、佛却不说着气。"此见吾儒不讳气字，以为外此然后为道者，同一证候也。[2]

艮斋认为，"心为一身之主宰"一句，必须善加观察才得肯认。心虽能主身，若是叛性、不守于理而为主宰，使身体为非做歹，此时四肢百体亦将群起争雄，心亦无法做得主宰。又"心为身之主"之说，乃是历来共法，荀、孟以来皆然，心学、理学亦然，故须善看，才能做出判断。

艮斋反驳，寒洲以"心为身之主"一句，便遽而推出"心为理"（按：其实寒洲是说"心即理"，而非"心为理"），那么《朱子语类》中朱子曾以鬼神为主宰，如此则鬼神也是理吗？当然不是！朱子是以鬼神为形下之气，而非理。

---

① ［韩］李震相：《心即理说》，《寒洲先生文集》卷三十二，《寒洲集》，《韩国文集丛刊》（第318册），第142页。

② ［韩］田愚：《李氏心即理说条辨》，《艮斋先生文集前编》卷十三，《艮斋集》，《韩国文集丛刊》（第333册），第94页。

艮斋解释，心与鬼神之所以能为主宰，是心承理而能主宰，如朱子所诠孟子"其为气也，配义与道"，因配义而能浩然，而非心与气本身即能浩然。难道心之为主宰，便可屈天理以从己，而使心超越于天理之上？

此外，艮斋以心之主宰属气，难道这是形下之粗气？不是的！应是精气。寒洲论理之谬误，在于把虚灵知觉之精气等同于理，使得原本"理、精气、粗气"三层之区分，在寒洲这边，只剩下两层（理、粗气），以至于只要看到"气"，便判为粗气，概凡不及于理者皆为粗气，殊不知还有一种精气之心。

接着，艮斋辩护"心即气"一说，认为"心"正是气，且是精气、灵气。这种说法不必避讳，而寒洲却一再避讳，如同佛老之论。如《朱子语类》所指出：

> "游气纷扰，合而成质者，生人物之万殊"，此言气，到此已是渣滓粗浊者，去生人物，盖气之用也。"其动静两端，循环不已者，立天地之大义"，此说气之本。上章言"气块然太虚"一段，亦是发明此意，因说佛老氏却不说着气，以为此已是渣滓，必外此然后可以为道，遂至于绝灭人伦，外形骸，皆以为不足恤也。[1]

朱子以自家理气论而来解释张子，视儒家亦不讳言"气"，倒是佛老则贬低气，视其为渣滓。老子言："有物混成，先天地生。"此乃以道为尊，视天地之气化世界为粗，而佛教则以灭绝人伦为尚，欲求出离于三界六道，儒家则不然。

儒家重视气化世界，并不反对气，气亦非皆粗，亦有精神，气若能依理而行，亦为善，世间亦能善化，而不必如寒洲之讳言"心是气"。艮斋批评寒洲之"外此为道"，与佛老何异？所谓"外此为道"，指不可言"心即气"，而当言"心即理"，却反而流于佛、老之说。彼辈皆把气认粗，而予以排斥。

> （十九）寒洲言："心无体，以性为体，而今谓之气，则认性为气，告子之见也。而人无以自异于禽兽矣。"[2]

---

① 〔宋〕黎靖德编：《朱子语类》卷九十八，王星贤点校，第2508页。
② 〔韩〕李震相：《心即理说》，《寒洲先生文集》卷三十二，《寒洲集》，《韩国文集丛刊》（第318册），第142页。

心以性为体，此朱子学亦不否认，然寒洲认为，若以心为气，则性亦当为气。既视性为气，即如告子之流；告子因不知性为理，而以生者、气者当之，以致产生许多谬误，而遭到孟子反对；若性不能到达仁义礼智之理，则与禽兽无异。艮斋则辨难如下：

> 李氏徒知心之无体，以性为体，而谓心是气，则有认性为气之嫌而已。不知器亦无体，而以道为体；阴阳亦无体，而以太极为体；形色亦无体，而以天性为体矣。今使李氏论此，则将避太极、性、道为气之嫌，而把阴阳形气之属，一切谓之理欤！①

"心无体，以性为体"云云，并无疑虑，此如"器无体，以道为体""阴阳以太极为体"等说。若依寒洲之论，为了避免将太极、性、道贬为气，于是便把阴阳、形气通通提升为理，也就是说，寒洲为了避免心中之理沦为气，而采"心即理"说，且必须把形气之心、器、阴阳等等，一律提升为理。在艮斋看来，这种做法值得商榷。

器者，本为形下，形下者，本身不是真正之本体，而以道为体；同样地，心只是精气，而以形上之性为体，故曰"心无体，以性为体"。

（二十）寒洲言："心是性情之统名。而以心为气，则大本达道，皆归于气。而理为死物，沦于空寂矣。"②

寒洲又举朱子、张子之名言"心统性情"一句，来做论证；依此，若心为气，则性情亦为气，大本达道亦为气，则理不妙于形上，而为形下死物，沦为空寂。艮斋则辨难如下：

> 心者，性情之统名，本蔡西山语，而朱子无所可否，李氏却谓先生首肯之，见与人书，吾惧夫流俗诮儒者，亦有矫诬之习也。其下云云，亦近杞人之忧。盖朱子既深取谷种郭郭之说，又自有碗水之谕，属火之说，又以其体则谓

①［韩］田愚：《李氏心即理说条辨》，《艮斋先生文集前编》卷十三，《艮斋集》，《韩国文集丛刊》（第333册），第92页。
②［韩］李震相：《心即理说》，《寒洲先生文集》卷三十二，《寒洲集》，《韩国文集丛刊》（第318册），第142页。

之易为心，而目之为形而下者，是皆以心为气之论也，未闻大本达道亦皆归于气而沦于空寂也。李氏谓以心为气则理为死物，此亦误矣。昔上蔡杂佛而以仁为活物，则朱子不取，而曰说得有病痛。其答陆氏书，亦以认得灵昭作用底为太极者，归之禅学。今李氏之见，与谢陆无别，此难以自附于朱门矣。夜气章《语类》云："心不是死物，须把做活物看，不尔则是释氏坐禅。"又曰："心是个走作底物。"今若以理为走作底活物，则其谤理亦已甚矣。①

艮斋认为，朱子只讲"心统性情"，却不讲"心者，性情之统名"，前者指"心兼于性情"，后者则指"心等同于性情"。又后者乃蔡西山之语，朱子不曾肯定，亦不曾否定。若依寒洲之论，恐有矫诏之嫌，即推举权威以为证明，然权威却未必有这样的意思。

寒洲又提出"大本达道亦皆归于气，而沦于空寂"之忧疑，艮斋则不以为然。因朱子视心为谷种，此取自伊川；又有郛郭之说，借喻盛性之具；又说心属火，五行之一；心体乃变化状态，而为形下……这些都是朱子以心为气之明证，又如何会让大本达道沦为形下之气呢？

而寒洲言：若以心为气，则理为死物。此说并不妥当。如谢上蔡之以觉训仁，②视仁为活物，而朱子不取；此因仁是性，乃生之理，本身是无计度、无造作者，属无为层次，无法描述其为死物或活物。又朱子与象山辩论"无极太极"时，曾批象山把昭灵作用视为太极，依此则同于禅家或释氏本心之说。

如今寒洲主张心即理说，岂非同于象山之"以昭灵为太极"？又朱子曾谓心乃活物，而非死物，若如释氏之面壁观心，心才是死物；至于理则非活物，亦非死物，理属无为，乃是无计度、无造作、无情意者，若认理为活物，乃是谬误。艮斋认为，所谓的心统性情，此心乃一活物，毕竟属形下层次，至于理则属形上、无为层次，要能如此认定，才称得上合于朱子学。

（二十一）寒洲言："从古圣贤，莫不主义理以言心。"③

---

① ［韩］田愚：《李氏心即理说条辨》，《艮斋先生文集前编》卷十三，《艮斋集》，《韩国文集丛刊》（第333册），第94页。
② 全祖望曾认为，谢上蔡为象山心学之肇始。
③ ［韩］李震相：《心即理说》，《寒洲先生文集》卷三十二，《寒洲集》，《韩国文集丛刊》（第318册），第142—143页。

艮斋则辨难如下：

> 只此便见此心非直是理也。如道也、太极也、性也，三者直是理，何待主理而言乎？李氏几于握灯索照矣。①

寒洲认为，古之圣贤莫不主理以言心。艮斋则不多做回辩，认为要看如何诠释。若从这句话看来，其岂非正是指出"心非义理"，心只是用以悦纳、含藏义理，心是能而义理是所。若如寒洲语，则心已是理，岂还需"主理"？不啻叠床架屋？

（二十二）寒洲言："而以心为气之说行，则圣贤心法一一落空，学无头脑，世教日就于昏乱矣。"

艮斋辨难如下：

> 以心属气，而心不敢自用，必以性理为头脑，则不知此外又有圣贤心法乎？必也为心者，自认为至尊之理，而不复归宿于性天，然后圣贤心法一一成实，而世道日升于明且治欤。

寒洲认为，若以心为气，则圣贤心法落空。而艮斋反倒以心为气，如此，则心不敢妄自非为；心本为主观，必须以性为本，才能合于圣贤心法。难道心可以自认为天理而妄自尊大吗？圣贤心法不当如此！

（二十三）寒洲言："近世之以十六言传心，为梅赜伪撰者，此其兆也。吾所以宁见刖于楚，不得不以玉为玉也，岂容惩于认石为玉者之一以为玉，而泛言其兼玉石而已乎？尤何忍惧其刖而诬玉为石也耶！虽然心为气禀所拘，而不若圣人之光明纯粹，则不可恃本心之同，而不求所以明之也，固当于吾心合

---

① ［韩］田愚：《李氏心即理说条辨》，《艮斋先生文集前编》卷十三，《艮斋集》，《韩国文集丛刊》（第333册），第94页。

理气处，扩其理而制其气。"①

有人以为，"人心惟微……"等"十六字真传"，因为内容屡次提到"心"，则可能是心学家之伪撰，但其实这种看法并不必要。又如阳明之认石为玉，于是有人为了避免阳明之错误，甚至把和氏璧之美玉也认做石，这也不对。而圣人与常人之心并无不同，只是常人之心为气所掩，因而显不出美玉，待要做工夫以为复返。至于圣人之心则全心依理而行，艮斋则辨难如下：

> 虞廷授受，所重在中，不重心字。夫心而非道，则灵觉而已，圣人何尝以是为道而传之哉，此当曰传道，不必曰传心。传心固有前言可据，若论其极，则当以道字为准的也。王氏苹学佛，②尝告宋帝曰："尧舜禹汤文武之道，相传若合符节，非传圣人之道，传其心也，非传圣人之心，传己之心也。己之心无异圣人之心，万善皆备，故欲传尧舜以来之道，扩充是心焉耳。"吕氏谓圣人之学，性天之学也。自古无学心之说，凡言心学，皆为邪说所惑乱。不逾矩矩，矩者何也？性也、天也、至善也，心于性天合一，方为至善，方是圣学，可知心上面更有在此一句，近世心学家所大讳也。故谓圣学都在心上用工夫则可，谓圣学为心学则不可！如李说则谓圣学为心学有何不可？吾谓吕氏虽晚出，而其于吾儒本性，异学本心之辨，往往透髓，不可忽也。③

艮斋辩道，"十六字真传"重点不是传心，而在于"中"，此是大本，即是性、天理；至于其中之"心"字，则只是虚灵知觉而已。艮斋举王氏与吕氏以为说明；王氏以圣人传心，艮斋以为，这大概是学佛所致，属于释氏本心之说；而吕氏以圣人之学乃性天之学，此方是大道。若说圣学应在心上用工夫则可，因为性本无为，不可做工夫，但若直接以圣学为心学则不可，因为圣学是性天之学，并非心学。

（二十四—二十六）寒洲曰："（24）然后真心之纯乎天理者，可得以见

---

① ［韩］李震相：《心即理说》，《寒洲先生文集》卷三十二，《寒洲集》，《韩国文集丛刊》（第318册），第143页。
② 王苹（王信伯）是宋儒程子之再传弟子，后入禅。
③ ［韩］田愚：《李氏心即理说条辨》，《艮斋先生文集前编》卷十三，《艮斋集》，《韩国文集丛刊》（第333册），第95页。

矣，苟不到圣人之心浑然天理（圣人之心，乃天地之心，而人之本心也）处。
（25）则心即理三字，未可以遽言之也。石中之蕴，固真玉也，气中之理，固真
心也，苟徒恃其中，而不恤其外，并其气禀之拘者而谓之理，顽矿之蔽者而谓之
玉，人孰信之哉。（26）吾故曰论心莫善于心即理，而亦莫难明于心即理。"①

寒洲强调，未到圣人层次则不可骤言"心即理"；以圣人全心是理，心自然能
依理而行，如曾子之易箦，得而"声为律"而"身为度"者，此是真玉，即气中之
理和氏璧中之美玉，但一般人则为气禀所拘，不易全心依理而行。寒洲结论曰，论
心则莫善于"心即理"，然不易为人所明白，因为只有圣人可以办到，常人则无法
全心依理而行。艮斋则辨难如下：

> 只此一语，便见"心即理"之错矣。盖心原非天理，故云"纯乎天理"
> 尔，若性与太极，只可曰"纯是天理"，不可曰"纯乎天理"。下文"圣人之
> 心浑然天理"，可以三隅反矣。②

"纯乎天理"与"纯是天理"二语不同，圣人之心亦只可曰"纯乎天理""浑
然天理"，不可曰"纯是天理"，若是太极，方可曰："纯是天理"。故人心至多
可言"纯乎天理"，不可言"纯是天理"，既不可言，则不可曰"心即理"。
其实，寒洲、艮斋在此都有"心具理"的意思，而艮斋却以寒洲的"心即理"
同于阳明心学，实待商榷。艮斋又言：

> 李氏集中论"心即理"者，无虑累数千言，岂皆指圣人之心耶？然则众人
> 之心，却是气耶？吾意心果是理也，众人亦是此心，圣人亦是此心，安有两样
> 心？可以遽言、未可以遽言之分乎？若乃性即理，固未尝有到圣人、未到圣人
> 之异，又未尝有可遽言、未可遽言之分也。只此亦足以见"心即理"三字，未

① ［韩］李震相：《心即理说》，《寒洲先生文集》卷三十二，《寒洲集》，《韩国文集丛刊》
（第318册），第143页。
② ［韩］田愚：《李氏心即理说条辨》，《艮斋先生文集前编》卷十三，《艮斋集》，《韩国文
集丛刊》（第333册），第95页。

得为后圣不易之论也。①

　　艮斋问道，难道《寒洲集》中的"心即理"皆指圣人之心？或说，圣人之心为理，而常人之心则为气？艮斋所理解的"心即理"，是指"心等同于理"；故寒洲既说"心即理"，应当是不论圣人、常人都是此心，且只有一心，并无二心，这与"可遽言"或"不可遽言"没有关系。那么，不如回到朱子正统之"性即理"说，不论圣人、常人都是"性即理"——此乃不可易之言，而"心即理"则不是。

　　最后，艮斋言：

　　　　愚则曰论心莫危于"心即理"，（闻者易以自恣）而治心莫难于"心即理"，（圣者方不逾矩）危难两字皆从戒慎来，反此者无所畏惮矣。②

　　前面寒洲强调，论心莫善于"心即理"，而艮斋反驳，论心莫危于"心即理"；因为认人做天，容易猖狂妄为。同样地，治心亦莫危于"心即理"；心不是理，人不是天，人须要下学上达、戒慎恐惧，方不至于欲望横流。至于"心即理"说专以顿悟而上达，认人做天，此与狂禅何异？应当要如朱子之下学上达、操持艰苦，才是儒家义理。

三、结语：寒洲、艮斋之理论特色

　　以下，笔者将稍微整理一下寒洲与艮斋二人辩论之症结与特色：

---

① ［韩］田愚：《李氏心即理说条辨》，《艮斋先生文集前编》卷十三，《艮斋集》，《韩国文集丛刊》（第333册），第95页。
② ［韩］田愚：《李氏心即理说条辨》，《艮斋先生文集前编》卷十三，《艮斋集》，《韩国文集丛刊》（第333册），第95页。

（一）朱子是性学？心学？

由二人之争辩过程，可以凸显一个焦点，那就是：朱子究是性学，还是心学？朱子后学真德秀（1178—1235）着有《心经》、程敏政（1445—1499）有《心经附注》，而到了韩儒李退溪也有《心经后论》。朱子学之发展似有重心之倾向，若是重心，则可言"心即理"。

但艮斋之"性师心弟"亦合于朱子义理。然而，若以性为尊，何以朱子还要提出"心统性情"？这一方面，是从"中和旧说"之"性体心用"改正而来，另一方面，也是为了相合《四书》之义理；在《孟子》，"恻隐"本是心，而朱子却疏之曰情，以便合于《中庸》"未发为性，已发为情"以及喜怒哀乐说。

以《孟子》来看，全书计有四次提到"情"，意思皆指实情，而非情感。《孟子》亦以"恻隐"为心而非情感，朱子却要将"恻隐"视为情感，于是也就需要在心与情之间寻一关联，最后找到张载之"心统性情"——心具有体与用、已发与未发之不同层次。

朱子既言以心统性，又言性为心之主宰，那么心与性之间何者才是真正之主宰呢？总结说来，"性"略高一筹，是为最后之主宰！故艮斋的"性师心弟"说还是较能经得起考验的。

既然性是最后主宰，朱子为何还要说"心统性情"或"心主性情"？如前述，一方面，是为照顾孟子之原文，另一方面，也因为性是无为，而做工夫处却是心，因此提出"心统性情"——是一种渐教式工夫论：此心上之工夫，并不是顿悟的，而是有其次第，先依"小学"之涵养，接着做"大学"之先知后行！

有可能因为朱子话语之反复，而让寒洲误认朱子学亦可尊心，误认心可作为最后主宰，就这一点来看，寒洲之理论基础较艮斋薄弱。

（二）"心即理"如何解读？

二人对"心即理"之解读不同。艮斋误以为寒洲是"阳明学之心即理"，心即是天理，此则狂妄，不易收拾。然寒洲主要却是"朱子学之心即理"——吾心用以具理、本心具理！但有时也会些微滑转，而往阳明倾斜，所幸并不多见，大致仍依循于"朱子学之心即理"。

要注意的是，寒洲"心即理"之"即"字，确实有时是以"不离"解，有时又以"等同"解，两者可谓失之毫厘，差之千里！可能因此而引起艮斋之误会。若是

"不离"，即是"心具理"，与阳明心学并不相同。

总结而言，艮斋主张以性为宗、"性师心弟"，而寒洲则是介于阳明与艮斋之间，提出"心即理"说，又与阳明心学不同。寒洲之"心即理"，仍属朱子义理下之范畴，可以说为"心具理"——圣人之心能够全依于理。艮斋批评寒洲一如陆王心学，并不适当。

（三）艮斋对阳明之批评不甚准确

艮斋反对寒洲之"心即理"，视其为顿悟之说，流于禅学、阳明学，缺乏基本之居敬涵养，不讲究读书穷理，人容易狂妄自大。这中间，因其受到程朱学说"释氏本心"之限，故艮斋对阳明之批评，并不准确。在韩儒之辩论中，象山、阳明之"心即理"总被等同于"释氏本心"之说，但陆、王二人恐对此不会同意。

（四）艮斋三分架构与寒洲重心之意义

寒洲反对"心即气"说，认为朱子学之做工夫处在于心，如果心只是气，便无法作为大本，如同和氏璧若只是石，便不是重点。此因寒洲只有理、气二分，心之地位，不是归于理，就是归于气，然又要显出心之重要性，于是只得上提，遂成"心即理"说。

但在艮斋，则是区分为形上与形下，其中的形下之气，又分有精气与粗气，形成三分架构，此说较合于朱子。不过，寒洲之论，一方面，提升了朱子学重心之意味，另一方面，又不至于落入阳明后学、狂禅等不做工夫之流弊，亦可作为朱子学发展心论之试金石。

总结

本书共有十二章，主要围绕着艮斋一系脉络上溯而开展，在韩国朝鲜朝儒学的分系中，分有东人与西人，东人为岭南学派或称退溪学派，西人为畿湖学派或称栗谷学派。东人又分为东人中的北人与东人中的南人，北人以曹南冥为代表，而南人以李退溪为代表。南人后来又分为二，一派是岭南南人，传到李玄逸，再到李寒洲，寒洲是与艮斋辩论"心即理"说之健将；另一派是畿湖南人，由李星湖到丁茶山，茶山学风转而近于古学与实学，又受有天主教之影响。

至于西人以栗谷为代表，分裂而为老论与少论，少论是尹明斋，老论是宋时烈，老论再分裂为湖派与洛派，著名之"湖洛论争"即出于老论一系下的分裂，所争辩的是未发心体是为纯善或有善有恶，以及人性、物性之异同等。湖派有权遂庵，再到韩元震，而洛派则由金昌协到李柬，再到艮斋，可见艮斋宗于洛派、老论，以及西人。

由上来之脉络，可知艮斋为何会经常与李震相、李华西、奇芦沙等人论辩。若以朱子学为标准，栗谷的"气发理乘一途"，较能合于朱子的太极之为无为，而气是所乘之机的说法；至于退溪的理发、理到说，相较上则远于朱子。而艮斋的"心具理""性师心弟"等主张，亦较华西、寒洲的"心即理"说来得准确，而合于朱子。

韩国儒学甚重论辩，透过书信往来之论辩方式，亦经常仿效朱子与象山"无极太极"之辩，不过，比起中国，韩儒争辩之中的问题意识更为鲜明！以"四端七情"来说，其中的四端是否为理主动而发？如此诠释能否合于朱子？……这些都是朱子学遗留下来的问题，却未曾在中国引发热烈讨论，且其细微程度，相较于中国儒学者更高。

朱子论学多是两面俱到、正反皆说，例如，若将《四书章句集注》与《朱子语类》拿来比对，就能看到这项特点，即说法不全一致。因此，若想研究朱子学，便应讨论其中的方法学，而本书的第五章即是针对朱子学研究所做的方法论提示。

那么，朱子学中看似矛盾之处，该以何者为宗呢？以韩国三次大规模之论辩："四七之论"、湖洛论争，以及心理之辨等，都是以朱子学为核心。如此，当以朱子学为标准，可以将过患减至最小。大致而言，从栗谷一直到艮斋，这一脉对朱子的诠释较为准确；而退溪、华西、寒洲等一脉对朱子的诠释，则有时会偏离而逸出，这也是经常引起双方交锋的原因。

双方之论争亦可说是对朱子学正宗继承人地位之争夺。如在"四七之论"，退溪认为四端是理发，而栗谷则谓气发理乘；栗谷的理由：若是理发，则违反朱子以理是无为，而无计度、无情意、无造作的主张。

再如湖洛论争，关于人性、物性之异同，症结在于：原本，孟子论人、禽之辨，以为人能是具道德之存有，而动物则非，人是全有而动物是全无。不过，到了朱子的《四书》诠释，一转孟子之说，置入理气论而提出"理一分殊"，人、物所具之理相同，差异只在气，其中，人之气是为秀、为精、为灵，所以能把性理中的仁义礼智表现多一些，至于动物的气禀便差一等，但也能够微弱地表现一些。显然，朱子的说法，与孟子的全有与全无之分别，已有差距。也因此，开启了湖、洛学派之人、物性争辩：究竟应该回到朱子，还是借由朱子而回到孟子？

到了艮斋时代，所面对的问题是，朱子学是否亦能言"心即理"？"心即理"是否只有陆王可说，而程朱不能说？又若可说，则程朱与陆王双方的"心即理"有何不同？以朱子学来说，朱子学亦重心，只是一旦心与性相比，便须有尊伴之别而为"性师、心弟"，这是定然而不可更变的。

至于朱子之所以有"心统性情"之说，乃是为了照顾《四书》原文的通贯性。如在孟子而言，恻隐是心，而朱子改为情，则在心与情之间，便必须有所关联，于是他找出张载文章中的"心统性情"一词，用以连结心与情，如此一来，心之体用——已发、未发，粲然明备。

话说回来，朱子为何要把恻隐视为情，而不依《孟子》视之为心呢？此为疏通其体系之一贯性，结合四书义理并通贯合一为理气论。故《中庸》喜怒哀乐的已发与未发，视之为"未发为性"（天命之性，大本）以及"已发为情"（喜怒哀乐，达道）；恻隐既为情，便可通贯于喜怒哀乐之情，从而比配恻隐、羞恶、辞让、是非等情（本该是心），以此通解、诠释《四书》，形成了一贯于天道之理气论，此在人道即为性情论，即所谓的"性发为情"。

所以，朱子必须提出"心统性情"之概念，以便统括其体用之说！那么，心能统性，性又为心主，到底谁才是真主呢？其实，归结来说，还是以性为尊主。这一点，艮斋的眼光是准确的，他能正确地继承栗谷学及朱子学，而为朝鲜朝朱子学之殿军。

文中亦有一两篇涉及韩儒之气论思想，此非程朱理学中的重气思想，如栗谷是理学中的重气思想，而徐花潭则是气论。理学与气学之争论，即犹如二程与张子之争论；如程朱认为张子之说近于大轮回，而程子亦谓张子要谈"形上"，竟以"清虚一大"称之，如此反而成了"形下"。当然，这些批评亦是站在程朱自家体系而来，未有适度之同情了解；因为，既属气学，乃是即气言道、即形下而为形上，又怎会有"只知形上而不知形上"之谬误呢？

本书特色是站在栗谷一脉，以至于艮斋观点，而来衡定"四七之辩"、湖洛论争，以及"心即理"说之可行性，过程中以朱子学为判准，借此检视韩儒之发展，试图阐述谁得朱子之正脉。

至于本书之发明，则是以艮斋为核心而来做一检视与集结。目前的中文学界虽也有韩儒研究之作，但以艮斋为核心者，毕竟是少之又少，希冀本书之出现，对于韩儒及艮斋学之研究，能有一定之助益。